Lisa Fittko

Mein Weg über die Pyrenäen

Erinnerungen
1940/41

Carl Hanser Verlag

ISBN 3-446-13948-6

Das 7. Kapitel ›Der alte Benjamin‹, ursprünglich
in englischer Sprache verfaßt, folgt der Übersetzung
von Christoph Groffy (Merkur 403, 1982),
soweit es nicht von Lisa Fittko
für dieses Buch verändert wurde.
Schutzumschlag: Klaus Detjen, unter Verwendung
eines Fotos von Franco Fontana
Satz: LibroSatz, Kriftel
Druck und Bindung: May + Co, Darmstadt
Printed in Germany

Mein Weg über die Pyrenäen

Die Vorgeschichte: Wien – Berlin

Wenn ich in alten Papieren herumsuche, bleibe ich immer bei etwas hängen, das ich längst vergessen habe. Kürzlich kam mir ein Brief in die Hände, den Oskar Maurus Fontana nach dem zweiten Weltkrieg aus Wien an meinen Vater in Frankreich schrieb. ». . . Ja, als Sie nach dem ersten Weltkrieg aus ›Die Wage‹ ein ›Wage!‹ machten, dachten wir beide noch daran, für unsere Wagnisse irgend etwas wie eine Erfüllung zu sehen. Leider hat sich diese immer weiter von uns entfernt, aber daß der Wagemut auch Ihnen erhalten geblieben ist, wie ich aus Ihrem Planen entnehme, das gibt wieder Mut, weiter zu wagen . . .«

Jetzt erinnere ich mich daran. »Schau dir den Entwurf zu unserem neuen Titelblatt an«, sagte mein Vater zu mir. »Wie gefällt es dir?«

Ich war zehn Jahre alt, und ich sagte: »›Die Wage‹ soll jetzt ›Wage!‹ heißen – warum denn?«

»Verstehst du den Unterschied?«

Ich dachte nach. »Ist es besser zu wagen als zu wägen?«

»Man muß wissen, wann es Zeit ist zum Wagen«, sagte mein Vater. Von Zeit zu Zeit dachte ich darüber nach: Wie weiß man, wann es Zeit ist?

Es gab viele Dinge, über die man nachdenken mußte. Ich wußte nicht recht, was Brest-Litowsk ist, von dem mein Vater, Fontana, Egon Erwin Kisch und die anderen ›Wage‹-Leute immer sprachen; aber ich brauchte nicht viel nachzudenken, um meinem Vater und der ›Wage‹ rechtzugeben, daß es nie wieder einen Krieg geben darf. Mich, zum Beispiel, hatte man nach Holland schicken müssen, und meinen Bruder nach Dänemark, weil wir mit der Suppe, die der Wiener Schriftstellerverband an seine Mitglieder ausgab, immer dünner wurden.

Berlin 1925: Lisa Fittko als sechzehnjährige Schülerin

Wir zogen nach Berlin, und mir gefielen die preußischen Schulen noch weniger als die österreichischen. Besonders der Geschichtsunterricht. Der Professor nannte eine Schlacht, wies mit dem Finger auf einen Schüler, der aufspringen und sofort die Jahreszahl sagen mußte; oder, zur Abwechslung, umgekehrt: Jahreszahl – Finger – Schlacht. Am häufigsten kam die Schlacht am Teutoburger Wald dran. Der Geschichtsunterricht war wohl einer der Gründe dafür, daß ich mich dem Sozialistischen Schülerbund anschloß. Er hatte Ortsgruppen in der Karl-Marx-Schule in Neukölln und in anderen Berliner Aufbau-Schulen, die vor allem von Schülern aus Arbeiterfamilien besucht wurden.

Wir waren neugierig, wir wollten vieles wissen und alles verstehen. Wir gingen zu Versammlungen und Demonstrationen, zu Vorträgen und Diskussionen mit Hermann Duncker, Karl August Wittfogel, August Thalheimer und Karl Korsch. Einmal war ich in eine Saalschlacht verwickelt, als der Stahlhelm eine Versammlung der Sozialistischen Arbeiterjugend stürmte.

In einer Wahlversammlung stand ich daneben, als Reichsbanner-Leute eine Handvoll Kommunisten mit Knüppeln, Stöcken und Schlagringen zusammenschlugen, immer auf den Kopf, weil diese mit ihren Zwischenrufen und den Sprechchören: *»Panzerkreuzer! Panzerkreuzer!«* die Versammlung störten. Die sind ja wie der Stahlhelm, dachte ich entsetzt und fühlte, daß ich ein Feigling war, daß ich etwas tun mußte, um die Stahlhelmer zu hindern – ich mußte es wagen, aber wie?

Ich war dabei, als am 1. Mai 1929, dem ›Blutmai‹, die Berliner Arbeiter trotz des Verbots ihre Maidemonstration veranstalteten. Als im Wedding die Schießerei der Polizei auch noch am nächsten Tag weiterging und die Arbeiter zur Verteidigung Barrikaden bauten, mußte ich hin, um es selbst zu sehen. Ein dicker Schupo jagte plötzlich hinter mir her, aber ich war schneller und rief ihm von weitem zu: »Arbeitermörder!« Er legte seinen Karabiner an, doch ich war schon um die Ecke. In zwei Tagen wurden dreiunddreißig junge Arbeiter getötet.

Und doch war es ein glückliches Berlin, das Berlin meiner Erinnerung. Die Uraufführung der ›Dreigroschenoper‹ am Schiffbauerdamm, zu der ich von Leo Lania Karten bekam; Friedrich Wolfs ›Cyankali‹; Brechts ›Kuhle Wampe‹, in der meine Freundin Martha aus der Mulakstraße spielte; das Bauhaus und die Hufeisensiedlung in Britz, wo wir sonntags die Mühsams besuchten und Erich uns mit seinen nicht immer sehr feinen Schüttelreimen zum Lachen brachte. Der ›Blaue Engel‹ und Kurt Tucholsky, Claire Waldoff und Paule Graetz und Walter Mehring und all die anderen. Zille und sein Fischerkiez, wo ich mich wohl fühlte, und Heinrich Wandt, der mir, wenn er nicht in seinem Säufer-Quartal war, eine geheime Luke zur Berliner Unterwelt um den Bülowbogen herum öffnete, wo die ehemaligen und zukünftigen Zuchthäusler mir ein wenig zu kräftig die Hand schüttelten, mir auf die Schulter klopften und mich warnten: »Wenn de mit unseren Heinrich kommst, Mädchen, biste eene mang uns mang; aber ohne ihn, von wejen – –.«

In diesem Berlin gab es immer mehr Arbeitslose, immer mehr Hunger. Braune Horden ermordeten rücksichtslos ihre politi-

Lisa Fittko, ca. 1928

schen Gegner und versuchten, die Stadt zu terrorisieren. Doch das Berlin meiner Erinnerung blieb auch weiterhin schön und glücklich, wir waren bereit, es gegen die Nazi-Gefahr zu verteidigen und sangen: »Drohend stehen die Faschisten drüben am Horizont, doch unser Tag ist nicht weit.«

Meine Eltern waren nicht zufrieden mit mir. Mein Vater sagte: »Du gehörst zu den wenigen Bevorzugten, die studieren können, du kannst etwas lernen. Wissen wird dringend gebraucht; du aber verzettelst dich.«

Die Mutter sagte: »Du ißt nicht regelmäßig, du schläfst kaum, weil du zu Sitzungen und Versammlungen gehen und Flugblätter schreiben mußt. Du treibst Raubbau mit deiner Gesundheit. So hilfst du der Sache des Friedens nicht, so kannst du nicht viel wert sein im Kampf gegen die Nazis.«

»Ihr versteht das eben nicht«, sagte ich. »Alles kommt jetzt darauf an, den Faschismus zu schlagen, da kann ich keine Zeit verschwenden mit bequemem Leben und Universität. Ihr wißt ja nicht, wieviel ich lerne, oft von Leuten, die nur die Volksschule besucht haben – sie verstehen so viel von Dingen, die in keinem Universitätsseminar vorkommen. Und auch nicht in eurem Romanischen Café.«

Nach dem 30. Januar 1933, nach dem Reichstagsbrand, als die Verhaftungen, Folterungen und Hinrichtungen begannen, stellten wir mit einigen Freunden Berichte zusammen, die wir aus den Folterkellern in Oranienburg, der Hedemannstraße und dem Columbiahaus erhielten. Es gelang uns, sie auf Umwegen an die Presse in London, Paris und New York weiterzuleiten. Aber die Welt wollte uns nicht hören. Wir stellten Flugblätter her und verbreiteten sie. Meine Eltern, die wie viele ihrer Freunde sofort geflohen waren, versuchten, mich zum Nachkommen in die Tschechoslowakei zu überreden. Doch davon konnte keine Rede sein – gerade jetzt sollte ich den Kampf aufgeben, meine Kameraden im Stich lassen?

Drei Jungens unserer kleinen Gruppe wurden beim Flugblattverteilen verhaftet. Durch ein Mißverständnis nahmen sie an, daß ich Deutschland verlassen hatte und schoben alles auf mich – sie seien so jung und wüßten kaum, um was es sich handele, doch sei da ein Mädchen namens Lisa, die sei so verführerisch gewesen, daß sie ihr nicht hätten widerstehen können. Die Jungens kamen frei, und ich mußte nun wirklich sofort verschwinden.

In Prag waren viele hundert Emigranten und Dutzende von bekannten Gesichtern. Bruno Frei von der ›Welt am Abend‹, Stampfer vom ›Vorwärts‹, Schriftsteller, Künstler, Schauspieler – das halbe Romanische Café. Johnny Heartfield war da und F. C. Weiskopf, und Kurt Grossmann gründete ein Emigranten-Komitee. Ernst Ottwalt (›Denn sie wissen, was sie tun‹) und seine Frau Traute, das Pfarrers-Töchterchen, kamen zu den abendlichen Diskussions-Runden, und Grete Reiner, die Übersetzerin von Hašeks ›Schwejk‹, saß immer mit uns im Café Continental, wo man den ganzen Abend bei einer Tasse Mokka sitzen konnte. Zum

Essen kauften wir meistens ›Reklami Salami‹, weil das die billigste Wurst war.

In der Vodičkova hatte man in einem früheren Mädchenpensionat Betten für obdachlose Emigranten aufgestellt. Dort traf ich einen Berliner, der gerade nach Prag gekommen war. Er war Journalist und hieß Hans Fittko, und er war wegen »geistiger Urheberschaft« eines Mordes an einem SA-Mann (der allerdings von seinen eigenen Kumpanen von hinten erschossen worden war) in Abwesenheit zum Tode verurteilt worden.

Hans Fittko. Bald gehörten wir zusammen, und wir blieben zusammen bis zu seinem Tod.

Hans schrieb auch in Prag Artikel und Flugblätter und Aufrufe an das deutsche Volk. Die tschechischen Konsumgenossenschaften halfen bei der Herstellung. Er ging zur Grenze und organisierte den Transport der Literatur ins Reich. Als das Land Masaryks ihn dafür »auf Lebzeiten« auswies, gingen wir beide in die Schweiz, wo bereits antifaschistische Literatur hergestellt wurde. Durch die Zusammenarbeit von Sozialdemokraten und Kommunisten wurde es uns möglich, ganz Baden und Württemberg damit zu versorgen und Stützpunkte einzurichten.

Später arbeiteten wir auf ähnliche Weise in Holland, an der friesischen Grenze.

Bei Ausbruch des Krieges waren wir in Frankreich, und mit dessen Niederlage saßen wir mit Zehntausenden von deutschen Emigranten in der Falle.

Doch darüber muß ich ausführlicher erzählen.

1. Kapitel

Paris, Mai 1940

Vor vier Tagen, als der *drôle de guerre* zu Ende war und der deutsche Angriff begann, verkündeten große, rote Plakate an allen Mauern, daß alle feindlichen Ausländer in *camps de concentration* interniert würden. Feindliche Ausländer waren *ressortissants allemands*, deutsche Staatsangehörige. Uns Emigranten hatte die Nazi-Regierung zwar die deutsche Staatsbürgerschaft abgesprochen, doch konnte *ressortissant* auch als ›aus Deutschland stammend‹ übersetzt werden. Was immer es hieß, die französischen Behörden erklärten jedenfalls, daß wir feindliche Ausländer seien und daher in Lager gesperrt werden müßten. Auch die Österreicher, die nach dem ›Anschluß‹ nach Frankreich geflohen waren, mußten ins Lager; da Österreich jetzt zum Reich gehörte, waren auch sie *ressortissants*. Genaugenommen fiel ich, wie viele andere, in keine dieser Kategorien, da ich zwar noch unter Kaiser Franz Joseph, aber nicht im jetzigen Österreich geboren war. Aber den Polizeikommissar hatte diese Besonderheit nur noch übler gestimmt, und er erklärte: »Wer Deutscher ist, bestimme ich!«

Ich hatte mich mit den anderen Frauen im Eissportpalast, dem *Vélodrome d'Hiver*, einzufinden. Am Eingang, fügte der Beamte hinzu, würde alles von einer *commission de criblage* überprüft, die in Zweifelsfällen die richtige Entscheidung treffe.

Die Männer hatte man bereits im September 1939, bei Ausbruch des Krieges, in Konzentrationslager gesperrt. Hans, mein Mann, und auch mein Bruder Hans gehörten zu den wenigen, die während des Winters freigelassen worden waren. Die Entlassenen waren meistens bekannte Persönlichkeiten oder Leute mit Verbindungen. Es waren jedoch auch einige darunter, denen ihre Erfahrungen in der Kunst des Überlebens und Entkommens herausgeholfen hatten, Erfahrungen, die sie während der sieben Jahre Nazi-Herrschaft gemacht hatten.

Meine Mutter ging mit mir die Straße hinauf zur Autobus-Haltestelle am Ende der Butte Rouge. *La Butte Rouge*, der Rote Hügel, hieß ›unsere‹ Gartenstadt südlich von Paris. Vater und Mutter blieben hier zurück, denn sie waren ihres Alters wegen von der Internierung ausgenommen.

Als der Autobus kam, wollte ich sagen: Mach dir keine Sorgen, Mutter, ich bin bald wieder zurück. Aber dann dachte ich, was soll das, der Mutter erzählt man nicht solchen Unsinn. So gab ich ihr nur schnell einen Kuß und stieg ein. Auf den Stufen drehte ich mich um und winkte, und als ich sie da so allein auf der Landstraße stehen sah, hinter ihr die rötlichen Häuser zwischen den blühenden Bäumen, merkte ich plötzlich, wie klein und dünn und gebeugt sie war, und daß sie – auf einmal sah ich, daß sie alt geworden war. Ich mußte bisher wohl blind gewesen sein, sie war mir immer alterslos erschienen. Ich schluckte ein paarmal, um den Druck in der Kehle loszuwerden.

Paulette und ich hatten uns in Paris verabredet, und mit ihr kamen noch einige Freundinnen, um uns zum *Vel d'Hiver* zu begleiten. Sie wurden nicht interniert, weil sie Kinder hatten; manchen war es auch gelungen zu beweisen, daß sie aus anderen, nichtfeindlichen Ländern stammten. Ich wunderte mich, daß sie, die doch frei blieben, mehr beunruhigt schienen als wir. Als ich während der endlosen Bahnfahrt nach Gurs einige Wochen später darüber nachdachte, verstand ich, daß diese Frauen sich isoliert und zurückgelassen fühlten; man hatte sie ausgelassen – ja, ausgelassen bei der Einweisung ins Konzentrationslager. Nun waren sie Einzelne, Vereinzelte, die nirgendwohin gehörten, und mit der wachsenden Kriegspsychose würden sie immer mehr als Feinde behandelt werden. Wir hatten schon erlebt, wie uns alte Bekannte auf einmal nicht mehr grüßten und kalt anstarrten. Am schlimmsten war es in den Luftschutzkellern, wenn wir während des Bombenalarms mit den Nachbarn zusammengepfercht waren, der deutsche Akzent verriet uns, nur die Kinder hatten ihn ›verlernt‹. Sollte man so im Asylland draufgehen müssen, als ›feindlicher Ausländer‹ – nach all den Jahren des Kampfes und der Flucht vor den Nazis?

Paulette und ich wollten versuchen, zusammenzubleiben. Wir hatten jede einen leichten Koffer und einen Brotbeutel, der in eine Decke gerollt war. Paulette, praktisch wie immer, hatte eine Liste der Sachen gemacht, die wir brauchten, und zwischen uns aufgeteilt, um unnötigen Ballast zu vermeiden. Zum Schluß schrieb sie auf, was jede für sich mitbringen mußte:

Zahnbürste
Henkeltopf, Löffel
Lippenstift
Rasierklingen (falls es keinen anderen Ausweg gab)

Man mußte sich zwischen 9 und 17 Uhr beim *Vel d'Hiver* einfinden. Es war noch früh am Nachmittag und wir hatten es nicht eilig; nur nicht drängeln, sagten wir uns. Wir gingen noch ein wenig in der Stadt herum, setzten uns in ein Café und nahmen dann die Métro. Die Straßen rund um das *Vel d'Hiver* waren vollgestopft mit anstehenden Frauen. Die Schlangen schienen kaum vorwärts zu kommen.

»Es geht so langsam wegen der *criblage*«, sagte eine Frau in mittlerem Alter neben mir. »Mich wird man zurückschicken«, fügte sie hinzu, »ich habe eine ärztliche Bescheinigung, daß ich wegen meines Leberleidens nicht interniert werden darf.«

»Das wünsche ich Ihnen von Herzen«, sagte die Frau auf der anderen Seite, »daß Ihnen Ihre Leber zugute kommt. Aber ich mit meiner Niere, das ist doch noch viel ernster als die Leber, ich müßte eigentlich sofort nach Hause geschickt werden.«

Alle redeten durcheinander.

»Ich bin an der polnischen Grenze geboren, also bin ich eigentlich gar nicht aus Deutschland«, hörte ich ein dünnes Stimmchen. Es mußte von einer kleinen Frau kommen, denn ich konnte sie hinter den anderen nicht sehen.

»Meine Familie hat die besten Verbindungen, man wird mich sofort freibekommen«, begann ein blonder Lockenkopf.

Eine andere unsichtbare Stimme unterbrach sie. »Mein Mann hat sich zur Fremdenlegion gemeldet, ich gehöre eigentlich gar nicht hierher.«

Mehrere unserer Bekannten waren inzwischen zu uns gestoßen, und wir waren jetzt eine ganze Gruppe politischer Emigrantinnen. Wir hörten den Gesprächen um uns herum zu und staunten über diese Naivität, staunten, wie jede glauben konnte, sie sei ein Ausnahmefall und werde nicht eingesperrt.

»Mein Fall ist besonders günstig«, spottete meine Freundin Doris, »der *commissaire de police* hat mir sein Wort gegeben, daß ich nach dem Krieg freigelassen werde.«

Wir mußten über diese kindischen Leute lachen. Und wir waren böse auf sie, weil sie nach sieben Jahren Nazi-Terror überhaupt nichts gelernt hatten, weil sie den Zusammenhang zwischen ihrem persönlichen Schicksal und dem, was in der Welt vor sich ging, nicht verstehen konnten oder wollten. Ihre Welt war immer nur auf sie selbst beschränkt.

Viel Zeit verging, bis ich begriff, daß gerade diejenigen, die nichts kapiert hatten, die tragischsten Opfer waren.

Polizisten gingen die Reihen entlang und gaben Anweisungen: »Das Mitnehmen von Messern, Scheren und Zigaretten ist verboten!« Die Frauen kramten eilig in ihrem Gepäck herum und gaben denen, die sie begleiteten, die verbotenen Gegenstände. Paulette hatte ein Messer, ich eine Schere und einen recht großen Zigaretten-Vorrat, aber wir sagten uns, daß unmöglich das Gepäck von Tausenden von Leuten untersucht werden konnte, und im schlimmsten Fall würde man uns die Sachen eben wegnehmen. Es war wohl kurz nach 17 Uhr, als ich ein paar Regentropfen spürte; nach einigen Minuten fing es an zu gießen, und einige tausend Frauen standen im strömenden Regen. Die Polizisten liefen herum und befahlen: »Alles zum Eingang und hinein! *Vite, vite, dépêchez-vous!* Die Überprüfung kommt später.« Die Frauen wollten rennen, aber niemand kam weiter in der Menschenmenge.

Paulette hielt meinen Arm fest, um nicht von mir getrennt zu werden. Von hinten wurde geschoben, und ich drehte mich nach unseren Freundinnen um, aber sie waren verschwunden. Warum nur dieses fürchterliche Gedränge, fragte ich mich, es kann doch nicht nur wegen des Regens sein, sie werden sich noch gegenseitig tottrampeln. Vielleicht war es einfach die Gewohnheit, Befehlen zu gehorchen?

»Die sind ja wahnsinnig«, rief Paulette mir ins Ohr, »sie haben Angst, die letzten zu sein.«

Das *Vel d'Hiver* war nicht wiederzuerkennen. Als ich das letzte Mal hier war – es mußte schon lange her sein, auf einer der Riesenversammlungen der *Front Populaire* – klang in meinen Ohren noch lange das *»Des Avions – Des Canons – Pour l'Espagne!«* nach. Das war während der Generalprobe zum zweiten Weltkrieg, dem Spanischen Bürgerkrieg. Damals hatten die Faschisten gesiegt.

Wir wollten sehen, was in der Halle vorging, aber es war unmöglich in der Menschenmenge. Ein Meer von Frauen, und dazwischen einige Soldaten, die herumstanden und uns verwirrt anschauten. Der Betonboden war mit Stroh ›ausgelegt‹, das ›die Amerikaner‹ angeblich in aller Eile herbeigeschafft hatten; manche sagten, es seien die Quäker gewesen, aber andere wußten aus sicherer Quelle, daß es von einer jüdischen Hilfsorganisation kam. Eine Frau deutete bescheiden an, daß sie Informationen aus erster Hand habe: auch das Essen werde von Amerikanern geliefert, denn die französischen Behörden hätten vergessen, daß wir irgendwie gefüttert werden mußten. Letzteres wurde von niemandem bezweifelt. *Bobards* kamen von überall auf uns zugeflattert. Wie sagt man dazu eigentlich auf deutsch? Die sinngemäße Übersetzung ist wohl ›Scheißhausparolen‹, aber auf französisch klingt es eleganter. Die zahllosen *bobards* in den Lagern, davon hatten die Männer uns schon erzählt.

Die Männer. Wo waren sie jetzt?

Vor einigen Tagen hatte man alle, die nicht schon in Lagern waren, wieder in offenen Stadien interniert, wo sie in jedem Wetter bis zu ihrem Abtransport festgehalten wurden. Nur uns Frauen war der Luxus eines Daches über unseren Köpfen vergönnt, doch es war leider eine Glaskuppel und das Gebäude war von Flak-Geschützen umstellt; die Geschosse würden also durch das Glasdach und uns direkt auf den Kopf fallen.

Im September 1939 hatten wir unseren Männern noch Eßpakete ins *Stade Colombe* bringen können; wir gaben sie am Eingang ab und hofften, daß sie weitergegeben wurden. Ich erinnere mich noch gut an die langen Schlangen von Frauen mit ihren Paketen. Aber jetzt waren wir selbst alle eingesperrt. Wie würden wir uns wiederfinden? Und wann?

»Viele dieser Männer waren nicht imstande, sich zurechtzufinden«, erzählte Hans Fittko später einmal. »Wie schützt man sich vor dem Regen und dem Wind, wie trocknet man seine Kleider? Wie faßt man den Blechnapf mit heißem Kaffee an, ohne sich die Finger zu verbrennen? Wie findet man im Dunkeln die Latrine? Oft fiel jemand über die Bänke und brach sich die Knochen.

Nach etwa einer Woche luden sie uns auf Lastwagen. Damals hatte der Durchbruch der deutschen Panzer schon begonnen. Der alte Haß gegen den Erzfeind, *les boches*, lag schwer über allem. Für die Franzosen waren wir Emigranten einfach Deutsche. Wir kamen von dort, wir hatten den verachteten *accent boche*. In den Jahren der Emigration sind wir für viele Franzosen im Grunde immer die *sales boches* geblieben. Und jetzt – wir waren Gefangene, also mußten wir Spione sein. Wahrscheinlich Nazi-Fallschirmspringer, vor denen die Zeitungen und das Radio warnten.

Vor dem Krieg freilich hatte man uns als Kriegshetzer beschimpft, weil Frankreich unsere Warnung vor Hitlers Aggressionsplänen nicht hören wollte. Aber jetzt war Krieg, und da wurde der feine Unterschied zwischen Nazis und Antifaschisten nicht gemacht. Der Feind waren wir.

Wir rannten durch das Spalier der *flics* auf die Lastwagen zu, und sie schlugen auf uns ein mit ihren *bâtons*. Ich hatte Glück, ich kam mit einem Schlag auf den Hinterkopf weg, als ich auf den Wagen aufsprang. Ich hatte dann tagelang Kopfschmerzen, und die Einsicht, daß der Schlag ja eigentlich den Nazis galt, war ein schwacher Trost.«

Paulette und ich fanden einen unbelegten Strohhaufen, der für uns beide ausreichte, und warfen unser Gepäck darauf. Eine

Staubwolke stieg auf, und ich bekam einen Niesanfall. Wir sahen einander an und fingen an zu lachen, wie wir da standen mit triefenden Haaren, das Wasser lief an uns herunter und spritzte aus unseren Schuhen. Paulettes blaues Leinenkleid, das ich so gerne mochte, weil es zu ihren Augen paßte, klebte ihr am Körper und sah aus wie ein Badeanzug der Jahrhundertwende. »Das wird vorläufig unser letztes Bad sein«, sagte sie und zeigte auf die endlosen Schlangen vor den Toiletten.

Ich kann mich nicht erinnern, ob an dem ersten Abend Essen ausgeteilt wurde; sicher hatten wir etwas von zu Hause mitgebracht. Ich weiß, wie ich mich nach einer Zigarette sehnte, aber ans Rauchen war nicht zu denken angesichts des Strohs auf dem Boden. Wir gingen herum und freuten uns, wenn wir ein bekanntes Gesicht sahen – wie man sich freut, in einem fremden Land jemanden aus der Heimat zu treffen.

»Sieh mal da drüben«, sagte Paulette, »nein, mehr links, ja, da oben, das ist doch Claudia.« Tatsächlich, da saß die ›Königin Mutter‹, die bekannte antifaschistische Journalistin, die Potsdamer Offizierstochter mit Berliner Schnauze. Mitten im Staub und Dreck, in dem ziellosen Gedränge, dem Hin und Her und dem Lärm, saß sie hoch über allen auf einem Strohhügel, schlank und hellblond und kerzengerade. Sie trug weiße Handschuhe.

Dieses Bild begleitete uns in der folgenden Zeit durch Gefahr und Leid. Manchmal, wenn wir mutlos wurden, erinnerte eine die andere an die weißen Handschuhe. Immer wieder lachten wir, und das Lachen gab uns den Mut zurück für das, was getan werden mußte.

Was hatten sie vor mit uns? Gab es überhaupt einen Plan? Wie lange konnten sie uns hier halten? Antworten auf unsere Fragen gab es nicht, wir konnten nur raten. Auf jeden Fall mußten wir versuchen, mit denen, die in Paris zurückgeblieben waren, in Verbindung zu bleiben. Die Wachen waren junge Soldaten, die nicht so feindselig waren wie die Polizisten draußen. Man lächelte sich zu, und oft ließ sich einer überreden, Postkarten für uns aufzugeben.

Von der versprochenen *criblage* hörten wir nichts mehr. Wir wußten, daß dabei nur eine schlechte Komödie herauskommen konnte. Wie sollte man Tausende von Fällen überprüfen? Das war selbst bei gutem Willen unmöglich und erst recht jetzt, wo der Feind durch die Linien brach. Unser Schicksal wurde nun von Bürokratie und Kriegspsychose gelenkt.

Die Mehrzahl der Frauen waren unpolitische jüdische Emigrantinnen, die in Frankreich Asyl vor der Judenverfolgung der Nazis gesucht hatten. Man sperrte sie zusammen mit uns, den politischen Flüchtlingen der Nazi-Opposition, von denen viele geflohen waren, um Folter und Tod zu entgehen.

Und dann gab es die Reichsdeutschen, deutsche Staatsbürger mit gültigen Pässen, die sich aus den verschiedensten Gründen am Tag des Kriegsausbruchs auf französischem Boden befunden hatten oder auf französischen Gewässern, wie zum Beispiel die Rheinschiffer. Natürlich gab es unter diesen Reichsdeutschen Nazis. Ich denke an die Narbe auf der Stirn meines Bruders, die heute noch sichtbar ist; sie stammt von Nazis aus seinem Lager, die zuschlugen, als die deutschen Tanks anrollten. Doch das ist eine andere Geschichte.

Eines Tages wurde dann doch eine *criblage* angekündigt, und alle mußten sich anstellen. Am Anfang gab es ein großes Gedränge, jede wollte als erste drankommen. Es dauerte tagelang, und die Frauen wurden langsam müde und hoffnungslos. Paulette und ich wollten bis zuletzt warten, bis die Schlangen nicht mehr so lang waren. Herauskommen würde bei der *criblage* ja doch nichts. Wir sahen zu, wie die Frauen vorbeizogen und oft voller Zuversicht in den Verschlag des Lagerarztes traten. Nach einigen Minuten kamen sie hinten aus dem Verschlag wieder heraus. Eine Frau aus Frankfurt mit einem scharfgeschnittenen Gesicht sah plötzlich ganz verfallen aus, und ihre Augen wanderten herum, ohne zu sehen. Der Arzt hatte ihr gesagt: »So eine Brustkrebs-Bescheinigung kann sich jeder kaufen.«

L'enfant infirme, die vierzehnjährige Renée mit den langen braunen Zöpfen – wie kam sie eigentlich hierher, Kinder unter siebzehn Jahren wurden nicht interniert –, humpelte auf ihren Krücken heraus. Trotz ihrer Kinderlähmung war sie *apte* befunden worden. Beim Militär heißt *apte* ›dienstfähig‹ – hier hieß es wohl ›lagerfähig‹. »*Je m'en fous royalment!*« lachte sie und hüpfte weiter.

»Wach auf, wir müssen gehen.« Paulette schüttelte mich.

»Gehen, wohin?« Ich hatte den ganzen Tag Kopfschmerzen gehabt, und vor einer Stunde war ich endlich auf meinem Strohhaufen eingeschlafen.

»Zur Kommission. Komm, wir müssen uns anstellen. Hast du deine Papiere?«

Ich stand auf und ging mit ihr, noch halb im Schlaf.

»Wie du nur aussiehst«, sagte sie, »ganz grau im Gesicht. So kannst du keinen Offizier dazu verführen, dich zu entlassen. Mal dir doch wenigstens die Lippen an.«

»Das wäre Vergeudung. Sieh doch nur, wie das hier vor sich geht.« Wir waren jetzt in einer Art Vorraum zu dem Verschlag, in dem die ärztlichen Untersuchungen stattfanden.

Ein Posten nahm unsere Papiere. Die Frauen traten der Reihe nach in den nächsten Raum, wo zwei Ärzte in weißen Kitteln sagten: Mund auf – tief atmen – *apte* – die Nächste. Manche Frauen versuchten, dem Arzt eine Bescheinigung zu geben, andere wollten etwas erklären. Die Ärzte schienen taub zu sein und sagten nur *apte* – *apte* – *apte*. Die Frauen zogen vorbei.

»*Docteur, j'ai . . .*«

»*Apte*. Die Nächste.«

»*Pardon, permettez-moi . . .*«

»*Apte*. Weiter.«

Jetzt war Paulette dran. »Mund auf. *Apte*.«

Ich hatte immer noch Kopfschmerzen und war nicht ganz aufgewacht; ich trat vor den Arzt und sperrte den Mund auf.

»*Vous êtes malade, madame?*« Sicher hatte ich falsch gehört.

»*Vous vous sentez mal?*« fragte er, diesmal laut und deutlich.

»*Non, docteur*«, antwortete ich höflich. (Paulette, die noch in dem Raum war, sagte später: »Du warst wohl wirklich nicht ganz bei dir.«)

»Sind Sie wirklich in Ordnung?« fragte der Arzt weiter. »Oder haben Sie eine Krankheit hinter sich?«

Jetzt endlich war ich wach. »Oh ja, ich war furchtbar krank.«

Er wollte wissen, was mir gefehlt hatte.

»Peritonite«, sagte ich und stöhnte leicht, »Bauchfellentzündung.« Es war die schlimmste Krankheit, die mir einfiel. Es war sogar wahr, obwohl es schon einige Jahre her war.

»Exemptée de tout travail«, entschied der Doktor, und ich bekam einen Schein, auf dem stand, daß ich arbeitsunfähig sei.

Es passierten so viele Dinge, für die es nie eine Erklärung geben wird.

Man hielt uns nun schon seit einer Woche im *Vel d'Hiver*. Luftalarm, Tag und Nacht. Wir brauchten in keinen Luftschutzkeller zu rennen, denn das Velodrom hatte keinen. Wir paßten auch nicht mehr richtig auf, ob die Sirenen den Alarm an- oder abbliesen, es war uns egal.

Das Surren der Bomber. Es war nicht so schrill wie die Sirenen, doch es riß mehr an den Nerven. Wir schauten auch nicht mehr hinauf zum Himmel, um zu sehen, wessen Flugzeuge es waren, denn hier war der Himmel ohnehin unsichtbar. Ein paarmal gab es einen furchtbaren Knall, als hätte der Blitz eingeschlagen, und wir wußten, daß das die Flak-Geschosse sein mußten, die auf unser Dach fielen. Wir hörten, daß in einer Ecke der Halle ein Geschoß durchgeschlagen war. Gab es Verwundete? Wahrscheinlich – vielleicht – Gerüchte, immer mehr Gerüchte.

Soldaten gaben uns manchmal heimlich eine Zeitung. Es waren nur noch ein oder zwei Seiten, aber voller Schlagzeilen und mit widersprüchlichen Nachrichten. Klar war: Die Deutschen drangen vor, brachen durch, überrannten den Norden Frankreichs.

Was wird man mit uns tun?

Nach etwa zwei Wochen kam der Befehl zum Abtransport: fertigmachen, anstellen, Papiere bereithalten.

Paulette und ich warteten ab, bis das Gedränge sich legte. Es dauerte Stunden, und man konnte nicht sehen, was beim Ausgang vor sich ging. Schließlich gingen auch wir langsam mit der Schlange vorwärts, und da sahen wir, daß die Frauen vor dem Ausgang in Gruppen geteilt wurden. Die Mehrzahl auf die rechte Seite, eine kleinere Gruppe nach links.

Paulette war dran. *»A gauche.«*

Dann, zu mir: *»A droite.«*

Paulette protestierte. »Wir gehören zusammen, warum will man uns trennen? Weshalb muß ich nach links? Was bedeutet das alles?«

Ein Offizier erklärte, daß wir zu unserem Schutz verschickt würden. Die Frauen von französischen Soldaten jedoch durften nicht in Lagern interniert werden und mußten daher zurückbleiben. Paulettes Papiere besagten, daß ihr Mann in der französischen Armee war, wenn auch nur als *prestataire*, in einer Einheit für ausländische Freiwillige. Paulette wurde nach links geschoben.

Es ging jetzt schnell vorwärts. Meine Gruppe wurde zum Ausgang dirigiert, und ich drehte mich nach Paulette um. Sie stand da und sah mir nach und Tränen rollten ihr übers Gesicht. Sie weint? dachte ich überrascht, Paulette, die immer auf alles vorbereitet ist, immer eine Lösung findet. Bevor ich ihr etwas zurufen konnte, wurde ich weitergeschoben.

»Ich konnte es nie recht verstehen, daß du gerade damals die Fassung verloren hast«, sagte ich dreißig Jahre später zu ihr. »Immer, wenn ich mich an den Moment erinnerte, dachte ich: Wenn ich sie nochmals wiedersehe, muß ich sie danach fragen.«

»Es war so wichtig zusammenzubleiben«, antwortete sie, »gerade damals, wo man nicht wußte, was geschehen würde. Bis dahin konnten wir alles teilen, die Sorgen, die Ungewißheit. Sogar geteilter Schmutz und geteilte Flöhe sind leichter zu ertragen. Und zusammen konnten wir uns die Angst vertreiben, wir hatten Spaß und waren lustig.«

»Das stimmt, ja, wir waren lustig –.«

»Erinnerst du dich?« fuhr sie fort, »was es da alles Komisches gab in dieser gräßlichen Lage, wie wir lachten, wir waren doch jung. Weißt du noch, wie mir der runde Käse aus dem Brotbeutel rollte, und ich hinterher, durch den halben Sportpalast. Und der stotternde Soldat, der auf dich scharf war und immer mehr ins Stottern kam, und der betrunkene Offizier, der eine Rede hielt. Und das war auf einmal vorbei, allein ist alles halb so komisch. Und der Gedanke: Was wird aus ihr werden, und was aus mir? Wenn das nicht zum Weinen war – –.«

Die Autobusse, die draußen auf uns warteten, hatten große Schilder an den Seiten: REFUGIES DE LA ZONE INTERDITE, Flüchtlinge aus der Sperrzone (im Nordosten Frankreichs). So schlimm hatte ich es mir nicht vorgestellt. Offenbar wollte man verhindern, daß wir gelyncht wurden als *étrangers* oder *boches*, es war ja alles das gleiche.

Die Fenster des Autobusses waren geschwärzt, und wir saßen eng aneinandergepreßt auf den Sitzen. In der Dunkelheit konnte ich die anderen Frauen nicht sehen, ich fühlte nur die Beklommenheit um mich herum.

Man lud uns auf einem Güterbahnhof aus. Wir meinten, es müsse der *Gare d'Austerlitz* sein. Von dort gingen die Züge nach Süden. Natürlich nach Süden, wohin denn sonst. Vom Norden kamen die Deutschen.

Die Züge, die auf uns warteten, waren endlos lang. Wahrscheinlich hatte man sie auf den Güterbahnhof verschoben, damit wir nicht vom Publikum gesehen wurden. Wir wurden zu zehnt in ein Abteil mit sechs Plätzen geladen; ein Soldat warf die Türe zu und schloß sie von außen ab. Auch die Tür zum Gang mit der Toilette wurde verschlossen. Unter uns zehn war nur eine, die ich schon vorher gesehen hatte: Renée, das Mädel auf Krücken.

Wir fahren, wir fahren, wir werden immer weiterfahren, weiter und nirgendwohin – ich war wohl eingeschlafen, was für ein dummer Traum. Wie lange saßen wir eigentlich schon im Zug? War das die dritte Nacht, oder erst die zweite? Ein- oder zweimal am Tag schlossen Soldaten die Türe auf und gaben uns ein Stück Brot, je eine kleine Büchse *paté* und Wasser, aber es war nie genug. Ich war die einzige, die Zigaretten hatte, und jede Stunde zündeten wir eine an und reichten sie unter den Rauchern herum; es half auch ein wenig gegen den Hunger. Die Tür zur Toilette wurde nur morgens und abends einmal aufgeschlossen.

Ein Soldat brachte einen Kessel mit warmem Essen. »*Qu'est-ce que c'est?*« fragte eine Frau gierig und hielt ihren Blechnapf hin.

Der Soldat füllte ihn. »*Du singe*«, sagte er. Die Frau schüttelte sich, und die braune Soße spritzte auf ihr Kleid, der Soldat grinste und Renée kicherte. Jemand klärte uns auf: Bei den Soldaten heißt jedes Fleisch *du singe* – vom Affen.

Wir versuchten, die Ortsschilder zu lesen, aber der Zug fuhr zu schnell durch die kleinen Stationen. Einmal hielt er in einer Stadt, es war Tours. Riesige Menschenmengen standen dicht gedrängt auf dem gegenüberliegenden Bahnsteig. Man schrie etwas zu uns herüber, wir sahen Leute ihre Fäuste ballen, einige Steine trafen unseren Zug. Ein Ruck, und er rollte weiter.

Wir zehn Frauen saßen in dem Abteil halb aufeinander und waren hungrig, durstig und erschöpft. Manchmal ließen wir die Furcht und die Wut aneinander aus.

Eine der Frauen glaube ich noch vor mir zu sehen. Es war eine Vierzigerin, groß und blondgelockt, sie hatte eine schrille Stimme, redete ununterbrochen und fiel allen auf die Nerven. Sie konnte nur Französisch; vielleicht war sie wegen einer deutschen Großmutter hier. (Wir Emigranten sprachen in der Öffentlichkeit nur französisch, schon seit Kriegsbeginn – die Sprache des Feindes zu sprechen, zum Beispiel im Luftschutzkeller während eines Fliegeralarms, war undenkbar. Diejenigen unter uns, die nicht genug französisch konnten, mußten den Mund halten.)

Die große Blonde hatte es auf Renée abgesehen. »*Ah, l'enfant infirme!*« spöttelte sie bösartig. »Seht doch mal, das arme Kind muß das größte Stück Brot haben.«

»Hören Sie jetzt damit auf«, sagten die anderen zu ihr, »lassen Sie das Mädel in Ruhe.« Eine Weile war sie still.

Ein Soldat erschien und schloß die Seitentür auf. »*Voilà l'enfant infirme*«, fing die Frau wieder an und lachte höhnisch, »*pauvre bébé*, sie muß zuerst aufs Töpfchen.«

Renée beachtete die Frau nicht, sie schien die Quälereien nicht zu hören, man konnte ihr nichts anhaben. Woher nahm sie nur die

Kraft, schöpfte sie sie aus ihrem Gebrechen? War sie solche Grausamkeiten gewöhnt? Während dieser Tage und Nächte im Zug saß sie in ihrer Ecke, manchmal schwatzte sie drauflos und manchmal schlief sie, und wenn sie lachte, tanzten ihre braunen Zöpfe um die Schultern.

Doch die Blonde hörte nicht auf. »Ach Gott«, rief sie, »das arme behinderte Kind, sie braucht mehr Platz als die anderen –.«

Eine junge Frau sprang plötzlich auf. Sie war klein und zart; bisher hatte sie kaum ein Wort gesagt, und ich hatte sie in Gedanken ›die Schüchterne‹ getauft. Sie trat vor die große Blonde und hielt ihr die Faust vors Gesicht, und mit einer überraschend tiefen, heiseren Stimme hörte ich sie sagen: »Lassen Sie das Kind in Ruhe – noch ein Wort, und ich werde –.« Ein schrilles Kreischen der Lokomotive verschluckte den Rest. Ich sah, wie das Gesicht der Blonden zuckte; mit offenem Mund hob sie die Arme in die Luft, wie zur Abwehr, dann sank sie in sich zusammen und begann zu schluchzen. Sie war zum Schweigen gebracht, und ich werde nie recht wissen, wie. Ich werde auch nie wissen, was aus dem Mädel mit den Krücken geworden ist. Ist sie durchgekommen?

Es schien, als führen wir tagelang kreuz und quer durch das Land. Wir fragten jeden Soldaten, der auftauchte: Wo sind wir? wohin fahren wir? Doch jeder zuckte nur die Achseln. Vielleicht wußte wirklich niemand, wohin wir geschickt wurden.

Dann sah ich von weitem eine kleine Stadt. Der Zug fuhr langsamer. Ich ging ans Fenster und versuchte, den Namen der Station zu lesen. Oloron-Ste.Marie.

Oloron, den Namen kannte ich. Während des vergangenen Jahres hatten Hans und ich manchmal Briefe und auch Päckchen an Freunde geschickt, Mitglieder der Internationalen Brigaden, die nach dem Sieg der Faschisten in Spanien über die Pyrenäen nach Frankreich geflohen waren. In Oloron wurden sie vom französischen Militär empfangen und in ein riesiges Konzentrationslager gesperrt. Das Lager hieß Gurs und es lag nicht weit vom Ort in den *Basses Pyrénées*. Die berüchtigte ›Hölle von Gurs‹. Dahin also brachte man uns.

Der Zug hielt, die Türen wurden aufgeschlossen, wir stiegen aus. So weit man sehen konnte, standen Züge, und noch mehr Züge kamen hinter dem unseren. Und ein Meer von Frauen, immer mehr kamen aus den Zügen. Nirgendwo ein bekanntes Gesicht.

Ich sagte zu den Frauen aus meinem Abteil: »Jetzt weiß ich, wohin sie uns bringen, ins Konzentrationslager Gurs.« Auf die Wirkung meiner Worte war ich nicht gefaßt.

»Sie lügt!« rief eine Frau und begann zu weinen.

»Sie will uns Angst machen!« – »Falscher Alarm! Das würden sie uns nie antun.« – »Glaubt ihr nicht! Es ist nicht wahr.« Es war eine allgemeine Hysterie, und ich stand in der Mitte und war die Zielscheibe der Wut.

In diesem Moment kamen einige Gendarmen auf uns zu. Die Frauen wurden still. »Anstellen! Vorwärts, marsch, schnell, schneller!»

Es ging über eine enge Brücke. Auf beiden Seiten standen baskische Bauernfrauen; feindselige Augen starrten uns an. Knochige, böse Köpfe saßen auf säulenartigen Gestalten, vom Kinn bis zu den Füßen in Schwarz gehüllt. Wortlos spuckten sie uns an und warfen Steine. In dem Traum, der von Zeit zu Zeit wiederkehrt, sehe ich die kleine Brücke in Oloron immer vor dieser Mauer des Hasses. Im Traum ist natürlich alles verzerrt.

Hinter der Brücke hörten das Spucken und Steinewerfen auf. Lastwagen warteten auf uns, wir fuhren eine Straße hinunter, und dann sahen wir die endlose Weite des Lagers – die öde Erde und die Baracken. Wir waren in Sicherheit, wir waren hinter Stacheldraht.

2. Kapitel

Gurs, Mai und Juni 1940

»Un-deux, un-deux, un-deux«, rief die Uniformierte und klatschte dazu in die Hände, immer schneller, *»vite, vite, un-deux«*, und wir rannten durch die Öffnung im Stacheldrahtzaun. Das Klagen und Schluchzen hatte aufgehört, man hörte jetzt nichts als die Befehle, das Klatschen und das Trampeln. Der Schreck und das Rennen hatte den Frauen den Atem verschlagen. Wie kann man schnell rennen, wenn man todmüde ist – und warum mußten wir überhaupt rennen? Über dem Tor hatten wir das Schild gesehen: CENTRE D'ACCUEIL, Empfangszentrum. Dies war ein Empfang für Zuchthäusler.

Innerhalb der Umzäunung standen weitere Uniformierte. Sie teilten uns in Gruppen ein und jagten uns in Baracken. Das Innere war lang und eng und lag im Halbdunkel, ein schmaler Gang in der Mitte und an beiden Seiten Strohsäcke auf der bloßen Erde, dicht nebeneinander, ohne Zwischenraum. Obwohl uns hier niemand hetzte, rannten manche Frauen immer weiter und drängten sich aneinander vorbei. Vor mir stießen sich zwei Frauen aus dem Weg, und eine fiel um, weil zwei Leute im Gang nicht aneinander vorbeigehen konnten, ohne auf die Strohsäcke zu treten.

Ich ging zum anderen Ende der Baracke. Der Eckplatz war noch frei, und ich ging darauf zu. Ich hoffte, in der Ecke etwas mehr Bewegungsfreiheit zu haben. Ich warf meinen Koffer auf den Strohsack, jemand riß mich nach hinten, es war eine junge Frau, und schrie: »Das ist mein Platz, mach daß du wegkommst!« Ich wollte ausholen, doch dann ging mir durch den Kopf: Was ist denn los, bin ich auch schon übergeschnappt, ich werde mich doch nicht um einen Platz schlagen. Beim Weggehen stieß ich sie immerhin leicht in die Kniekehlen, und sie fiel mit der Nase auf

›ihren‹ Strohsack. Ich suchte mir einen anderen Platz; auf jeder Seite des Ganges waren dreißig Strohsäcke. Es war schwer, etwas zu sehen, denn die einzige Beleuchtung war eine schwache Birne in der Mitte der Decke. Bekannte Gesichter konnte ich so nicht entdecken.

Ich glaube, es war der 25. Mai.

Einige Tage später hatte man sich wiedergefunden: alte Bekannte, einige Freunde. In aller Stille wurden die Baracken gewechselt. Die politischen Emigrantinnen sammelten sich. Manche Baracken waren nur von einer einzigen politischen Gruppierung bevölkert, die sich von den anderen isolierte. Wo sind die Tage der Volksfront? dachte ich.

Das Lager war in Abteilungen eingeteilt – *îlots* –, und jede Abteilung war von Stacheldraht umgeben. In jedem *îlot* standen fünfundzwanzig Baracken mit je sechzig Schlafplätzen. Wir waren in *îlot I*, ich war jetzt in Baracke Nr. 21, unter alten Bekannten. Neben mir lag Anni, die ich aus Paris kannte. »Da steckt etwas in meinem Strohsack«, sagte sie und zog ein Stück Papier heraus, auf dem ein paar verschmierte Zeilen geschrieben waren. Wir studierten es zusammen: »Liebes Mädchen, ich kenne Dich nicht, aber diesen Strohsack habe ich für Dich gestopft. Schlafe gut darauf. Heinz, ein Spanienkämpfer.«

Die Uniformierten, die uns empfangen hatten mit ihrem *un-deux-vite-plus-vite*, waren tatsächlich berufsmäßige Zuchthaus-Wärterinnen und hatten Anweisung, uns wie übliche Gefangene zu behandeln. Aufstehen, Anstellen, *corvée*, Ruhe, Licht aus. Sie dachten sich immer wieder besondere Quälereien aus, hauptsächlich im Namen von Ordnung und Sauberkeit. Sauberkeit. In einem Lager, das auf Lehmboden stand, in den man einsank, manchmal, wenn es geregnet hatte, bis über die Knöchel, und wo es kaum Wasser gab. Ordnung ohne einen Platz, um etwas hinzulegen, ohne einen Nagel, um etwas aufzuhängen. Nichts, wo man Abfall hintun konnte – außer in die Latrinen, die selbst dieses Namens unwürdig waren, und vor denen eine ewige Menschenschlange stand.

Um jede Baracke lief ein kleiner Graben, in den das Wasser vom Dach ablaufen konnte. Die Uniformierten machten sich ein Vergnügen daraus, sich eine von uns zu greifen und zu zwingen, in den Graben zu klettern, um ein Stück Papier oder anderen Abfall mit den Händen aufzulesen. Mir machte es Vergnügen, ihnen dann den Schein unter die Nase zu halten, den mir der Arzt im *Vel d'Hiver* gegeben hatte: *Exemptée de tout travail.* Arbeitsunfähig.

Die Aufseherinnen setzten Mitgefangene als Baracken-Chefs ein. Zuerst wunderten wir uns, wer diese Frauen waren. Die meisten waren jung und beherrschten beide Sprachen fließend. Jüdinnen waren sie sicher nicht und politisch schon gar nicht. Es schien, daß die Aufseherinnen und diese jungen Frauen sich kannten, daß sie sogar befreundet waren. »Mensch«, sagte Maria, die sich auskannte, »seid ihr aber doof! Nutten sind es. Nutten aus der Heimat, die in Paris auf'n Strich gehen.«

Die neuen Chefinnen übernahmen schnell das Kommandieren. »Weitergehen – Stehenbleiben – Raus aus den Baracken – Rein in die Baracken«. Viele waren noch gemeiner als die französischen Zuchthaus-Wärterinnen. Bald war klar, daß sie den Aufseherinnen als Spitzel dienten.

Es war verboten, durch den Stacheldraht mit den Frauen in den umliegenden Abteilungen zu sprechen. Es war verboten, Zeitungen zu bekommen. Der Empfang von Post war verboten, und wir konnten keine Post verschicken. Alle Verbindung mit der Welt war verboten. Die Nazi-Horden drangen vor und uns sperrte man in die Pyrenäen. Europa ging aus den Fugen und uns sperrte man aus.

Einige Frauen sprachen davon, daß wir versuchen sollten, etwas gegen die Zustände im Lager zu unternehmen. Ich dachte: Endlich, höchste Zeit. Ich sagte: »Wenn wir etwas erreichen wollen, müssen wir handeln, also, wie fangen wir es an?« Aber so einfach ging es nicht, denn manche hatten Zweifel, andere wollten überhaupt nichts davon hören.

Ein paar Frauen hatten durch einen Posten einen Beschwerdebrief an den Kommandanten des Lagers geschickt und eine tote Wanze beigelegt, um die unhygienischen Zustände zu illustrieren.

Am nächsten Tag überreichte ihnen ein Soldat ein Schreiben des Kommandanten: »Wenn Ihnen die französischen Wanzen nicht zusagen, *mesdames*, würde ich empfehlen, daß Sie es mit einem deutschen Konzentrationslager versuchen.« So leicht durfte man es ihm nicht machen.

Politische Emigrantinnen aus anderen Abteilungen traten an uns heran, um einen Protest zu organisieren. Man brauchte Geduld und Vorsicht, um sich durch die Drahtverhaue zu verständigen: Wenn der Posten, der auf dem Weg zwischen den *îlots* auf und ab ging, am anderen Ende war, konnte man etwa eine Minute lang hinüberrufen, laut genug, um verstanden zu werden, doch nicht so laut, daß der Posten einen hörte.

Aus den verschiedenen Abteilungen wurde eine Delegation zusammengestellt. Man suchte prominente Frauen aus, bekannte Namen, führende Persönlichkeiten der deutschen Emigration: Intellektuelle, Schauspielerinnen, Leiterinnen von Emigranten-Komitees. Die Diskussionen über die Aufgabe der Delegation waren schwierig und manchmal heftig. Manche lehnten es schlicht ab, irgendeine Verbindung mit der Lagerleitung aufzunehmen, »diesen Handlangern der französischen Reaktion, für die wir Anti-Nazis ein schlimmerer Feind sind als die Nazis«.

»Das stimmt«, gaben andere zu, »aber wenn wir gegen die Behandlung hier protestieren können, werden wir nicht einfach stillhalten.«

»Seht ihr nicht, daß ihr mit denselben Herrschaften verhandeln wollt, die uns Emigranten als Fünfte Kolonne beschimpfen, um die französische Bevölkerung gegen uns aufzuhetzen? Sie haben uns nicht irrtümlich hier eingesperrt.«

»Die Delegation soll sich über Auswüchse beschweren. Daß die Regierung uns zusammen mit den Nazis ins KZ sperrt, ist die eine Sache, und daß dieses Lager für die Unterbringung von 10 000 Frauen unbrauchbar ist, das ist eine andere.«

(Gurs war 1939 entstanden: Als Hunderttausende von spanischen Republikanern vor den Faschisten über die Pyrenäen nach Frankreich flohen, ließ man sie das Gelände nahe Oloron, auf dem es nichts gab als den nackten Lehmboden, mit Stacheldraht einzäunen und sperrte sie in die Umzäunung. Nach und nach wurde Material herbeigeschafft, mit dem die Spanienkämpfer primitive Baracken bauten. Unter den republikanischen Truppen waren die Männer der Internationalen Brigaden, und unter ihnen die deutschen Emigranten, die auf der Seite der Republik gekämpft hatten. Ihr Lied ist mir noch im Ohr:

Doch wir haben die Heimat nicht verloren
Unsre Heimat ist heute vor Madrid . . .

Während der letzten Monate waren diejenigen, die sich für Kriegs-Arbeitskolonnen gemeldet hatten, aus dem Lager entlassen worden. Die in Gurs Verbliebenen wurden in die zwei ersten *îlots* zusammengelegt, in ehrbarer Distanz zu uns Frauen.

Es ging die Geschichte um, daß der Kommandant Mitte Mai einen Anruf aus Paris erhalten hatte: »Wir schicken Ihnen 10 000 Frauen zwecks Internierung. Hallo, hallo?« Der Beamte in Paris soll vergeblich auf eine Antwort gewartet haben, er hörte nur einen dumpfen Knall – der Kommandant war in Ohnmacht gefallen.)

Die Delegation sollte vor allem gegen das Zeitungs- und Postverbot protestieren. Nichts konnte rechtfertigen, daß Verfolgte und Gegner des Dritten Reiches von der Welt abgeschnitten wurden. Die andere Forderung war: Selbstverwaltung. Man hatte uns angeblich zu unserem eigenen Schutz hierhergebracht, und nun wurden wir wie Zuchthäusler behandelt. Ordnung halten konnten wir besser selber.

Die Delegierten wurden am nächsten Tag zum Kommandanten geholt; nach etwa einer Stunde sahen wir, wie die Wachtposten sie auf der staubigen Straße zurückbrachten. Ihr Bericht ging kurz darauf durch die Stacheldrahtverhaue, von Abteilung zu Abteilung, von Mund zu Mund. Als Grund für das Nachrichtenverbot und die ›scharfe Bewachung‹ hatte der Kommandant angegeben, daß die Frauen, die man ihm geschickt hatte, zum einen aus politischen und anderen Gründen verfolgte Emigranten seien, zum andern Reichsdeutsche, also feindliche Ausländer – unter ihnen zweifellos viele Nazis, und sehr wahrscheinlich eine Anzahl von Spionen. »Ich bin nicht dafür verantwortlich, daß die Nazi-Gegner mit den Nazis gemischt wurden, aber ich habe die Verantwortung für die Sicherheitsmaßnahmen.« Er zeigte nicht die leiseste Spur von Verständnis.

Als eine der Frauen sich als Mitglied der Liga für Menschenrechte vorstellte, hatte er sie angeschrien: »Diese Pazifisten, die Anti-Militaristen, sie tragen die Schuld am Krieg!«

Die Frauen ließen sich darauf nicht ein; sie beharrten auf den Forderungen und erinnerten den Kommandanten an Frankreichs Tradition als Asyl der Verfolgten.

Solange feindliche Ausländer unter den Inhaftierten seien, gab der Kommandant kurz zurück, könne er nichts an den bestehenden Vorschriften ändern. Die Lagerleitung könne sie nicht von den Anti-Nazis unterscheiden. Würden wir, die Verfolgten, es übernehmen wollen, die Nazis von den Emigranten zu trennen? Unter Aufsicht des *commissaire spécial de police*, fügte er nebenbei hinzu. Wenn wir eine Untersuchung im ganzen Lager durchführten und die Reichsdeutschen separierten, könne er uns Nachrichten-Rechte geben. »Machen Sie mir eine Liste der politischen Flüchtlinge, eine der anderen Emigranten, und eine der feindlichen Ausländer.«

»Wir sind nicht die französische Polizei«, antworteten die Delegierten, »wir sind Gefangene, wir machen keine Listen. Es ist nicht unsere Aufgabe, über Mitgefangene zu entscheiden. Unter uns werden wir schon mit den Nazis fertig; wenn wir die Selbstverwaltung haben, braucht sich die Lagerleitung keine Sorgen darum zu machen.«

Er werde sich die Sache überlegen, sagte der Kommandant und beendete damit das Gespräch.

Am nächsten Tag hingen Anschläge an den Eingängen zu den *îlots*: Jede Baracke hat einen Chef zu wählen. Die Aufseherinnen werden sich auf Verwaltungsarbeiten beschränken. Unterschrift: Der Lagerkommandant.

Es war ein lauer Abend, und wir saßen im Halbdunkel draußen. Seit der neuen Verordnung mußten wir erst um 22 Uhr in die Baracken zurück. Ich dachte: Wenn man die Augen zumacht, könnte man meinen, man säße in einem Park. Reden und Lachen, Geflüster und Gekicher. Zwei Frauen stritten sich, und irgendwo weiter weg sang jemand ein Lied. Es fiel mir zum ersten Mal auf, daß es selbst in Gurs einen Alltag gab.

»Siehst du die Gruppe da drüben?« fragte Marianne.

»Die da im Kreis sitzen?« Ich versuchte, die Gestalten zu erkennen. »Sind das nicht die Nazis, die in einer Baracke am anderen Ende des *îlots* zusammenstecken?«

»Stimmt. Da ist eine dabei, ziemlich groß, mit blonden Schnecken und einem Pferdegesicht. Auf die muß man aufpassen; sie versucht, sich an unsere Leute heranzumachen. Dich kennen sie nicht – willst du mal versuchen, ob du hören kannst, worüber sie sprechen?«

Zuerst konnte ich nur einzelne Wörter verstehen. Ich hörte »Judenbande«, und ich hörte »der Führer«. Sie beachteten mich nicht, und ich ging näher heran. Die mit dem Pferdegesicht schien Anweisungen zu geben. Ich hörte ». . . genau beobachten, besonders die Leute in den Baracken da drüben . . . Meldung erstatten . . .«

Von da ab hörte man, wo immer der ›Pferdekopf‹ sich zeigte, »Achtung! Nazi-Spitzel!« Bald zeigte sie sich nicht mehr bei uns. Auch die anderen Nazis waren für uns leicht zu erkennen, und wir organisierten unser eigenes Warnsystem.

Das Gespräch drehte sich wieder einmal um den Stacheldraht. Die unpolitischen Emigrantinnen litten am meisten darunter, der Drahtverhau war ein Symbol für sie. »Wie können sie uns nur so erniedrigen – wie ein gemeiner Verbrecher fühlt man sich – die Demütigung ist am schwersten zu ertragen –.«

Sala, meine junge Berliner Freundin, stand neben mir und sagte: »Stacheldraht? Das demütigt euch? Hätte ich mich im deutschen KZ auch erniedrigt fühlen sollen? Weil ich Flugblätter gegen die Nazis verteilt habe?« Ich konnte nicht still sein: »Erniedrigt, wir? Wer sperrt uns hier ein? Frankreich, England, alle haben sie sich um Hitlers Gunst bemüht, während wir gegen die Nazis gekämpft haben. Wir hassen den Stacheldraht, denn er beraubt uns unserer Freiheit. Ein Symbol? Er ist symbolisch für die Gesinnung derer, die hier Antifaschisten einsperren.«

»Ist ja alles nicht so schlimm«, sagte eine vollschlanke Blondine begütigend, »in dem neuen Anschlag heißt es, daß wir nur *pour la durée de la guerre* interniert sind.«

»Nur *pour la durée*? Da freuen Sie sich jetzt schon?« fragte ich verblüfft. »Wie lange meinen Sie denn, daß *la durée* dauern wird?«

»Ach, nicht mehr lange, wir werden die Deutschen bald schlagen.« *Wir*, sagte die Wasserstoffblonde; sie hatte sicher obendrein noch Sorge um ihr Haar und genierte sich, wenn die natürliche Farbe nachwuchs. Ich erinnere mich noch an Ditta Parlo, deren berühmtes gelbblondes Haar sich langsam von oben nach unten als dunkelbraun entpuppte. Merkwürdig, daß das Gedächtnis solch belanglose Dinge bewahrt, vielleicht, weil es mir damals besonders absurd schien, Ditta in einem französischen Konzentrationslager zu sehen: die deutsche Bauersfrau aus *La Grande Illusion*, die französische Offiziere bei sich versteckt.

Es ging nicht nur um Haarfarbe. Die Schönheitspflege nahm einen wichtigen Platz ein. Ich erinnere mich, wie amüsiert ich war, als ich während des Winters trotz des Verbotes meinen Mann im Lager Vernuche besuchte. Die Männer mit ihren Stoppeln und wilden Haaren sahen gefährlich aus, und als ich näher kam, rannten sie davon. Nach und nach erschienen sie wieder, sorgfältig gekämmt und rasiert.

Aber in Gurs, nach dem ersten Schock, beschäftigten die Frauen sich oft stundenlang mit ihrer Morgentoilette. Es war ein erstaunliches Bild: Ich kam in eine dunkle Baracke, auf den Strohsäcken, aus denen Staubwolken aufstiegen, saßen Frauen, auf dem Boden überall getrocknete Lehmklumpen. Die Frauen schminkten sich sorgfältig, zogen die Augenbrauen nach, rollten sich die Haare ein. Manche engagierten eine ›Friseuse‹, die sie jeden Tag kämmte.

Mittags standen immer einige Frauen draußen. Um 12 Uhr flog

ein kleines Flugzeug in geringer Höhe über das Lager, von einem Ende zum anderen, dann kreuz und quer. Die Frauen winkten und lachten. Eine behauptete, daß der Pilot ihr jeden Tag zuzwinkerte – man war sich einig, daß er jung war und fabelhaft aussah. Halb machten sie sich über sich selber lustig, aber doch nur halb. »Ist ja alles Quatsch«, sagte eine junge Frau neben mir, »aber man will doch auch mal lachen.«

Morgens streiche ich durch das Lager. Es hat geregnet, und meine Schuhe bleiben immer wieder im Lehmboden stecken. Ich ziehe sie aus und gehe barfuß weiter. Es sind meine einzigen Schuhe; ich hatte sie an, als wir in Paris interniert wurden. Es waren einmal schöne Schuhe, aus blauem und rotem Wildleder, aber jetzt sind sie mit Lehm verklebt, und am linken Schuh mußte ich die Sohle mit einer Schnur festbinden. Die Schwierigkeit mit den bloßen Füßen ist, daß es bis zum nächsten Morgen kein Wasser zum Waschen gibt. Aber wenn man die Füße in der Sonne trocknen läßt, springt der Lehm ab und man kann wieder in die Baracke gehen.

Hier und da sitzen und hocken Gruppen von Frauen zusammen. Es gibt jetzt täglich neue Diskussionsgruppen und Kurse, in denen alles mögliche getan und unterrichtet wird. Ich bleibe bei der größten Gruppe stehen, etwa zwanzig Frauen: es ist ein Englisch-Kursus. »Die meisten meiner Schülerinnen haben ein *affidavit* und wollen sich auf Amerika vorbereiten«, sagt die Lehrerin später zu mir. »Ob sie je hinkommen werden? Im Moment ist es egal. Sie lernen Englisch, weil das bedeutet, daß es eine Zukunft gibt, und mit einer Zukunft demoralisiert man nicht so leicht.«

Ich bin an der Stelle in der hintersten Ecke des *îlots*, die ich mir bei Tageslicht ansehen wollte. Kein Zweifel, die Erde ist frisch umgegraben. Nein, das ist keine Einbildung. Aber es ist auch kein Beweis dafür, daß das, was man sich zuflüstert, wahr ist. Die Ruhr-Epidemie ist allerdings verheerend geworden. Sicher ist es *möglich*, daß hier nachts die Toten eingescharrt werden. Das ist das Schlimmste: daß die phantastischsten Gerüchte nicht mehr von der Wirklichkeit zu unterscheiden sind.

Höchste Zeit für mein Rendezvous mit dem Spanier am anderen Ende des *îlots*. Seinen Namen weiß ich nicht. Er und ein zweiter Gefangener kommen jeden Tag, um Löcher in den Barackendächern zu stopfen. Es ist uns strengstens verboten, mit den Männern zu sprechen. Wir wundern uns nicht einmal mehr darüber, was alles verboten ist. Fast alles. Zum Beispiel der Besitz von Nägeln. Nägel erleichtern einem das Leben, man lernt hier, sie richtig zu schätzen. Nägel kann man in die Holzwand über dem Strohsack oder in die Pfosten einschlagen und etwas daranhängen.

Das erste Mal ging ich zufällig an dem Spanier vorbei; er stand da, und sein Werkzeugkasten stand neben ihm. Ich sah etwas blitzen: Nägel! Ich sah den Spanier an und er sah mich an, und ich war sicher, daß wir uns verstanden hatten. Ich schaute mich schnell um – keine Aufseherin, kein Soldat. Dann schlenderte ich weiter. Eine Kniebeuge im Gehen, und ich hatte eine Handvoll Nägel und Schrauben! Der Spanier sah einer Wolke nach. Seitdem stellt er seinen Kasten jeden Tag um dieselbe Zeit an denselben Ort, und ich habe schon mehrere Baracken mit meiner Beute versorgt. Ich habe nie gewußt, daß einem das Stehlen so viel Freude machen kann. Ihm scheint es auch zu gefallen, und er schaut nicht mehr den Wolken nach.

Eine junge Frau in weißem Kittel mit einem großen roten Kreuz am Ärmel eilte durch das *îlot*. Endlich geben sie uns wenigstens Sanitäter, dachte ich. Die knochige Gestalt mit dem kurzgeschnittenen dunklen Haar kam mir irgendwie bekannt vor und ich ging ihr nach; sie gab gerade einer Kranken etwas Wasser zu trinken. Tatsächlich, es war Ruth! Ich hatte sie seit Berlin nicht gesehen – dort war sie genau so geschäftig herumgeeilt wie hier.

»Du bist Krankenschwester geworden?« fragte ich verwundert.

»Ach wo, den Kittel hat eine Frau aus der sogenannten Puff-Baracke gestiftet, die ihn als Frisiermantel mitgebracht hat. Das rote Kreuz haben wir aus einem Kopftuch geschnitten und aufgenäht. Unglaublich, was so eine ›Uniform‹ ausmacht. Man hört auf mich, sie haben mir jetzt sogar eine leere Baracke für die Kranken gegeben. Einige Frauen helfen, die Kranken zur Latrine zu bringen, besonders nachts. Morgen will ich versuchen, einen Passierschein zu bekommen, vielleicht kann ich irgendwo Aspirin und Hustenbonbons auftreiben. Wenn man nur etwas gegen diese verfluchte Ruhr-Epidemie bekommen könnte!«

»Sanitäter!« rief man aus einer anderen Baracke, und Ruth eilte davon.

Die Jüngste in unserer Baracke war die siebzehnjährige Gisela.

Eine Woche nach unserer Ankunft kam der Transport von Emigrantinnen, die von der Polizei aus Pariser Krankenhäusern geholt worden waren. Unter ihnen waren Krebskranke im Endstadium. Giselas Mutter war eine davon.

Ich fragte Gisela einmal nach ihrer Familie. »Mein Vater wurde von den Nazis totgeschlagen. Ich war dabei. Mein Bruder hat in den Internationalen Brigaden in Spanien gekämpft und ist gefallen.«

Jeden Morgen, wenn die Sonne schien, breitete Gisela draußen ihre Decke aus und strich sie glatt. Sie nahm die Mutter vorsichtig in die Arme und trug sie hinaus. Sie wollte und brauchte keine Hilfe, denn sie war groß und kräftig und die Mutter war ganz dünn und leicht. Sie setzte sich zu ihr und streichelte ihr Haar und sprach leise zu ihr. Nach etwa zehn Tagen starb die Mutter.

Ich wußte wenig von Gisela, denn sie sprach selten. Ich sah sie nie lachen oder weinen.

Man sagte damals, und manche sagen noch heute, daß das alles nur die Schuld der Bürokratie gewesen sei.

Ein Schub von Frauen kam von der Riviera. Während der letzten zwei Jahre, als die Flüchtlingswelle von Österreich Frankreich erreichte, durften diese Emigranten nicht in Paris bleiben. Viele wurden in den Süden geschickt und setzten sich dort vorläufig fest. Jetzt brachte man sie nach Gurs. Es kam uns so vor, als ob diese ›Neuen‹ beim Anblick des Lagers besonders verstört wären.

Dann kam eine lange Karawane von Autobussen. Sie hielt in der Nähe unserer Abteilung, und wir standen am Stacheldraht und sahen zu, wie die Frauen ausgeladen wurden. Erst erkannten wir hier und da jemanden, und bald wußten wir, daß es die im Pariser *Vel d'Hiver* zurückgebliebenen Frauen waren, die nicht hatten interniert werden können, weil sie mit französischen Soldaten verheiratet waren.

Ich sah Paulette und rief sie, aber im Lärm der Motoren und des Stimmengewirrs hörte sie mich nicht. Ihre Gruppe wurde in die ›K‹-Abteilung gebracht, direkt uns gegenüber, nur durch einen schmalen Weg und Stacheldraht auf beiden Seiten getrennt. Am nächsten Tag hatten wir Verbindung hergestellt und verständigten uns durch den Drahtzaun. Wenn der Posten zum anderen Ende ging, sagten wir schnell ein paar Sätze, gerade laut genug, daß wir uns hörten, aber nicht der Soldat.

Paulette erinnert sich:

»Als der Zug in Oloron hielt und ich die Berge sah, die Pyrenäen, da wußte ich, daß man uns nach Gurs brachte, wo man die Spanienkämpfer eingesperrt hatte. Beim Aussteigen sagte man den Frauen, sie würden in Hotels untergebracht. Da war eine elegant gekleidete Frau mit ihrer Tochter. Sie sprach aufgeregt mit einem der Wachsoldaten und fragte nach einem Telefon. Der Soldat meinte, sie müsse jetzt hier warten, aber er wolle gerne einen Anruf für sie machen. Reservieren Sie bitte ein Doppelzimmer mit Bad in einem der besseren Hotels, sagte sie zu ihm. Der Soldat ging weg und kam nach einigen Minuten zurück: Alles in Ordnung, Ihr Zimmer ist bestellt. Danke, sagte die Frau und beruhigte sich.

Wir wurden in Autobusse geladen.

Erinnerst du dich an den Anblick? Das endlose, flache, sumpfige Gelände, in der Mitte durch einen schnurgeraden Weg geteilt. An beiden Seiten die *îlots* – das waren die von einem hohen, dicken Stacheldrahtzaun umgebenen Rechtecke. In jeder dieser Abteilungen schnurgerade Reihen von Holzbaracken. Baracken, Baracken bis zu einem unsichtbaren Horizont – nichts als Baracken. Wie trostlos das war!

Die Autobusse hielten vor verschiedenen *îlots*. Ein paar

Frauen schrien hysterisch. Manche schluchzten, manche waren erstarrt. Ich sah mich nach der Frau mit der Hotelreservation um: Sie heulte wie ein Kind.

Später hast du mich durch den Stacheldraht gefragt: ›Und du?‹ Ich, ich wußte ja von Gurs, doch so hatte ich es mir nicht vorgestellt. Dann dachte ich: Wenn es die Männer hier fünfzehn Monate ausgehalten haben, werde ich es auch schaffen. Nein, geweint habe ich nicht.

Weißt du übrigens, daß Oloron ein wunderschönes, altes Städtchen auf einem Plateau ist? Das habe ich allerdings erst gemerkt, als ich dreißig Jahre später zurückging. Gurs war inzwischen verschwunden. Nicht eine Spur war geblieben. Nur die Erinnerung.«

Einige Frauen aus diesem letzten Pariser Transport waren jetzt in unserer Abteilung. Wir hörten nicht auf zu fragen, und sie erzählten. Viel wußten sie nicht, aber sie hatten ab und zu eine Zeitung gesehen und sich mit der Bewachung unterhalten. Verbindung mit Leuten außerhalb des *Vel d'Hiver* hatte es nicht gegeben.

»Niemand weiß, was vor sich geht«, sagten sie, »außer, daß die Deutschen blitzartig vordringen. Es gibt Gerüchte, daß sie nicht weit von Paris sind.«

»Glaubt ihr das?« fragten wir und sahen sie gespannt an. Sie antworteten mit Kopfschütteln und Achselzucken.

Eine der Frauen erzählte: »Ich habe einen Freund auf der *préfecture*. Es gelang ihm, mich am letzten Tag im *Vel d'Hiver* zu besuchen. Er sagte nur, man würde uns in aller Eile aus Paris herausschaffen und nach dem Süden transportieren, um uns in Sicherheit zu bringen.«

Die Frauen aus Paris erzählten auch, daß unter den Emigranten, die noch frei waren, Panik herrschte. Sie wußten das aus Nachrichten, die hineingeschmuggelt wurden, und von einzelnen Frauen, die später kamen. Angeblich standen jetzt täglich Schlangen vor dem Eisstadion: Frauen, die hineingelassen werden wollen, um auf einen Transport nach dem Süden zu kommen.

»Glaubt ihr das?« fragten wir wieder, »das sind doch wohl nur Gerüchte?«

»Nein«, antworteten sie, »es ist sicher wahr. Ihr macht euch keine Vorstellung von der Fremden-Psychose. Wir deutschen Emigranten sind jetzt der Feind, wir sind Spione und Agenten Hitlers – sonst wären wir doch nicht eingesperrt. Wir sind die Fünfte Kolonne und wir springen sogar mit Fallschirmen ab. In Paris hatten die Zeitungen Schlagzeilen wie: FALLSCHIRMSPRINGER ÜBER DER OPER – FÜNFTE KOLONNE IN NONNENTRACHT. Seitdem war keine Nonne mehr sicher in Paris.«

Paulette und ich standen uns gegenüber, jede in ihrer Stacheldrahtecke. Der Posten ging auf und ab, und wir warteten, bis er am anderen Ende war. In kurzen Abrissen erzählte sie: ». . . als der Zug unterwegs hielt, schmiß man Steine auf uns . . . man rief *sales boches, métèques, cinquième colonne* . . .«

»Paß auf, er kommt . . .«

Der Posten kam und machte wieder kehrt. Paulette fragte:

»Wer ist noch in deiner Abteilung? Martha?«

»Ja, und viele andere Politische. Und bei dir?«

»Hier auch. Der *commissaire* will . . .« Hinter mir waren Stimmen, und es war schwer, Paulette zu verstehen.

»Was will er?«

»Eine Liste . . . wir sollen ihm eine Liste machen . . .«

»Paulette, macht keine Listen!«

»Ach wo, kommt nicht in Frage.«

Jemand hinter mir fragte immer dazwischen: »Welche Politischen? Warum will er Listen? Listen von wem?«

Die Unterbrechungen ärgerten mich. »Warten Sie doch«, sagte ich und drehte mich um und sah die Frau böse an, »hören Sie denn nicht – «, dann blieb mir der Mund offenstehen, denn es war Ili, meine Cousine.

Ich hatte Ili zuletzt vor etwa zwei Jahren in Paris gesehen, als sie aus Wien nach Frankreich geflohen war. Sie erzählte uns vom ›Anschluß‹ in Wien:

Von der Straße kam Geschrei und Lärm und sie sah hinaus. Die

Nazis holten jüdische Frauen aus den Häusern und zwangen sie, die Straßen zu reinigen. Ili nahm ihren Nerzmantel, warf ihn über und ging mit hocherhobenem Kopf auf die Straße.

»Geben Sie mir einen Besen«, befahl sie den zwei Nazis, die die Frauen unter ›Judensau‹-Geschrei antrieben.

Die beiden sahen die imposante Figur verwirrt an. »Aber doch nicht Sie, gnä' Frau!« stotterte der eine.

»Ich bin Jüdin«, sagte Ili entschlossen, »und ich bestehe darauf, wie die anderen den Mist zu kehren. Den Besen, oder ich werde mich beschweren!«

Da zogen die Nazis sich vorläufig aus der Straße zurück.

In Paris durfte sie nicht bleiben, und so zog sie weiter nach Südfrankreich. Jetzt, in Gurs, erzählte sie wieder – diesmal, wie es an der Riviera zugegangen war. Dort gab es viele Emigranten aus ehemals ›besseren Kreisen‹, von denen manche noch etwas Geld hatten. Die politischen Emigranten waren meistens Intellektuelle – deutsche Schriftsteller und Künstler ohne Heimat –, denen das Leben im Exil besonders schwer war.

Die Männer waren, wie überall, schon vorher abgeholt worden. Den Frauen wurde nun gesagt, sie würden zu ihrer Sicherheit in einen lieblichen Gebirgsort gebracht, wo Cottages auf sie warteten. Ich meinte, das könnten sie doch wohl kaum geglaubt haben, denn sie hätten ja von den Lagern gewußt, in denen die Männer waren.

»Der Verstand sträubt sich gegen das Unfaßbare«, sagte Ili. »Stell dir vor, in unserem Transport war eine Frau, die hat ihr Dienstmädchen aus Nizza hierher mitgebracht.«

Wir nannten sie die ›Riviera-Frauen‹. Natürlich waren nicht alle, die von dort kamen, ›Riviera-Frauen‹. Ich erinnere mich, daß Ili in Gurs so war, wie ich sie immer gekannt hatte. Sie mußte alles wissen, sie wollte alles verstehen. Schmutz und Hunger konnten ihr Temperament und ihren Humor nicht dämpfen. Nach einigen Tagen holte sie einen Malkasten, den sie mitgebracht hatte, heraus und setzte sich damit ins Freie. Das war etwas Neues, und man stellte sich um sie herum und sah ihr zu. Am nächsten Tag begann sie, einen Zeichen-Kursus zu geben, der noch größeren

Zulauf hatte als der Englisch-Unterricht. Wann immer ich in die Gegend ihrer Baracke kam, ging etwas vor. Man eilte hin und her und war damit beschäftigt, das Leben erträglicher und interessanter zu machen. Ich weiß noch, daß Ili mir jedesmal, wenn ich vorbeikam, ein Bonbon aus ihrem Vorrat gab. Nur wer in Gurs war, kann diese Kostbarkeit schätzen.

Die tägliche Hauptmahlzeit war *pois chiches,* Kichererbsen. Außer einem Stück Brot pro Tag war das die einzige Nahrung. Kichererbsen sind steinharte Kugeln, die über Nacht eingeweicht werden müssen. Dann läßt man sie viele Stunden kochen, damit sie eßbar werden. Es gab aber kein Kochgeschirr dafür, denn die Töpfe wurden morgens für die Jauche, die man Ersatz-Kaffee nannte, gebraucht, und wohin sollte man inzwischen die Suppe für etwa tausend Menschen in unserer Abteilung füllen? Das Essen bestand also aus einer Kelle warmen, trüben Wassers, in dem Kieselsteine schwammen, die man unzerkaut hinunterschlucken mußte. Wie ich diese Kichererbsen haßte! Jeden Tag mußte ich mich zwingen, sie hinunterzuwürgen.

Paulette erinnert sich:

»Die *pois chiches* waren gräßlich. Aber wir waren so hungrig, daß es immer zu wenig waren. Ich zählte jeden Tag, wie viele in meinem Teller herumschwammen. Es waren immer nur vierzehn oder fünfzehn, und ganz selten mal sechzehn. Manchmal war auch ein Stück von einem angefaulten Kohlblatt oder eine Mohrrüben-Scheibe drin.

Ich war die Brotschneiderin, weil ich ein gutes Augenmaß habe. Das Weißbrot, das wir morgens bekamen, war für je sechs Frauen, und dieses Sechstel muß für den Tag reichen. Die anderen standen um mich herum, und wenn ich das Messer ansetzte, kam es von allen Seiten: ›Das ist zu groß!‹ und ›Jetzt ist es zu klein‹, dann: ›Nein, größer, viel größer!‹; jede hatte Angst, zu kurz zu kommen. Es war eines der wichtigen Ereignisse des Tages, das Einteilen des Brotes.«

Ich erinnere mich, wie ich jeden Morgen vor der Entscheidung stand: Wieviel Brot kann ich jetzt gleich essen? Wenn ich eine zweifingerbreite Scheibe nehme, bleibt mir genug für Mittag und Abend? Vielleicht könnte ich jetzt mit einer etwas dünneren Scheibe auskommen, dann hätte ich noch ein Stück vor dem Schlafengehen, wenn ich am hungrigsten bin.

Man mußte das Brot tagsüber gut aufbewahren. Meines war bisher nur einmal gestohlen worden, und die Diebin war eine Frau aus einer anderen Baracke. Es war auch meine Schuld, denn ich hatte es offen liegenlassen.

Martha meinte, es müßten die *pois chiches* sein, die ihr so viel Schmerzen machten, wo sie doch mit der Galle zu tun hatte. Wir wollten ihr so gern helfen, aber es gab keine Ärzte, es gab keine Medizin. Ich sehe sie noch, wie sie auf der alten Decke vor der Baracke lag, das leicht graumelierte Haar glatt nach hinten gestrichen.

»Hier ist eine Frau«, erzählte sie mir, »die geht jeden Tag unter den Kranken herum und legt ihre Hände auf. Sie ist überzeugt, daß sie Heilkraft besitzt. Natürlich glaube ich nicht an diesen Hokuspokus. Ich kann es mir nicht erklären, aber wenn sie mir ihre Hände auf den Leib legt, hier an dieser Stelle, spüre ich, wie der Druck nachläßt.«

Martha war etwas älter als wir. Manche kannten sie noch aus der sozialistischen Jugendbewegung. Wenn ich an sie denke, geht mir immer der Name *l'enfer de Gurs* durch den Sinn.

Eines Tages kamen die Nonnen. Man brachte sie in zwei Autobussen, und sie kamen in unsere Abteilung. Wir standen am Gitter und sahen zu, wie sie ausstiegen. Die staubige Straße wimmelte von schwarzen Gestalten. Man teilte sie verschiedenen Baracken zu, aber eine von ihnen, scheinbar eine Oberin, verhandelte mit der Hauptaufseherin, und man gab ihnen dann zusammen eine leere Baracke. Ich merkte, daß innen an etwas herumgewirtschaftet wurde und sah neugierig hinein: Sie versuchten, Vorhänge zwischen den Strohsäcken aufzuhängen – Leintücher, Decken und Fetzen aller Art, die sie über die Balken hängten.

»Wozu tun sie das?« fragte ich eine meiner katholischen Freundinnen.

»Sie dürfen sich beim Ausziehen auch untereinander nicht sehen«, klärte sie mich auf. Das fand ich urkomisch.

Später fragte ich ein paar Nonnen, wieso man sie hierhergebracht hatte. Kamen sie aus Deutschland?

»Wir sind aus dem Elsaß«, antworteten sie. Das hatte ich mir gedacht, man erkannte es an der Sprache. Aber Elsässer waren doch seit dem vorigen Krieg Franzosen? Warum internierte man sie? Ja, das war es eben, was sie nicht verstanden. Sie alle waren Waisen, die im Kloster erzogen worden waren; als das Elsaß nach dem ersten Weltkrieg an Frankreich fiel, waren sie noch Kinder. Später blieben sie im Kloster und wurden Nonnen.

Vorige Woche sei die Polizei ins Kloster gekommen und habe ihre Namen ausgerufen. Als sie alle zusammengestanden hätten, sei ihnen gesagt worden: Sachen packen, mitkommen. Sie hätten es nicht fassen können. Sie seien feindliche Ausländer, *ressortissants allemands*, habe man ihnen gesagt, daher müßten sie in ein Lager. Die Oberin habe eine Erklärung verlangt und der Polizeichef sei hinzugezogen worden:

Man habe in den Akten gefunden, hatte er erklärt, daß die Nonnen in Deutschland geboren seien, also nicht im Elsaß, und scheinbar seien sie 1920 nicht französische Staatsbürger geworden. Er habe zugegeben, daß dies merkwürdig sei. Sollte alles auf einem Irrtum beruhen, so werde das im Lager berichtigt werden. Er folge nur Anordnungen und tue seine Pflicht.

Am nächsten Tag fielen mir die Nonnen wieder auf. Beim Essenholen gab es die übliche Drängelei. Es wurde gestritten und gestoßen und geschimpft. Im Vorbeigehen hörte ich jemanden sagen: »Gehen Sie doch bitte voraus, wir können warten«, und drei lächelnde Nonnen machten Platz für die Frauen hinter ihnen. Es paßte überhaupt nicht hierher, die anderen Frauen schauten die drei fast erschrocken an, und die Drängelei hörte erst einmal auf.

»Waren Sie denn nicht hungrig?« fragte ich eine der Nonnen später.

»Es macht uns wirklich nichts aus. Die anderen Damen haben doch schon lange nichts Richtiges mehr zu essen bekommen.«

Meine Vorstellung von Nonnen war, daß sie nur heilig taten, und nun stellte sich heraus, daß zumindest diese hier es ernst meinten mit der Nächstenliebe. Erstaunlich.

Dann dachte ich an unsere Baracke und wie selbstverständlich es für mich war, daß man sich in Nr. 21 nicht ums Essen stritt. Die Solidarität unter uns Antifaschisten war stärker als der Hunger – die gemeinsame Gesinnung hielt uns zusammen. Auch hatten wir Übung darin, uns durchzuschlagen. Ein großer Topf wurde ›organisiert‹, ich weiß nicht, woher, und das Essen für unsere sechzig Frauen wurde darin geholt und dann ausgeteilt. Wenn etwas übrigblieb, wurde es unter den Magersten und den Schwächeren aufgeteilt.

Ich erinnere mich, daß ich eines Tages aufhörte zu essen. Ich konnte die Brühe mit den harten Kugeln nicht mehr sehen und riechen; vielleicht weigerte sich mein Magen mitzutun. Ich lag auf meinem Strohsack, als die Suppe ausgeteilt wurde. Das Essen interessierte mich nicht, ich fühlte keinen Hunger mehr. Anni, die den Strohsack neben mir hatte, brachte mir Suppe. Ich sagte: »Ich mag nichts, iß du meine Portion.«

»Quatsch«, sagte sie, »mach keine Geschichten, das Wichtigste ist, daß wir hier alle durchkommen.«

Dabei wußte ich, daß Anni nie genug bekommen konnte. Doch die Solidarität war stärker als der Hunger. Brechts Worte gingen mir durch den Kopf:

. . . und nicht vergessen
worin unsre Stärke besteht.
Beim Hungern und beim Essen:
die Solidarität.

Übrigens waren die Nonnen bei weitem nicht die einzigen, die nicht gewußt hatten, daß sie Deutsche waren. Eine der Frauen in diesem verworrenen Menschenknäuel ist mir besonders im Gedächtnis. Sie verstand nämlich kein Wort Deutsch. Ich fragte sie, wie alt sie denn gewesen sei, als sie nach Frankreich gekommen sei.

»Ich bin Französin«, sagte sie, »hier geboren, ich war nie im Ausland. Schon gar nicht in Deutschland.«

»Wie kann man Sie dann hier internieren?« fragte ich.

»Das habe ich die Polizei gefragt, als sie mich holten«, unterbrach sie mich und fuchtelte mit ihrer Hand vor meinem Gesicht herum, als sei ich die Polizei. »*Fichez-moi le camp!* habe ich ihnen gesagt. Dann haben sie mir die Akten gezeigt. Ich hatte es fast vergessen, es ist ja schon so lange her, ich war erst achtzehn Jahre alt und ganz unschuldig – ich war so verliebt in diesen Deutschen und wir haben gleich geheiratet. Es hat nur ein paar Monate gedauert, er war nämlich nichts wert, *ce sale boche*. Jetzt behaupten sie, ich hätte die französische und deutsche Staatsbürgerschaft. Jeder macht Dummheiten in seiner Jugend – *on fait des bêtises* –, aber dafür können sie einen doch nicht einsperren!«

Im Freien, an der Straßenseite, dem Stacheldraht entlang, standen die langen Futtertröge. Über ihnen hing der Länge nach ein dickes Rohr mit Wasserhähnen, die eigentlich nur Löcher waren, in Abständen von etwa einem Meter. Das waren unsere Waschanlagen. Wasser gab es nur morgens, und manchmal lief es nur tropfenweise. In diesen zwei Stunden mußten über tausend Frauen sich und ihre Wäsche reinigen.

Die verfluchten Soldaten ärgerten uns am meisten. Während der Waschzeit patrouillierten sie ausgerechnet in der Nähe der Tröge, auf und ab, näher und näher.

»Bei mir kommen sie nicht auf ihre Kosten«, sagte eine Frau in meiner Nähe. Man sah sie neidisch an: Sie besaß eine Regenhaut, die sie als einzige Kleidung zum Waschen trug. Es gab Frauen, die es einfach nicht fertigbrachten, sich unter den wachsam spähenden Augen der *armée glorieuse* zu säubern. Mit grotesken Krümmungen versuchten sie, sich mit dem Handtuch mal oben und mal unten, dann hinten und vorne zu bedecken. Andere zogen sich seelenruhig aus. »Net amal ignorieren«, sagte eine Wienerin.

Von der Seife, die wir mitgebracht hatten, war nicht mehr viel übrig und wir waren sehr sparsam damit, denn es gab ja nichts zu kaufen. Es gab zwar einen schwarzen Seifenmarkt, aber das einzige Zahlungsmittel war die Arbeitskraft. Besitzlose wuschen die Wäsche der Seife-Besitzenden gegen ein extra Stück Seife, mit dem sie ihre eigene Wäsche waschen konnten und die von anderen, die wiederum mit irgendwelchen Naturalien bezahlten.

Später gab es eine Kantine, die von den Aufseherinnen betrieben wurde, man bezahlte dort mit Geld. Man konnte zum Beispiel ein Ei bestellen, eine Karotte, oder auch Tomaten (vor allem Tomaten, denn es hieß, daß die uns vor Vitaminmangel bewahren würden). Die Aufseherinnen bestimmten den Preis und man mußte ihnen das Geld im voraus geben. Dann wartete man, bis sie die Bestellung liefern konnten – manchmal tagelang, und manchmal kam sie nie. Geld wurde nicht zurückerstattet.

Paulette erinnert sich an die Latrinen:

»Es war eine Holzplattform, die auf dicken Pfählen stand, ungefähr zwei Meter hoch. Rohe Holzstufen ohne Geländer führten hinauf. In der Plattform waren runde Löcher, die durch kleine, ungefähr zur Taille reichende Bretter getrennt waren. Unter den Löchern standen riesige Metallgefäße. Wenn man die Stufen hinaufkam, hatte man eine Zwangsansicht der Frauen, die über den Löchern hockten, ohne sich festhalten zu können.

Für uns waren diese Stufen nicht das Schlimmste, aber da waren die älteren und kranken Frauen. Den ersten Abend kann ich nicht vergessen. Wir standen Schlange und ich sah eine ältere Frau unten an der Treppe stehen und weinen: ›Ich kann es nicht, ich kann da nicht hinauf.‹ Ich nahm sie am Arm und führte sie die Stufen hinauf und redete ihr zu, aber es war so traurig, mir war selber zum Weinen. Wie oft sah man Frauen hilflos dastehen. Sie versuchten, die Treppe hinaufzuklettern, konnten es aber nicht schaffen, bis jemand ihnen half. Manchmal fiel jemand hinunter. Wieviel Tränen flossen an den Latrinenstufen!

Ältere Frauen mußten oft nachts hinaus, und das war jedesmal eine Katastrophe. Wir durften die Baracken nachts nicht verlassen, und selbst wenn man es wagte, konnte man im Dunkeln kaum den Weg finden, und wenn es geregnet hatte, sank man bis zu den Knöcheln ein. Ich erinnere mich an aufgeregte Diskussionen darüber, ob man für diese Frauen Schüsseln in den Baracken erlauben sollte, obwohl die Fenster nicht geöffnet werden konnten und die Türen über Nacht geschlossen bleiben mußten.

Morgens wurden die Latrinen-Behälter abgeholt. An der Außenseite des Lagers, direkt am Drahtverhau, waren Schienen für eine Feldbahn gelegt. Ein kleiner Zug mit offenen Plattform-Wägelchen fuhr, mit einigen Spaniern bemannt, von *îlot* zu *îlot*. Wenn der Zug kam, riefen wir den Frauen auf der Latrine zu: ›Schnell, beeilt euch, der Gold-Expreß kommt!‹ Dann hielt der Zug, die Spanier sprangen ab und gingen auf die Latrinen zu. Frauen standen am Stacheldraht, und die Männer lächelten ihnen zu.

An diesem Ende des Zaunes gab es einen schmalen Streifen mit bräunlichem Gras und staubigem Löwenzahn. Manchmal gingen wir hinüber; mit einer Hand mußte man sich die Nase zuhalten wegen des Gestanks von dem offenen Gold-Expreß, und mit der anderen Hand zupfte man den Löwenzahn aus und warf ihn den Spaniern zu. Die Männer lachten und warfen uns Küsse zu. Sie hatten seit über einem Jahr keine Frau gesehen, und jetzt waren da Tausende.«

Laute Stimmen weckten mich auf. Die Barackentüren waren offen. Frauen redeten durcheinander, aber niemand wußte, was los war. In meiner Nähe hörte ich Geflüster: Die Deutschen . . .? Luftwaffe . . . Stukas . . . Ich sprang auf und ging hinaus.

Draußen standen Frauen herum, dazwischen Soldaten. Ich ging auf eine größere Gruppe zu. Man hörte eine Männerstimme, und ich stellte mich auf die Zehen, um zu sehen, was los war. Der *commissaire spécial*, seine Mütze war aus der Stirn nach hinten geschoben, sprach schnell und erregt. Ich drängte mich näher, um besser verstehen zu können, was er sagte.

»Meine Listen... die Nazis... sie haben die Listen gestohlen...«

Eine Frauenstimme rief: »Was für Listen sind das? Wer steht darauf?«

»Sehr wichtige Listen«, sagte er, »streng vertrauliches Material, das in den Händen des Feindes gefährlich werden kann.« Darum sollten wir alle helfen, die Listen zu finden.

Ich ging zurück und überlegte: Man weiß nicht, was dieser *commissaire* da getan hat. Machen können wir nichts, wir müssen nur auf der Hut sein. Dann fiel mir ein, daß Paulette am Abend zuvor am Zaun etwas hatte sagen wollen. Sie hatte ein paarmal angesetzt und dann wieder abgebrochen: »Nein, ich kann jetzt nicht sprechen«, hatte sie einmal gesagt. Konnte Paulette etwas mit dieser Geschichte zu tun haben?

»Als das Postverbot aufgehoben wurde«, erinnert sich Paulette, »gab es große Freude und Hoffnung: Jetzt würde man wieder Verbindung mit der Familie aufnehmen und sich Sachen schicken lassen können. Ich dachte, es klingt ja schön, daß wir Post schicken und bekommen dürfen, aber was hilft die Erlaubnis, wenn das Land von den Deutschen überrannt wird und es keinen Transport mehr gibt? Immerhin, als man eine Freiwillige zur Arbeit in der neu eingerichteten Verwaltungs- und Postbaracke suchte, meldete ich mich, denn ich dachte, die Arbeit würde mir die Zeit vertreiben. Ich lerne auch gerne Leute kennen, und dann sah man dort sicher manches.

So saß ich jeden Tag ein paar Stunden an dem rohen Holztisch, den man in eine Ecke der Verwaltungsbaracke gestellt hatte. Die Frauen der Abteilung kamen und brachten ihre Briefe, die offengelassen werden mußten, und ich verkaufte ihnen Marken. Ich war so sicher, daß die Post nicht mehr funktionierte, daß ich nicht einmal an meine Mutter in Paris schrieb. Dabei weißt du sicher noch, wie ich mich um sie sorgte.

Es gab bessergestellte Frauen, die wir ›die gute Gesellschaft‹ nannten. Eine Reihe von ihnen hauste zusammen in einer Baracke, die bei uns die ›Puff-Baracke‹ hieß, weil die Frauen so hübsche Sachen und feine Unterwäsche hatten und sich dauernd mit ihrer Schönheit beschäftigten. Manche trugen auch teures

Parfum, das sich mit dem Latrinen-Gestank mischte. Diese Frauen schickten jetzt ein Telegramm nach dem anderen mit Hilferufen an Familie und Freunde. Niemand bekam je eine Antwort. Aber ich ging weiter jeden Abend in Begleitung eines Postens nach vorne zur zentralen Verwaltungsbaracke, um die Briefe und Telegramme abzuliefern.

Einmal ging ich in unsere Postbaracke und wartete auf den Soldaten, der mich begleitete. Das war, als wir schon wußten, daß die Deutschen immer näher kamen. Auf meinem Tisch sah ich einen Stoß von beschriebenen Papieren. Es waren Listen. Da waren einige mir bekannte Namen von politischen Emigrantinnen. Ich hatte keine Zeit, weiterzulesen, denn ich hörte den Soldaten kommen, ich steckte die Papiere in meine Bluse und wir gingen los.

Am Abend gab es große Aufregung. Erinnerst du dich an diesen Abend, Lisa? Der *commissaire spécial* kam in die Abteilung und suchte seine Listen. Ich habe ein bißchen geschwitzt, und ich dachte: Wenn sie mich nur nicht untersuchen. Er und die Soldaten rannten herum und stöberten alles auf; scheinbar konnte er sich gar nicht erinnern, wo er die Listen gelassen hatte. Ich setzte mich auf meinen Strohsack und legte mir eine Antwort zurecht, falls ich verhört werden sollte.

Nach einer Weile ließ der *commissaire* mich aus der Baracke holen. Die Liste steckte immer noch in meiner Bluse, denn ich wollte sie nicht aus den Augen lassen. Er fragte, ob ich Papiere mit Namen gesehen hätte. ›Vielleicht auf Ihrem Tisch‹, meinte er. Ich tat ganz erstaunt und antwortete: ›Erinnern Sie sich nicht: wie Sie in die Verwaltungsbaracke kamen, ging ich doch gerade mit dem Posten hinaus. Seitdem bin ich nicht mehr dort gewesen.‹ Er schien mir zu glauben, er war furchtbar nervös und machte nebulöse Andeutungen, daß vielleicht ›die Nazis dahinterstecken‹.

Ich dachte: Jetzt ist es aber höchste Zeit, die Papiere verschwinden zu lassen, einerlei, was für Listen es sind. Es konnten die Namen von Frauen sein, die als verdächtig oder gefährlich galten – und du weißt ja, die Polizei hielt uns Nazi-Gegner immer für verdächtig. Verbrennen konnte man das Zeug nicht, denn das

Feuer würde gesehen werden. Ich ging also mit zwei Freundinnen zur Latrine. Eine stand unten Schmiere, während wir zwei im Dunkeln oben auf der Plattform standen und das Papier in kleine Fetzen rissen. Unter uns sahen wir die Wachen herumrennen und nach den Listen suchen, die wir in die Gold-Expreß-Kübel schmissen.«

Am Ende des Lagers war das *îlot des indésirables* – die Abteilung der »Unerwünschten«. Diese Frauen, die nicht mit uns aus Paris gekommen waren, hatte man schon vorher aus ihren Wohnungen geholt und als ›verdächtig‹ isoliert – wessen sie verdächtig waren, wurde ihnen nicht gesagt. In dieser Abteilung hielt man, außer einigen Nazis, die bekanntesten Frauen der antifaschistischen Emigration aller politischen Schattierungen gefangen. Noch gab es in Frankreich nicht die Gestapo – es war das *Deuxième Bureau*, der französische Geheimdienst, der die führende Nazi-Opposition in Sonderhaft gesperrt hatte.

Die *indésirables* wurden viel brutaler behandelt als wir. Sie wurden unter schwerer Bewachung gehalten und waren ohne Kontakt mit den anderen Gefangenen. Die Ernährung war so elend, daß wir anderen, die wir selbst immer hungrig waren, ihnen, wann immer es möglich war, etwas Brot durch ihren doppelten Stacheldraht schmuggelten. Als ich einmal einen Passierschein für eine *corvée* erhielt, tat jeder in unserer Baracke ein Stück der täglichen Brotration in eine Tüte. Auf dem Hauptweg ging ich statt nach vorne zum Verwaltungshaus in die entgegengesetzte Richtung – ich konnte mich ja geirrt haben, falls ich angehalten wurde.

Man sah schon von weitem, wenn jemand auf dem geraden Mittelweg kam, und so war eine Reihe von bekannten Gesichtern am Stacheldraht, als ich langsam vorbeiging und dann wieder zurück. Es gehörte nicht viel Mut dazu, das Brot Stück für Stück hinüberzuwerfen, wenn die Wachen nicht herschauten. Man brauchte nur die eingefallenen Gesichter und die großen Augen zu sehen, und man vergaß die eigene Angst.

Das Leben in jenen ersten Junitagen in Gurs beschränkte sich auf die täglichen Lagerereignisse. Nachrichten von jenseits des Stacheldrahts waren nicht zu haben und verboten. Doch schwerer als das Verbot wog bei der Masse der Lagerinsassinnen die Sorge um die eigene Existenz, die das Dasein ausfüllte und alles übrige ausschloß. Die Welt war zusammengeschrumpft, sie befand sich innerhalb des Lagers von Gurs, sie ging nur bis zur Umzäunung. Dahinter begann das unbekannte, das beziehungslose Draußen.

Doch bald begann das Weltgeschehen durchzusickern, durch den Stacheldraht und die Ritzen der selbsterrichteten Mauer, über alle Verbote hinweg.

Es ging alles so schnell, daß der Verstand nicht mithalten konnte. Manche Einzelheiten stecken unvergilbt im Gedächtnis und melden sich von Zeit zu Zeit.

Ich sehe noch die Zeitung vor mir, die ein Wachsoldat hereingeschmuggelt hatte. Die fette Schlagzeile bedeckte die ganze obere Hälfte des Blattes: LE ROI FELON – Der König als Verräter. Der belgische König Leopold III. hatte kapituliert. Das war der 28. Mai. Die Nachricht, daß auch Könige Verräter sein konnten, beeindruckte mich nicht besonders, obwohl Premier Paul Reynauds erklärt hatte, daß dies erstmalig in der Weltgeschichte sei. Es war nicht klar, ob Leopold als König oder als Oberbefehlshaber Verrat begangen hatte, aber uns war das gleich, denn es lief jedenfalls darauf heraus, daß zwischen der deutschen Armee und der französischen Grenze nichts mehr stand. Wo war denn die uneinnehmbare *Ligne Maginot*?

Einige Tage waren wir von allen Nachrichten abgeschnitten. Doch jemand hatte eine Schlagzeile in der Verwaltungsbaracke gesehen: DER FEIND BRICHT DURCH. Am nächsten Tag wurde ein Zeitungsfetzen herumgereicht: L'ARMEE FRANÇAISE GLORIEUSE EST INTACTE! Dann steckte mir mein Spanienkämpfer, der das Loch in unserem Barackendach stopfen sollte – seinen Namen wußte ich immer noch nicht –, die Meldung zu: DER FEIND ÜBERRENNT DAS LAND.

Kurz darauf hieß es: Paris ist zur offenen Stadt erklärt worden. Niemand hatte es schwarz auf weiß gesehen, aber alle wußten davon. Ob das wieder einmal ein *bobard* war, ein Hirngespinst? Wenn es doch wahr sein sollte – würde es bedeuten, daß Paris nicht verteidigt werden würde, daß die Nazis einfach einmarschieren würden. Den Klumpen, der mir plötzlich in der Kehle steckte, kann ich heute noch fühlen. Paris, wo Vater und Mutter und alle die anderen zurückgeblieben waren, stünde unter Nazi-Herrschaft, allerdings würde es dann nicht bombardiert werden.

Der 14. Juni. Wir hatten immer noch Zeitungsverbot, aber die Nachrichten kamen jetzt trotzdem durch: DEUTSCHE TRUPPEN MARSCHIEREN DURCH PARIS. Wir wußten, daß das den Tatsachen entsprach, aber fassen konnten wir es nicht. Innerhalb von vier Wochen!

Und es ging weiter. VORSTOSS DER BOCHES GEGEN SÜDEN. Wo würden sie haltmachen? Wenn ich nur wüßte, wo das Lager war, in das man meinen Mann gesteckt hatte. Und was war mit meinen Eltern geschehen, waren sie in Paris steckengeblieben, oder waren sie unter den sechs Millionen, die die Straßen Frankreichs verstopften?

Immer neue Gerüchte: Die Deutschen sind in der Nähe von Bordeaux. Die militärischen Strategen unter uns erklärten, warum das technisch unmöglich sei. Und wenn es wahr wäre? Gurs war nicht weit von Bordeaux.

»Wir müssen hier heraus.« – »Heraus? Wie stellst du dir das vor, wie man aus einem KZ herauskommt. Und wie kommt man durch den Stacheldraht? Und wohin sollen wir gehen?« – »Man muß es versuchen, es muß gelingen. Was meinst denn du, was wir tun sollen? Hier sitzen und auf die Gestapo warten?«

Die Lagerdisziplin schien sich aufzulösen. Die Wachen, die Offiziere, selbst der *commissaire spécial de police* – alle waren verwirrt und außer Fassung. Man hatte jede Orientierung verloren, weil es keine Richtlinien mehr gab; die Ordnung brach zusammen, weil es an Anordnungen fehlte.

Es war jetzt möglich, aus dem eigenen *îlot*, dem Block mit

nahezu tausend Menschen, herauszuschlüpfen und Leute in einem anderen *îlot* zu besuchen. Die Wachen waren oft nicht auf ihren Posten; auch schienen sie einen kaum zu sehen. Wir fingen an, eine Art Nachrichtennetz zu installieren, auch wenn es dünn und brüchig war. Nur das *îlot des indésirables* war noch streng bewacht. Warum gerade die Hitler-Gegner in diesem Block besonders unerwünscht waren, war nicht klar. Zu den ›Gefährlichen‹ gehörten einerseits die Pazifisten, andererseits aber auch jene, die Frankreich vor Hitlers Kriegsvorbereitungen gewarnt hatten, denn das waren die ›Kriegshetzer‹.

Inzwischen kamen immer neue Lastwagen an, vollgeladen mit Frauen. Wir versuchten, uns durch den Stacheldraht hindurch mit ihnen zu verständigen: Woher kommt ihr? – Wir sind Belgierinnen. – Wir kommen aus Holland.

Einige Frauen wurden von den anderen separiert, wer waren sie? Wir sahen, daß sie zum *îlot des indésirables* geführt wurden.

Ich muß den *commissaire spécial de police du Camp de Gurs* beschreiben. Untersetzt, stramme Haltung, tadellos sitzende Uniform. Wo immer er sich sehen ließ, strahlte er Kraft und Macht aus und jeder wußte, daß er über ein Schicksal entscheiden konnte. Das war der *commissaire*, bis vor etwa einer Woche.

Jetzt auf einmal schlurfte er herum, der Schlappschwanz, die Schweinsäuglein in dem aufgeschwemmten Gesicht wanderten unruhig hin und her. Jetzt, auf einmal, fragte er *uns*, seine Gefangenen, wie wir um ihn herumstanden: »Was kann man tun? Was, wenn die Deutschen bis hierher kommen und das Lager übernehmen? Machen Sie mir eine Liste – –.«

Die Frauen sahen ihn wortlos an; inzwischen hatten alle verstanden, daß diese endlosen Listen nicht nur stupid, sondern auch gefährlich waren – in wessen Hände würden sie geraten? Er starrte von einer zur anderen, und seine Augen zwinkerten nervös. »Schließlich muß ich Befehlen folgen; wenn die Deutschen das Kommando übernehmen –.« Er holte Atem, das Blut stieg ihm in den Kopf, und plötzlich brüllte er die Frauen an: »Weg von hier! In die Baracken! Hier befehle ich!«

Es war am nächsten Tag, an einem Morgen im Juni, das Datum weiß ich nicht mehr.

Ich schlüpfte mit Marianne aus unserem Block ›I‹ heraus; wir sahen uns um und gingen vorsichtig hinüber zu Block ›K‹, der auf der anderen Seite des Hauptweges lag. Wir wollten mit den Frauen, die wir dort kannten, über Fluchtmöglichkeiten sprechen.

»Verdammt!« zischte Marianne plötzlich. Ich folgte ihren Augen.

»Merde!« sagte ich.

Der Kommissar kam um die Ecke und direkt auf uns zu. Aber wie er aussah! Seine Uniform – er mußte in einem Misthaufen geschlafen haben. An seinem Arm hing das junge Mädchen, das seit einigen Tagen den Namen *›la putain spéciale‹* bekommen hatte, ›die Spezial-Hure‹. Er war total betrunken, und sie, auch nicht gerade nüchtern, versuchte ihn zu stützen. So torkelten sie uns auf dem staubigen Weg entgegen. Ich weiß nicht, ob sie eine der gewerblichen Prostituierten war, die man mit uns ins Lager gesteckt hatte, oder ob sie erst neu in der Lehre war. Ein hübsches Mädchen, ganz jung, vielleicht siebzehn oder achtzehn. Mir fiel auf, daß seine Nase fast so rot war wie ihr geschminkter Mund und die Wangen.

Er packte mich roh am Arm, der Geruch von saurem Wein schlug mir ins Gesicht. »Sie beide, Sie sprechen sicher Deutsch«, sagte er. »Die da – das ist meine Sekretärin – die kann nämlich nur Französisch.« Er zeigte auf das Mädchen an seinem Arm und steckte seinen kurzen, dicken Finger in ihren Bauch, und sie lachten beide. Dann versuchte er, wieder Haltung anzunehmen: »Sie zwei werden für mich als Übersetzer arbeiten. Jetzt gleich – es eilt. Los!« Er schob mich am Arm vor sich her.

Was wollte er von uns? Was hatte er vor?

»Ich muß sie aussortieren, diese *indésirables*«, schwadronierte er weiter daher. »Der Lagerkommandant will nur die wirklich Gefährlichen dort festhalten. Mich beauftragt er, ganz schnell eine Liste zu machen, sie zu separieren, bevor die Gestapo hier ist. Ja, wer ist denn ›wirklich gefährlich‹? Was heißt denn überhaupt gefährlich? Gefährlich heute? Oder gefährlich morgen? Das sagt er nicht, der feige Hund. Schiebt einfach die Verantwortung auf mich ab! Also los, Sie beide. Sie müssen die Verhöre übersetzen.«

Er wankte auf eine kleine Hütte am Weg zu, seine schwere Hand lag immer noch auf meinem Arm. Der Gestank aus seinem Mund war unerträglich. Er schwafelte immer weiter, und seine Zunge wurde immer schwerer. »Ich weiß schon, wie ich damit fertig werde. Sie beide, Sie machen mir eine Liste der Fünften Kolonne unter den *indésirables*. Das wird ihn zufriedenstellen, den Herrn Kommandanten.«

Da irren Sie sich, Sie versoffener Herr Kommissar, dachte ich, wir machen keine Listen. Sie, die französischen Behörden, haben uns in diesen Lagern zusammengesteckt: die politischen und die jüdischen Emigranten, seltsame Exoten (wie zum Beispiel ungarische Dichter) und elsässische Nonnen; und mit allen zusammen die Nazis. Nein, wir geben Ihnen nichts, wir helfen Ihnen nicht, denn wir mißtrauen Ihnen. Wir wissen, wer die Nazis unter uns sind, wir kennen den Feind. Sie aber sind nicht sicher, mit wem Sie es halten sollen. Nein, wir arbeiten nicht mit Ihrer Polizei.

Marianne und ich sahen uns an. Natürlich dachte sie genau wie ich, wie wir alle. Sie schüttelte leicht den Kopf, und ihre Augen sagten: Nein, wir machen nicht mit.

Es konnte nicht schwer sein, sich da herauszuziehen. Ich konnte vielleicht stolpern, fallen und vor Schmerzen schreien. Oder besser noch, ich fiel in Ohnmacht, das konnte ich gut.

Man brachte die Frauen vom *indésirable*-Block zur Hütte herüber. Unter ihnen Hilde, sie sah mich sofort – wie dünn sie in den paar Wochen seit Paris geworden war. Auch Irma war da, und die anderen bekannten Gesichter, und die vielen unbekannten. Und dieser Betrunkene würde jetzt entscheiden, wer der Gestapo ausgehändigt werden sollte und wer nicht. Aber nein, das durfte nicht sein – konnten wir – oder mußten wir – –?

Ich wurde nicht ohnmächtig. Ich sah Marianne wieder an, sie nickte leicht mit dem Kopf, beugte sich zu mir und sagte leise auf deutsch: »Sollen wir's versuchen?«

Wir gingen mit dem *commissaire* und seiner *putain* in die Hütte. Die Frauen in den umliegenden *îlots* konnten uns sehen, und ich fühlte ihre Blicke durch den Stacheldraht hindurch in unserem Rücken. Und wir wußten, was sie dachten: Die beiden arbeiten also mit der Polizei. Mir machte es im Moment nichts aus, denn wir hatten keine andere Wahl.

In der Hütte standen ein Tisch, eine kurze Bank und einige Stühle. Der Kommissar und seine ›Sekretärin‹ setzten sich auf die Bank, Marianne und ich auf die Stühle. Überall standen Soldaten, die die *indésirables* bewachten. Die ersten Frauen wurden hereingebracht. Ihren Gesichtern war anzusehen, daß sie wußten, was auf dem Spiel stand.

Der Kommissar schaute auf die Papiere, die sie ihm reichten. Es waren alle Arten von Ausweisen und einige wenige ausländische Pässe; manche Frauen hatten nur einen Schein, der besagte, daß sie in das Lager Gurs eingeliefert worden waren. Der Kommissar langweilte sich und hatte Mühe, die Augen offenzuhalten. Er verhörte die Frauen, sein autoritärer Ton klang gezwungen, die Stimme zitterte: Wie sind Sie hierhergekommen? Warum wurden Sie verhaftet? Sind Sie vorbestraft? Sind Sie eine Spionin?

Wir übersetzten die Fragen ins Deutsche und die Antworten ins Französische.

Er zog das Mädchen ganz nahe an sich heran und sagte zu uns: »Jetzt wissen Sie, was man zu fragen hat, fragen Sie jetzt und übersetzen Sie mir nur die Antworten.«

Er lehnte sich gegen die Wand, sein Bauch wölbte sich überm Gürtel bis zum Tischrand; er legte den Arm um seine *putain* und drückte sie an sich. Sie lachten und küßten sich weinselig, während die *indésirables* vorbeizogen. Ab und zu fiel sein Kopf auf die Seite und er begann zu schnarchen; dann kicherte sie und kitzelte ihn, um ihn aufzuwecken. Und die Frauen zogen vorbei.

Der Kommissar war froh, daß wir die ›Verhöre‹ jetzt ganz selbständig machten. Die geforderte Liste der Fünften Kolonne war vergessen.

Unsere Aufgabe war nicht schwer, man durfte nur nicht vergessen, worum es ging: die Nazi-Gegner und die Verfolgten aus der ›Unerwünschten‹-Abteilung herauszubekommen, bevor die Gestapo kam. Viele Frauen waren uns bekannt, manche zumindest dem Namen nach. Es war leicht, mit ein paar kurzen Fragen festzustellen, auf welche Seite sie gehörten. Die ersten, die wir fragten, rissen die Augen auf, sie sahen das unglaubliche Paar auf der Bank, schauten uns voller Mißtrauen an und antworteten ausweichend – in Gurs war man immer auf eine Falle gefaßt. Doch nach kurzer Zeit hatte es sich draußen unter den Wartenden herumgesprochen, welcher Art unsere *criblage* war.

Unter den Holländerinnen und Belgierinnen, die als ›Verdächtige‹ hierhergebracht worden waren, gab es eine Reihe von bekannten Namen: sie oder ihre Männer waren Pazifisten, Künstler, Journalisten, Schriftsteller, Gewerkschaftsführer. Zum Glück kannte der Kommissar selbst in nüchternem Zustand nicht einen davon. Es schien ihm auch nicht einzufallen, daß man in Belgien eher französisch als deutsch sprach.

Und wir ›übersetzten‹. *»En règle«*, sagten wir, »Papiere in Ordnung, es liegt nichts gegen diese Person vor – nicht verdächtig.« Der Kommissar hörte kaum zu; manchmal gab er den Wachen mit der Hand ein Zeichen. Die Frau wurde herausgelassen und war nun eine einfache Gefangene, wie wir alle, nicht mehr eine ›Unerwünschte‹.

In der letzten Gruppe waren meist Reichsdeutsche. Sie hatten sich, wie überall im Lager, abseits gehalten; deutsche Staatsbürgerinnen, die unter dem Verdacht standen, Nazi-Agenten zu sein. Wie einfach es war, sie von den Emigrantinnen zu unterscheiden. Noch deutlicher als ihre gültigen deutschen Pässe sprach ihr Wesen – wie kann man es beschreiben? Das Dritte Reich hatte ihnen einen Stempel aufgedrückt, einen BDM-Stempel, den man hörte, sah und fühlte.

In den wenigen Fällen, wo wir uns nicht ganz sicher waren, mit wem wir es zu tun hatten, erklärten wir, daß die Frau nicht verdächtig sei. Wir durften auf keinen Fall irrtümlich die falschen Leute ins *îlot des indésirables* zurückschicken; einige Nazis mehr oder weniger unter uns spielte dagegen keine Rolle – sie würden schnell erkannt und, wie die anderen, isoliert werden. Die eindeutigen Nazis ließen wir ohne Gewissensbisse zurückgehen in ihren

Sonderblock, sollten sie dort eine Empfangsfeier für die Gestapo vorbereiten!

Nach ein paar Stunden waren wir mit der *criblage* fertig. *»Ca y est«*, mußten wir einige Male wiederholen, bevor der Kommissar begriff, daß seine Aufgabe beendet war. Mit der kleinen *putain* auf dem Schoß sah er uns mit glasigen Augen an. Sein Gesicht war mit ihrem Lippenstift verschmiert, er sah aus wie ein Clown, aber nicht wie ein lustiger, nicht zum Lachen. Zum Kotzen.

Marianne und ich standen auf und gingen hinaus, ganz einfach. Ich mußte wohl ziemlich angespannt gewesen sein, denn ich merkte auf einmal, wie sich alles in mir lockerte und ich angenehm müde wurde. Und ich dachte: Wenn ich je Zeit dazu habe, muß ich das aufschreiben: der betrunkene Kommissar, die junge Hure und das ›Verhör‹ der Fünften Kolonne. Aber das würde einem ja doch niemand glauben.

Draußen auf dem Mittelweg brachten die Wachen all die Frauen, die nun nicht mehr *indésirable* waren, in den allgemeinen Blocks unter. Wenigstens waren sie jetzt nicht mehr isoliert, was immer auch weiter geschehen mochte. Der Kommandant des Lagers hatte immerhin dafür gesorgt, daß »nur die wirklich Gefährlichen« dort festgehalten und alle anderen herausgelassen wurden, »bevor die Gestapo hier ist«. Vielleicht regte sich *l'honneur de la France* in ihm, vielleicht wollte er uns bei der Flucht aus dieser Falle nicht im Weg stehen?

Da fiel mir ein, daß alles damit angefangen hatte, daß wir am Morgen zum ›K‹-Block hinüber wollten, um Fluchtpläne zu besprechen.

Also, höchste Zeit, gehen wir.

Wir saßen um die Baracke herum und schauten die Straße hinunter. Endlich sahen wir die lange Lotte zurückkommen; man erkannte sie von weitem an ihrem schlaksigen Gang. Als sie an unser Tor kam, blieben wir ruhig sitzen, um kein Aufsehen zu erregen, aber wir versuchten zu erraten, ob es geklappt hatte. Sie zwinkerte gegen die Sonne, aber in ihrem Gesicht war nichts zu lesen. Es kam uns ewig lang vor, bis sie endlich in unserer Baracke war.

»Hast du sie?«

»Na sicher.«

»Wieviel?«

»Reichlich.« Sie legte eine braune Tüte vor uns hin.

Wir gingen zu dritt in die leere, dunkle Baracke: Lotte, Nelly und ich. Gespannt öffneten wir die Tüte, sie enthielt etwa hundert oder noch mehr weiße Formulare.

Lotte hatte sich vor kurzem zum Botendienst gemeldet. Sie hatte einen Passierschein erhalten und wurde mit Nachrichten und Mitteilungen in die verschiedenen Abteilungen und zur Kommandantur geschickt. Sie machte sich im Bureau des Kommandanten nützlich, half ein wenig und wußte bald, was in den verschiedenen Schubfächern zu finden war. Die Übung für ›Botengänge‹ dieser Art hatte sie in der Schule des deutschen Widerstandes erworben. Die Formulare waren Entlassungsscheine, und am Ende stand: *Le Commandant du Camp de Gurs*. Die Unterschrift fehlte natürlich.

Für die Flucht aus dem Lager wollten wir die Scheine nur benützen, wenn wir nicht anders hinauskonnten. (Falsche Papiere brachten immer eine gewisse Gefahr mit sich und man gebrauchte sie nur, wenn es unbedingt notwendig war.) Ihren Hauptzweck würden sie außerhalb des Lagers erfüllen; wenn man in besetztes Gebiet geriet, war es wichtig, ein Dokument auf einen anderen Namen und eine andere Nationalität zu haben, zumal für die Frauen, deren Namen der Gestapo bekannt waren. Wir mußten zuerst einmal herausfinden, wo in den anderen Abteilungen die politisch am meisten Gefährdeten steckten.

»Irgendwo ganz hinten, in Block ›M‹, steckt Anja Pfemfert. Man muß ihr helfen, sie ist nicht gut beisammen.«

»Frau Feuchtwanger? Die ist gegenüber in ›J‹. Ja, sie will heraus, sie hat gesagt, sie kann uns mit Geld aushelfen.«

»Vergeßt nicht Hannah Arendt im nächsten *îlot*. Doch, natürlich kennt ihr sie, sie ist die Frau von Blücher. Sie will mit heraus, doch dann wird sie eigene Wege gehen. Ihr scheint das sicherer.«

»Weißt du noch«, sagte Paulette später, »wie wir damals Martha zuredeten? Sie war meine älteste, meine liebste Freundin. Es ging ihr gar nicht gut, sie hatte große Schmerzen. Sie war ja in deiner Abteilung, aber sie kam jeden Abend zum Stacheldraht, wo wir ein wenig reden konnten.

Natürlich wollten wir sie aus Gurs mit hinausnehmen. Mit ihrer antifaschistischen Vergangenheit wäre sie verloren gewesen, wenn die Deutschen sie gefunden hätten. Ich weiß, daß ihr lange auf sie eingeredet habt. Nach einigem Überlegen sagte sie, sie habe sich entschlossen, nicht mitzugehen. ›Niemand weiß, was uns bevorsteht‹, meinte sie, ›In meinem Zustand wäre ich ein Hindernis, denn ich weiß, daß ihr mich nicht im Stich lassen würdet. Man darf nicht eine ganze Gruppe wegen einer Person opfern.‹

Drei Tage später kam sie zum Zaun, um Abschied zu nehmen. Sie sagte: ›Ich wünsche dir viel Glück, mein Kleines‹, sie nannte mich immer ›mein Kleines‹. Wir wußten beide, daß es das letzte Mal war, daß wir uns sahen.«

(Französische Freunde in Limoges halfen Martha kurz darauf aus dem Lager und versteckten sie bei sich. Als sie endlich einen Arzt fand, war es zu spät.)

Die nächsten Tage waren so ausgefüllt mit Vorbereitungen, daß wir kaum zum Schlafen kamen. In drei Tagen wollten wir aus dem Lager sein. Nelly hatte sich unter Hitler auf Fälschungen spezialisiert, und sie hatte darin so viel Übung, daß man ihre Unterschrift des Kommandanten von der echten nicht unterscheiden konnte. Jetzt saß sie den ganzen Tag in der Baracke und arbeitete langsam und fachmännisch, während andere Wache hielten. Ab und zu hielt sie an, schüttelte das lange, rotblonde Haar aus dem Gesicht und beschwerte sich: »Dieses Scheißpapier! Eignet sich überhaupt nicht zum Fälschen –.«

Immer mehr kaum zu glaubende Nachrichten vom Vordringen der Deutschen. Immer mehr nagten die Fragen: Wo sind unsere Familien? Was ist mit den Männern geschehen? Es gab Gerüchte, daß die Lager der Männer von den Deutschen überrannt und alle gefangengenommen worden seien. Ich glaubte das nicht. Sie werden doch nicht ruhig dasitzen und auf die Nazis warten, sagte ich mir, sie werden ausbrechen. Trotzdem: Wenn ich daran dachte, hatte ich ein merkwürdiges Gefühl in der Magengegend.

Das Lager, in das mein Bruder Hans inzwischen gekommen war, hieß *La Braconne*. Es war nicht weit von Bordeaux. »Erzähle, wie es bei euch zuging«, bat ich ihn Jahre später. Er berichtete, wie wohl nur ein Wissenschaftler berichten kann:

»Eine Gruppe von politischen Emigranten hatte sich zusammengetan. Niemand wußte genau, was vor sich ging, aber jeder wußte vom Vormarsch der Deutschen, und es war klar, daß sie bald in *La Braconne* sein würden. Die Gruppe wollte unsere Flucht aus dem Lager organisieren. Wir nahmen an, daß es kurz vor der Ankunft der Deutschen eine Übergangsperiode geben würde, in der sich die französischen Wachmannschaften zurückziehen würden oder einfach flohen. Diesen Moment mußten wir für unsere Flucht benützen.

Wir stellten Posten auf, um den Abzug der französischen Wachen oder den Anmarsch von deutschen Truppen zu beobachten. Wie du weißt, gab es in *La Braconne*, wie in den anderen Lagern, außer uns Hitler-Gegnern auch Deutsche, die bei Kriegsausbruch in Frankreich hängengeblieben waren, und unter ihnen gab es natürlich auch Nazis. Die Nazis wußten, genau wie wir, was zu erwarten war, und sie hatten vor, die Juden und Antifaschisten festzuhalten und den deutschen Truppen auszuliefern. (Wie sich später herausstellte, interessierten sich die Kampftruppen im allgemeinen nicht für unbewaffnete Zivilisten.)

Ich stand abends Wache an dem Baracken-Fenster, das mir zugewiesen war. Die Nazis verstanden, warum ich da stand. Einige von ihnen überfielen mich von hinten und versuchten, mich vom Fenster wegzuziehen. Ich wehrte mich, und sie schmissen mich in der Dunkelheit mit aller Gewalt zurück in die Baracke. Im Fallen schlug ich mit der Stirn auf eine Bankkante und das Blut kam herausgeschossen. Einen Moment war ich wohl bewußtlos, aber dann kroch ich zurück. Als der Lagerarzt mich sah, sprach er von Gehirnerschütterung und unabsehbaren Folgen und sagte, ich müsse mindestens eine Woche ruhig liegen. Er tat einen Riesenverband um meinen Kopf, aber das Blut kam durch. Ich legte mich hin und bekam Schüttelfrost und man sagte mir, daß sei normal bei starkem Blutverlust. Angeblich hatte ich etwa einen Liter verloren.

Am nächsten Morgen zogen sich die Lagerwachen zurück, und das Lager stand offen. Es ging alles ziemlich geordnet vor sich. Der Kommandant ließ bekanntgeben: *Sauve qui peut*. Ob er selbst zu uns sprach? Ja, ich erinnere mich:

Ein Lagerinsasse war vom Kommandanten als *Chef de Camp* eingesetzt worden. Der Mann war ein ehemaliger deutscher Offizier, ein Oberst, aber er war Jude und daher Emigrant. An jenem Morgen gab dieser Chef im Namen des Kommandanten kurz bekannt: Die Deutschen nähern sich – Die Wachmannschaft wird zurückgezogen – *débrouillez-vous* – Rette sich, wer kann. Darauf gingen wir einfach aus dem Lager. Die Nazis versuchten nicht, uns zu halten, denn die französischen Posten standen noch herum.

Es stellte sich allerdings bald heraus, daß wir aus der Gefangenschaft in eine nur bedingte Freiheit gekommen waren. Nach einigen Schritten befand ich mich in einer unerfreulichen Lage, nämlich genau in der Mitte zwischen zwei Tanks, der eine französisch und der andere deutsch. Beide hatten ihre Geschütze direkt auf mich gerichtet, wie mir schien. In Wirklichkeit war ich in ihren Augen natürlich nichts als ein elender, hinkender Zivilist mit einem blutigen Kopfverband.

Das Gebiet war also schon von deutschen Tanks eingekreist. Wir mußten versuchen, auf unbesetzten Boden zu gelangen, bevor die Gestapo dem Militär folgte. Die Richtung konnte man nur raten – jedenfalls weg von den Deutschen, also ungefähr südöstlich. Wir gingen instinktiv einzeln, eine Gruppe konnte eher für eine militärische Einheit gehalten werden. Geschossen wurde nicht, es war aber trotzdem ein ungemütlicher Weg mit den Franzosen auf einer Seite und den Deutschen auf der anderen.

Nach einiger Zeit hielt ein französischer Militärlastwagen und nahm mich mit. Ich sah wohl sehr heroisch aus mit dem malerischen blutigen Kopfverband. Da ich müde war, hinkte ich stärker als sonst. Der Lastwagen gehörte zu einer langen Kolonne von

Flugabwehr-Wagen, die versuchte, aus der deutschen Einkreisung herauszukommen.

Es wurde eine ziemlich aufreibende Fahrt, in südöstlicher Richtung und in rasender Geschwindigkeit. Plötzlich wurde haltgemacht – deutsche Tanks rollten uns entgegen. Unsere Wagen machten kehrt und rasten zurück. Nachdem wir mehrmals die Richtung gewechselt hatten, näherten wir uns einem kleinen Fluß – am Brückenkopf waren deutsche Uniformen. Halt, dann in einen Seitenweg, und mit Volldampf in eine andere Richtung. Während der Fahrt stellten sie Telefonverbindung mit einer Kommandostelle her, und wieder hielten wir plötzlich und wechselten die Richtung. So ging es einen halben Tag; es machte einen ganz nervös, diese Rundfahrt durch besetztes und unbesetztes Gebiet, ohne daß man je wußte, ob man schon umzingelt oder erobert war.

Endlich gelang es der Kolonne, aus der Umkreisung herauszukommen. Wir waren in unbesetztem Gebiet (obwohl man damals nicht wußte, wo die Deutschen haltmachen würden). Ich erinnere mich, daß wir in der Nähe eines Waldes hielten, um uns herum war alles ruhig. Wir stiegen ab, und nun begann die Mannschaft, ein regelrechtes französisches Mahl zu bereiten. Es wurde serviert und ich wurde eingeladen. Mit meiner Binde war ich immerhin ein Held, wenn auch nur ein Zivilheld.

Es ist unbeschreiblich, wie elend mir nach dem Essen wurde. Nach wochenlangem Hungern kann man eine volle Mahlzeit mit Fleisch und Sauce und Süßigkeiten nicht vertragen. Ich weiß noch, was für eine außerordentliche Anstrengung es mich kostete, mich nicht zu erbrechen, denn ich wollte keine Schweinerei in dem Wagen machen.«

In Gurs wuchs die Verwirrung der Lagermannschaft von Stunde zu Stunde, und so konnten wir ungehindert in die anderen Abteilungen gehen und den Verbindungsleuten die Entlassungsscheine geben. Wir hatten vor, uns am nächsten Morgen aus dem Staub zu machen. Um 8 Uhr wollten wir uns auf der linken Seite des Tores treffen und einzeln oder zu zweit versuchen durchzukommen.

Draußen würden wir erst einmal in verschiedenen Dörfern untertauchen und sehen, wie weit die Deutschen vorrückten.

Nach Mitternacht saßen immer noch alle draußen herum. Da sich niemand mehr um Vorschriften kümmerte, war das jetzt möglich.

»Ich überlege dauernd«, sagte jemand in der Dunkelheit zu mir, »ich bin nicht mehr so sicher, ob wir das Richtige tun.« Ich erkannte die Stimme und drehte mich zu der Frau um: »Wie meinst du das, was sollten wir denn sonst tun?«

»Vielleicht ist es falsch, einfach von hier zu türmen.«

Einen Moment war ich sprachlos. Jetzt, ein paar Stunden vor dem entscheidenden Augenblick schwanken? Und gerade sie, die als ruhig und überlegt bekannt war und angeblich nie die Nerven verlor!

»Du kannst doch nicht im Ernst meinen, daß wir hier sitzen sollen und auf die Gestapo warten?«

»Sieh mal«, sagte sie, »jeder Fall ist verschieden. Ich denke vor allem an Otto; er gehört doch zu den am meisten Gefährdeten. Er weiß, daß ich hier bin, und so wird er mich hier suchen. Wenn ich weggehe, würden wir die Verbindung verlieren. Wo sonst sollte er mich finden?«

»Verbindung!« sagte ich aufgebracht. »Finden! Wenn man sich je wiederfinden will, muß sich jeder erst einmal selber retten – er und du und wir alle –.«

Sie stand auf. »Du hast wahrscheinlich recht«, sagte sie, »aber ich kann die Zweifel nicht loswerden. Wenn man die Gefahren bedenkt – hier in Gurs kenne ich mich wenigstens aus. Draußen ist das Unbekannte. Die Nazis werden überall hinkommen. Wo sind die Chancen zum Durchkommen besser? Laß mich noch überlegen.«

Ich konnte jetzt nicht schlafen gehen. Das ganze Lager schien wach zu sein. Es war erst Ende Juni, aber die Nacht war schwül. Oder war es die Unruhe, die Angst, die in der Luft lag und die sie so drückend machte?

Plötzlich erschien der Lagerkommandant. Das war noch nie vorgekommen. Er schien von Abteilung zu Abteilung zu gehen und war umringt von einem Pulk von Frauen; sie gingen ihm nach und wollten wissen: »Was wird geschehen? Was wird man mit uns tun?«

Er bemühte sich, militärische Haltung und Gelassenheit zu zeigen. »Es stimmt, daß es nicht gut steht an der Front«, begann er, »aber –.«

Eine Frauenstimme unterbrach: »Wo sind die Deutschen?« Andere riefen: »Ruhe!«

Der Kommandant fuhr fort: »– aber es gibt keinen Grund zur Beunruhigung. Frankreich übernimmt volle Verantwortung für Ihre Sicherheit.«

Jetzt hörte ich ein unterdrücktes Lachen. Dieselbe Stimme wie vorhin rief wieder: »Wo sind die Deutschen jetzt?« und der Kommandant antwortete: »Sie kommen von verschiedenen Richtungen.«

Eine Frau, die ich nicht richtig sehen konnte, sagte: »Ziehen Sie doch eine amerikanische Flagge über dem Lager hoch. Dann wäre Gurs amerikanisches Gebiet und die Deutschen dürften nicht hereinkommen.« Neben mir begann jemand, hysterisch zu lachen.

Der Kommandant ging zur nächsten Abteilung. Die Frauen standen herum und redeten weiter, ich hörte ihnen zu und ich dachte: Wie können sie nur so passiv sein? *Was wird mit uns geschehen*, fragen sie, anstatt *Was können wir tun*.

»Vor allem muß man hier heraus«, sagte ich zum zehnten Mal, »in dieser Verwirrung kann man durchschlüpfen.«

»Wohin?« fragte eine Frau, mit der ich mich manchmal unterhalten hatte.

»Es ist doch egal, Hauptsache heraus aus der Gefangenschaft, heraus aus Gurs, bevor die Nazis hier sind.«

»Ohne Geld! Man muß doch essen –.«

»Wegen der *pois chiches* wollen Sie im KZ bleiben?«

»Aber meine Familie – wie finden wir uns? Die Männer werden bestimmt herkommen, um uns zu holen. Wollen Sie denn nicht auf Ihren Mann warten!«

»Auf meinen Mann? Nein, da müßte ich lange warten. Wenn er

erfährt, daß man aus Gurs herauskonnte, wird er mich hier nicht suchen.«

(Hans, sagte ich Monate später einmal zu ihm, ist es dir eigentlich nie eingefallen, mich in Gurs zu suchen? Damals, als manche Männer hingingen, um ihre Frauen zu holen? – Nein, sagte Hans und lachte, das war doch klar, daß du nicht in Gurs sitzt und auf mich wartest. Das wäre doch widersinnig gewesen. Während der Flucht aus dem Norden war ich einmal mit einigen Kameraden unterwegs, die nach Gurs wollten. Bevor wir uns trennten, sagten sie: Gib uns wenigstens ihren Namen, falls sie doch dort ist. – Lisa heißt sie, sagte ich, aber strengt euch nicht zu sehr an, sie ist nicht mehr dort.)

Manchmal ist mein Gedächtnis mir ein Rätsel. Es holt nichtssagende Bilder aus jener letzten Nacht herauf. Da hängt eine rote Bluse, die im Wind flattert. Ich sehe auch einen schiefen Hocker, auf dem eine unbekannte Frau sitzt. Dann kommt der Morgen und die Flucht aus Gurs. Meine Erinnerungen sind verschwommen, nur eine farblose Chronik ist mir erhalten geblieben. Vielleicht war ich zu müde. Vielleicht hat es nicht weiter gereicht.

Wir waren ungefähr sechzig. Die Entlassungsscheine wollten wir nur zeigen, wenn sie verlangt würden. (Die unbenützten Scheine hatten wir für andere zurückgelassen.) Alle waren da, das weiß ich genau, und natürlich auch diejenigen, die im letzten Moment Zweifel gehabt hatten. Wir kamen zum Tor, einzeln und in kleinen Gruppen. In dem Durcheinander fielen wir nicht auf.

Wir sahen, daß Lotte und Nelly, die zuerst durchgingen, ihre Scheine vorzeigen mußten und der Posten sie studierte. Bei den nächsten sah er nicht mehr genau hin. Nach einer Weile gingen Paulette und ich zusammen durch, und ich sagte: »Wir kommen gleich zurück.« Ich weiß nicht mehr, ob mein Herz klopfte.

Irgendwann, auf der Landstraße, hielt ein Auto, und ein Offizier nahm uns mit. Sobald ich saß, schlief ich ein und wachte erst auf, als wir in einem Dorf hielten. Es hieß Pontacq und wir hatten uns dort mit einigen der anderen verabredet.

Zuerst mußten wir herausbekommen, wo die Deutschen jetzt waren.

3. Kapitel

Auf der Suche. Pontacq, Sommer 1940

Der Offizier, der uns in seinem Wagen mitgenommen hatte, war zu unserem Schrecken bei der Gendarmerie vorgefahren. Zwei Gendarmen kamen heraus, und unser Fahrer stieg aus. Er sah sehr schneidig aus in seiner Uniform.

»Ich übergebe Ihnen hier zwei Frauen«, sagte er. Ich spürte Paulettes Hand auf meiner, sie war eiskalt. Er fuhr in militärischem Befehlston fort: »Ich mache die Gendarmerie von Pontacq für die Sicherheit dieser Frauen haftbar. Es sind belgische Flüchtlinge, die von der Gestapo verfolgt werden. Sie sind dafür verantwortlich, daß sie nicht in die Hände der Deutschen fallen.«

Alle salutierten, er öffnete die Wagentür und wir stiegen aus, er stieg wieder ein und fuhr los, ohne auch nur einen Blick auf uns zu werfen. Mir war ein wenig schwindlig. Ich sah Paulette an und dachte: Ihr ist auch nicht ganz wohl.

Im Büro zeigten wir den Gendarmen unsere selbstverfertigten Entlassungsscheine: Paulette Perrier und Lise Duchamps, belgische Staatsbürger. Der *brigadier* sagte: »Wir werden für Ihre Sicherheit sorgen. Sie dürfen Pontacq natürlich nicht verlassen. Ich hoffe, daß Sie uns keine Schwierigkeiten machen.«

So standen wir beide auf dem kleinen Platz am Ende des Dorfes und warteten, bis wir an die Reihe kamen. Vor uns ungefähr zwanzig Flüchtlinge aus verschiedenen Teilen des Landes, Frauen mit Kindern und alte Leute. In der Mitte des Platzes, unter den Bäumen, war ein Stand aufgebaut. Ein Gemeinde-Angestellter dirigierte die Lebensmittelverteilung und die Zuweisung der Unterkünfte.

Man gab uns ein paar Rüben und einige grüne Blätter, ein Stückchen Speck, etwas Brot und Salz. Dann bekamen wir einen

Spirituskocher und je einen Blechnapf. Ein Mann führte Paulette und mich zu einem kleinen Bauernhof. Die Bäuerin war von Kopf bis Fuß in Schwarz gekleidet, wie alle Frauen in dem baskischen Dorf. Sie zeigte uns eine Hütte hinter dem Gemüsegarten, neben dem Hühnerstall. Innen waren ein großes Bett und ein Tischchen. Wir fragten sie, wo es Wasser gebe.

»Die Dorfpumpe ist da unten am Ende des Weges«, sagte sie, »dort können Sie sich und Ihre Sachen waschen.« Im Weggehen fügte sie hinzu: »Vergessen Sie nicht, die Zauntür hinter sich zu schließen, sonst kommen mir die Hühner in den Gemüsegarten. Und das *cabinet* da draußen brauchen Sie nicht zu benützen, dem Gemüse tut der Dünger gut.«

»Ach Gott«, sagte Paulette. »Wenn das meine Mutter wüßt', das Herz –.«

»Paulette«, sagte ich, »ein Bett! Ein richtiges Bett.«

»– das Herz im Leib würd' ihr zerspringen.«

Wir haben ein Bett und etwas zu essen, dachte ich, und vielleicht sind wir erst einmal sicher. Wenn die Frauen in Gurs, die sich nicht aus dem Lager trauen, nur wüßten, daß man die flüchtende Bevölkerung mit dem Nötigsten versorgt.

Im Dorf wußte man nicht, wo die Deutschen jetzt waren und ob sie weiter vorrückten. Einige Flüchtlinge, die durch Pau gekommen waren, meinten, man könne dort sicher mehr erfahren, vielleicht in der Kaserne, die voll von Militär sei.

So machten wir uns am nächsten Morgen auf nach Pau. Inzwischen waren sechs weitere Frauen aus unserer Gruppe eingetroffen und in Pontacq untergekommen. Die anderen hatten sich über mehrere Dörfer verteilt. Wir mußten herausfinden, ob die Gefahr bestand, daß die Deutschen in diese Gegend kamen.

Aber wie sollten wir nach Pau kommen? Autobusse gab es nicht, es gab überhaupt keinen Transport. Wir werden schon irgendwie hin- und zurückkommen, sagten wir zu den anderen. Wir gingen auf Umwegen aus dem Dorf, um nicht von den Gendarmen gesehen zu werden. Auf der Landstraße gab es nur wenige Fahrzeuge, denn niemand hatte Benzin. Die Fahrer waren meist Offiziere, und sie rasten an uns vorbei.

Vielleicht lag es an uns? »Du winkst ja nicht«, sagte ich, »da wird nie einer anhalten.«

»Ich dachte, du winkst. Hast du denn noch nie ein Auto angehalten?«

»Nein. Und du?«

»Ich auch nicht.«

Wir beschlossen: Paulette sollte mit den Armen fuchteln, und wenn jemand hielt, würde ich mit ihm reden.

Ein Wagen kam. Paulette murmelte: »Oh Falada, wenn das meine Mutter wüßt'«, und winkte. Das Auto hielt und nahm uns mit.

In Pau gingen wir zuerst zu der großen Kaserne, von der die Flüchtlinge in Pontacq gesprochen hatten. Die Soldaten schwärmten überall herum, aber es fiel uns auf, daß wir nirgends Offiziere sahen. Niemand konnte uns Auskunft geben, niemand wußte etwas von der Kompanie, in der Paulettes Mann war. Die Soldaten, mit denen wir sprachen, hatten nur haltgemacht, um in der Kaserne zu übernachten. »Wo sind die Deutschen?« fragten wir, doch wir hörten bald auf zu fragen. Die Soldaten sahen uns mit leeren Augen an. Manche lachten. Es war ein häßliches Lachen. Manche sagten: Sie sind überall, *les boches*. Und immer wieder: *Nous sommes vendus*.

Wir gingen in Pau herum und versuchten, die Lage zu erkunden. Die Sonne brannte, wir waren müde und wohl auch niedergeschlagen. Im Rathaus konnten wir mit einem Beamten sprechen, aber er wußte nicht mehr als alle anderen. Er sagte, es gebe Gerüchte, daß die Deutschen morgen oder übermorgen zum Stehen kommen würden, man spreche von Waffenstillstand. Gerüchte. Wir zogen weiter.

Auf der Straße sahen wir einige junge Männer. »Die sehen wie deutsche Emigranten aus«, sagte Paulette. Die Männer kamen zu uns herüber: »Kommt ihr aus Gurs? Was geht dort vor?« Sie waren aus einem Lager im Norden geflüchtet und gerade hier angekommen. Sie wußten nur, daß man überall von deutschen Panzerwagen umkreist war und überall auf Gruppen von Emigranten stieß. Ich wollte wissen, ob sich alle rechtzeitig aus dem Staub gemacht hatten. Oder gab es Lager, die von den Deutschen überrannt worden waren? Hans, mein Mann, war angeblich in der Nähe von Tours. Ich fragte, ob sie Leute von dort getroffen hätten? Nein. Doch soweit sie wüßten, seien die meisten Emigranten aus den Lagern geflüchtet; die französischen Kommandanten hätten zum Schluß keine Schwierigkeiten gemacht und seien schließlich selber getürmt. Aber dann die Flucht durch Frankreich, wo man nie gewußt habe – und wenn man gedacht habe, nun sei es geschafft, wieder Tanks – –.

Einige Frauen kamen vorbei. Auch sie waren aus Gurs entkommen, und auch sie waren auf der Suche.

In Pontacq wollten wir uns vorläufig versteckt halten. Abseits vom Rest der Welt. So hatten wir es uns gedacht, und so war es – ein paar Tage lang. Paulette und ich saßen oft auf dem Dorfplatz auf einer Bank. Viel zu sehen gab es nicht, doch es war angenehm unter den Bäumen, im kühlen Schatten. Die Landstraße schnitt quer durch den Platz; ab und zu zogen vereinzelte Flüchtlinge vorbei. Manchmal auch kleine Gruppen von Soldaten in verschmutzten Uniformen, ziellos. Nur selten sah man ein Fahrzeug.

Einmal hörten wir Motorenlärm. Zwei Soldaten auf Motorrädern. Plötzlich sprang Paulette auf und rief: »Alfred, Alfred!« Sie schwenkte die Arme und lief den Motorrädern nach, aber sie waren schon verschwunden.

»Es war der junge Alfred aus Paris«, rief sie mir zu, »du kennst ihn doch – wie kann ich ihn nur einholen?«

»Jetzt fängst du auch schon an zu spinnen, wie die anderen«, sagte ich ungeduldig. »Alfred – ausgerechnet hier in Pontacq!«

Wir stritten uns; Paulette blieb hartnäckig, sie habe sich nicht geirrt.

Ein Pferdewagen zog vorbei. Paulette lief auf den Bauern zu, der auf dem Bock saß, und sagte atemlos: »Wenn Sie zwei Soldaten auf Motorrädern auf der Landstraße sehen – einer davon, der kleine Blonde, ist ein Freund von uns, er hat uns nicht gesehen, er soll sofort zurückkommen!«

Der Bauer nickte und fuhr mit seinem Wägelchen langsam weiter.

»Lach nur«, sagte sie zu mir, »ich bleibe hier und warte. Man kann nie wissen.« Wenn sich Paulette einmal etwas in den Kopf gesetzt hatte, war nichts zu machen. Und so saßen wir weiter auf unserer Bank und warteten auf Alfred.

Nach einiger Zeit sagte sie betrübt: »Es hat wohl nicht geklappt. Komm, wir müssen etwas essen. Aber ich bin sicher, daß er es war.«

War das nicht wieder Motorenlärm? Er kam aus der entgegengesetzten Richtung, von weit her. Es war wieder ein Motorrad, und darauf saß ein Soldat. Er sauste ins Dorf, hielt auf dem Platz an und sah sich um: »Man hat mir gesagt, ich soll zurückkommen –?«

Ja, das war Alfred aus Paris, der da in seiner verdreckten Uniform auf dem Motorrad saß, erschöpft und verwirrt, Alfred mit dem blonden Schopf und dem rosigen Jungengesicht. Wir gingen auf ihn zu, er starrte uns ungläubig an, rieb sich Augen und Stirn. Er stieg ab und setzte sich ins Gras, und während wir aufgeregt auf ihn einredeten, fielen ihm die Augen zu und er schlief ein. Ich setzte mich neben ihn und sagte vor mich hin: *L'Armée glorieuse . . . voilà l'Armée glorieuse.*

Alfred war ein junger Pole, kaum zwanzig Jahre alt, der sich bei Kriegsausbruch in Paris zur polnischen Legion gemeldet hatte. In Pontacq hatte er erst einmal den Zug nach dem Süden unterbrochen und sich den hier und da über die Nachbarorte verstreuten Soldaten angeschlossen. Abends saßen wir zusammen, und er erzählte vom Winter des *drôle de guerre, la Ligne Maginot,* vom Beginn der Offensive.

»– und beim deutschen Durchbruch durch Belgien schob man uns nach Westen. Es muß Ende Mai gewesen sein, als wir südlich von der Somme eingesetzt wurden. Unsere Offiziere wiederholten General Weygands Worte: *Dies ist die entscheidende Schlacht des Krieges.* Unser Vertrauen zu den Generälen war nicht mehr groß, aber immerhin, man will noch daran glauben, daß die da oben irgendeine Strategie haben. Es war klar, die Brückenköpfe der

Somme mußten zurückerobert werden, und wir gingen zum Angriff über. Doch es war zwecklos, wir hatten keine Unterstützung. Drei Tage ohne Essen und Schlafen, unter pausenlosem Feuer, die Toten und Verwundeten lagen herum und wir konnten nicht an sie heran.

Anfang Juni kam der Befehl zum erneuten Angriff: Der Vorstoß des Feindes nach Paris mußte verhindert werden. Unser Angriff begann in der Dunkelheit, gegen Morgen, und im gleichen Augenblick setzte das Feuer der Deutschen ein. Unsere Artillerie hatte irrtümlich einige Minuten zu früh zu schießen begonnen. Wir dachten: Wo bleiben denn unsere Flieger! Sie kamen nie.

Die Munition ging aus. Man sagte uns, aus den Depots im Süden sei bereits Nachschub unterwegs. Wir warten und warten. Das Feuer der Deutschen ließ nicht nach, wir hörten das Stöhnen und Schreien unserer Verwundeten draußen. Immer weitere Versprechungen: gleich wird die Munition hier sein. Warten, fluchen; neben mir schluchzte jemand.

Es mußte wohl am dritten Tag gewesen sein, als wir zwei Kraftwagen kommen sahen. Wir stürmten sie, ich war unter den ersten. Der eine war leer – einfach leer. Auf dem zweiten war eine einzige Munitionskiste.

Mehr weiß ich nicht über die Schlacht an der Somme. Es gab dann nur noch Gerüchte. Waren wir jetzt unter französischem oder unter englischem Kommando? Hatten wir die Deutschen auch im Rücken? Wurde der Befehl zum Rückzug gegeben? Aber auf Befehle konnten wir nicht mehr warten.«

Alfred blieb in unserer Gegend. Obwohl er sein Armee-Motorrad abgeben mußte, konnte er als Soldat uns Frauen in Pontacq oft helfen. Es sei doch egal, wo er sich aufhalte, sagte er, er habe kein Ziel. Er war einer der zahllosen herumirrenden Soldaten, einer von der *armée en déroute*.

In Pontacq hatte man sich inzwischen wohl an unseren Anblick gewöhnt, die Leute sahen uns weniger mißtrauisch an als am Anfang. Was sie untereinander auf baskisch sprachen, konnten wir nicht verstehen, aber mit uns redeten sie französisch. Wir bekamen eine kleine Unterstützung, die die *mairie* allen Flüchtlingen auszahlte, wir gehörten nun zu dem gehobenen Stand der Flüchtlinge. Unsere Bäuerin hatte nicht viel übrig für uns, vor allem, weil uns die Hühner immer in ihren Gemüsegarten entwischten. Doch der uralte Bauer, der drei ›unserer‹ Frauen aufgenommen hatte, kochte manchmal für uns alle. Er zauberte phantastische dicke Suppen in dem schwarzen Eisentopf, der an Ketten über dem Kamin hing. Einmal opferte er eines seiner Hühner, und als ich mich über solchen Leichtsinn wunderte, erklärte er: »Das Huhn war so alt wie ich, da spielt es keine Rolle.«

Zeitungen gab es weiterhin keine, und doch sprachen alle vom Waffenstillstand. Wenn wir mittags mit unseren Blechtellern zur Dorfpumpe gingen, trafen wir manchmal Soldaten, die dort haltmachten, um sich zu waschen. Sie sagten, daß sie auf der Flucht weiter bombardiert worden seien. Und sie erzählten von den Fliegern, die sie aus Baumeshöhe mit Maschinengewehrfeuer besäten.

Paulette und ich gingen weiter auf Erkundungsfahrten. Unsere zwei Mann starke Gendarmerie nahm ihre Pflicht sehr ernst und paßte scharf auf uns auf, doch wir hatten bald heraus, wann wir sicher vor ihnen waren: vor allem während der geheiligten zwei bis drei Stunden *déjeuner*. Wir hatten gelernt, unbemerkt aus dem Dorf zu schlüpfen. *L'auto-stop*, das Anhalten von Autos, war jetzt wie eine alte Gewohnheit, doch es gab immer weniger Fahrzeuge, und oft gingen wir in unseren zerrissenen Schuhen lange Strecken zu Fuß. Wir gingen nach Tarbes und nach Lourdes und in die Dörfer, in denen sich Frauen, die mit uns aus Gurs gekommen waren, versteckt hielten. Wir stießen auf Emigranten, die herumwanderten und suchten. Einmal, als wir mit einigen Leuten irgendwo auf einer Straße standen, hielt ein Auto mit mehreren Personen und eine Frau steckte den Kopf heraus und wollte wissen, wohin der Weg führe.

»Sie sind doch Hertha Pauli?« fragte jemand.

»Stimmt. Wo sind wir hier?«

»In den *Basses Pyrénées*. Woher kommen Sie?«

»Aus dem Westen, von der Küste. In welche Richtung fahren wir?«

»Nach Süden. Wohin wollen Sie?«

»Vielleicht nach Lourdes –?« Der Wagen fuhr weiter.

Wir saßen auf unserer Bank und berieten, was wir noch tun könnten, um unsere Angehörigen zu finden. Es war heiß, selbst im Schatten. Plötzlich liefen die Leute zusammen – ein Autobus kam, der Autobus aus Pau lief zum ersten Mal wieder! Das ganze Dorf sah zu, wie einige Fahrgäste ausstiegen. Da sprang Paulette auf, rannte quer über den Platz zur Haltestelle und rief: »Papa, Papa!« und umarmte – ich starrte diese Rübezahl-Figur mit der grauen Mähne an – tatsächlich ihren Vater, ›den Alten‹, wie wir ihn nannten. Wie war es möglich, daß er uns in diesem Nest gefunden hatte?

Ganz einfach, erklärte er. Als er mit einigen Freunden kurz vor Ankunft der Deutschen aus seinem Lager geflüchtet sei, hätten sie sich in Richtung Gurs durchgeschlagen. Er habe doch seine Tochter holen wollen. Vor Pau seien sie auf jemanden gestoßen, der die Tochter und andere Frauen aus Gurs getroffen und auch gewußt habe, wo sie sich aufhielten.

»Hier können wir den Alten nicht halten«, sagte Paulette später zu mir. Er weigerte sich starrköpfig, die wilden Haare, sein Kennzeichen, schneiden zu lassen. Und er sprach kein Wort französisch. In der Menschenmenge von Lourdes würde er eher untertauchen können. So zog er weiter, und wir verabredeten, daß wir bald nachkommen würden.

Als wir einige Tage später Bolles Mann Kaminski von einem Heuwagen klettern sahen, während wir an der *mairie* vorbeigingen, waren wir kaum noch erstaunt. (Bolle war eine der drei Frauen, die bei dem alten Bauern untergekommen waren.) Auch er war auf jemanden gestoßen, der wußte, wo wir waren. Er kam aus dem Lager in der Nähe von Tours, in dem auch mein Mann gewesen war.

Abends saßen wir im Dunkeln zusammen in der Stube des alten Bauern und hörten Kaminski zu, der von seiner Flucht aus dem Lager berichtete. Es war eine dramatische Schilderung. Er erzählte von einem wilden Fluß, den er zu durchschwimmen hatte, um den Deutschen, die ihm auf dem Fuße folgten, zu entkommen. Doch dann stellte sich heraus, daß er gar nicht geschwommen war, weil er ein Boot fand, das ihn mitnahm. Ich fragte, was er von den anderen wisse. Ob alle entkommen seien? Wann er meinen Mann das letzte Mal gesehen habe?

»Ich bin mit zwei Männern geflüchtet. Die anderen hatten die Flucht für den nächsten Tag geplant, aber wir wollten nicht warten. Tatsächlich haben die Deutschen am nächsten Morgen das Lager besetzt – wir haben gehört, daß niemand davongekommen ist. Wir drei sind die einzigen, die sich gerettet haben – die anderen haben die Lage falsch eingeschätzt.«

Es war still in der Stube. Dieser Hampelmann, dachte ich, er weiß nichts, er hat nur ›gehört‹ und verbreitet Panik. Wahrscheinlich ist das eine Vorbereitung für seinen nächsten Roman. Ausgerechnet er hat ›die Lage richtig eingeschätzt‹, wo er doch von Tuten und Blasen keine Ahnung hat. Hans und die anderen müssen gewußt haben, was sie tun.

Und so suchten wir weiter und gingen jeder Spur nach, und wir trafen auf der Landstraße nach Lourdes zwei Emigranten, die aus demselben Lager waren.

»Hans Fittko?« sagte der eine, »ja sicher kenne ich ihn, ich habe ihm doch im Lager einen Zahn gezogen. Macht euch keine Sorgen, wir sind alle vor der Ankunft der Deutschen aus dem Lager. Hans habe ich noch draußen gesehen. In welche Richtung er gegangen ist, weiß ich nicht. Gebt uns eure Adresse, falls wir auf jemanden stoßen – –.«

Ein Lastwagen fuhr in Richtung Lourdes und nahm uns mit. Wir wollten den Alten besuchen und sehen, ob alles mit ihm in Ordnung war. Der Fahrer und sein Beifahrer, auch er ein junger Mann, waren gesprächig und wollten alles genau wissen: was wir hier täten, warum wir nach Lourdes wollten, woher wir seien. Wir kämen aus Belgien, sagten wir. Unsere Männer seien in Kriegsgefangenschaft und wir hätten flüchten müssen.

»So«, sagte der Fahrer, »aus Belgien? Woher denn?«

Paulette nannte einen kleinen Ort, an den sie sich gerade erinnerte.

Das stellte sich als Fehler heraus. »So ein Zufall«, sagte der Fahrer. Er schien uns nicht recht zu trauen.

»Was hat denn Ihr Mann dort getan?« fragte der Mitfahrer.

»Wir haben eine Tankstelle.«

»Welche von den beiden? Die beim Rathaus? Oder die an der Straßenkreuzung?«

Paulette wandte sich den Männern zu und sah sie mit großen, blauen Augen bestürzt an. »Sie machen sich lustig über uns«, sagte sie gekränkt. »Das ist nicht schön, daß Sie mit Frauen von Kriegsgefangenen so umgehen.« Sie gab mir einen leichten Stoß mit dem Fuß.

»Ach Paulette«, hauchte ich, »wir hätten uns nicht mitnehmen lassen sollen. Wer weiß, wofür man uns hält – laß uns zu Fuß weitergehen, es kann ja nur noch ein paar Stunden dauern.«

Das wollten die beiden Männer nicht zulassen. Wir brauchten nun nichts mehr zu fürchten, sie würden keine indiskreten Fragen mehr stellen.

Was sie sich wohl gedacht haben?

Es gab einen großen Durchgangs- und Sammelpunkt für deutsche Emigranten irgendwo nordöstlich von Tarbes. Mehrere Leute waren auf ihren Streifzügen dort durchgekommen und beschrieben uns den Weg. Bei Tarbes seien Hunderte von Männern aus den Lagern, und selbst wenn wir niemanden von unseren Leuten fänden, könnten wir sicher etwas über sie in Erfahrung bringen.

Es war eine weite Strecke, und wir schlichen uns frühmorgens aus unserem Dorf. Ein Lastwagen, der schon mehrere Bauern aufgeladen hatte, ließ uns aufsteigen und nahm uns mit. In Tarbes sprachen wir mit einem Offizier, der neben seinem Wagen stand. Es war ein schönes, teures Auto; der Offizier war sehr höflich und sagte, er würde uns gerne eine Strecke mitnehmen, aber er müsse dann abbiegen und uns mitten auf der Landstraße aussteigen lassen. Das war uns recht.

»Der muß ein ganz hohes Tier sein«, flüsterte Paulette, »sieh mal seine Epauletten.«

Wir stiegen in den Rücksitz, und er fuhr los. Der Weg aus der

Stadt führt über eine Brücke. Als wir näher kamen, sahen wir, daß Soldaten mit Gewehren den Zugang sperrten. Wie gut, dachte ich, daß wir mit dem hohen Tier sind, sonst kämen wir hier gar nicht durch.

Der Offizier hielt bei dem ersten Posten und sprach kurz mit ihm. Wir konnten hinten nicht genau hören, was er sagte. Der Soldat schüttelte den Kopf und sagte nein, er dürfe den Wagen nicht durchlassen. Der Offizier zog einen Schein aus der Tasche und der Posten sah ihn an, dann sagte er wieder: »Nein, ich habe meine Befehle, niemand darf die Brücke passieren.« Ein schneller Wortwechsel folgte. Wir hörten den Offizier sagen: »Platz, ich fahre durch.« Der Soldat sagte: »Ich habe Befehl zu schießen«, und er legte das Gewehr an. Seine Hände waren vor meinen Augen und ich sah, daß sie zitterten. Plötzlich hatte der Offizier einen Revolver in der Hand. Der Soldat machte wohl unwillkürlich eine Bewegung nach rückwärts, der Offizier gab Gas und sauste über die Brücke. Die Posten am anderen Ende sprangen aus dem Weg, und der Wagen fuhr durch.

Die Straße führte durch einen sommerlichen, friedlichen Wald, und der Offizier plauderte liebenswürdig. Den Vorfall auf der Brücke erklärte er mit einer flüchtigen Bemerkung über »die Verwirrung in der jetzigen Lage«.

Nachdem er uns hatte aussteigen lassen und in eine andere Richtung abgebogen war, gingen wir lange zu Fuß. Dann kam wieder ein Wagen und brachte uns in die Nähe des Lagerplatzes. Es war spätabends. Die Nacht war warm, und wir legten uns im Freien hin und schliefen.

Am nächsten Morgen sahen wir uns um. Auf dem Feld standen große Militärzelte, aber der Platz reichte nicht aus, und die meisten Männer schliefen im Freien. Sie kamen aus Lagern in allen Teilen Frankreichs, vom Norden bis zum Mittelmeer. Aber niemand wußte etwas von meinem Mann. Niemand kannte meinen Bruder. Paulette hatte die Hoffnung aufgegeben, hier etwas über ihren Mann zu erfahren, denn er war einer französischen Militärgruppe zugeteilt. Wir hörten den Berichten über den Exodus zu: Millionen von Menschen auf den Landstraßen – *la pagaille*. Waren meine Eltern unter ihnen gewesen? Und Paulettes Mutter?

Wir hörten auch von den zweiundzwanzig Lastwagen mit Emigranten, die während des Zusammenbruchs nach Norden gefahren waren. Es waren Freiwillige, die der englischen Armee als Hilfstruppen angegliedert waren. Sie wurden mit den regulären Truppen nach Dünkirchen dirigiert, konnten aber nicht mehr eingeschifft werden. Jetzt hatten sie die Deutschen im Rücken. Über ihr weiteres Schicksal wußte man nichts.

Auch diejenigen, die direkt aus besetztem Gebiet kamen, wußten nicht, was vor sich ging. Angeblich sei Waffenstillstand, aber es werde weiterhin sporadisch geschossen und gebombt. Marschierten die deutschen Truppen weiter vor?

»Es scheint«, sagte jemand, »daß sie zum Stehen gekommen sind, aber sicher kann man nicht sein.«

Nichts ist sicher.

Die meisten Männer blieben nur kurz. Sie tauschten Nachrichten aus, Gerüchte, auch Namen von Angehörigen, und zogen weiter, suchten weiter.

Auf dem Rückweg hatten wir nicht viel Glück. Gegen Abend kam ein Auto, doch es sauste mit solcher Geschwindigkeit vorbei, daß wir nicht einmal zum Winken kamen. Aber dann kreischten die Bremsen, und der Wagen fuhr rückwärts auf uns zu, im gleichen rasenden Tempo.

»Vorsicht, das muß ein Irrer sein«, sagte ich.

Es war ein Mann in Zivilkleidung. Ob wir ihm den kürzesten Weg zum Lager in Gurs zeigen könnten, fragte er, wir kämen doch offenbar von dort. »Steigen Sie ein, beeilen Sie sich, ich nehme Sie mit. Sie brauchen keine Angst zu haben, bei mir sind Sie sicher. Zeigen Sie mir nur den Weg, es bleibt nicht mehr viel Zeit.«

Irgend etwas in der gehetzten Stimme klang echt, und wir entschlossen uns einzusteigen. Zum Glück führte der kürzeste Weg durch Pontacq. Der Mann wurde etwas ruhiger, aber der Wagen sauste immer noch mit einer Geschwindigkeit durch die Nacht, die uns Angst machte.

»Wie weit ist es noch nach Gurs? Kann ich vor Mitternacht dort sein?« Wir mußten ihm sagen, daß er noch eine ziemliche Strecke zu fahren hatte.

Nach einer Weile sagte er: »Ich komme direkt aus Paris. Als ich in meinem Ministerium erfuhr, daß eine Gestapo-Kommission unterwegs nach Gurs ist, fuhr ich sofort los. Ich muß vor ihnen dort sein.«

Wer war dieser Mann? Offenbar ein Beamter in wichtiger Stellung, der sich auskannte. Konnte man ihm trauen? Wir wollten keine Fragen stellen, die unsere Anspannung verraten würden. Aber nach einer Pause sprach er weiter, in seinem erregten Zustand mußte er wohl reden.

»Ich weiß, daß Margot noch in Gurs ist. Margot, meine Verlobte, ist deutsche Emigrantin, so wie Sie. Sie verstehen doch – ich muß sie herausholen, bevor die Gestapo kommt.«

Ja, wir verstanden.

Dieser Unbekannte hatte offenbar Beziehungen, er war gewitzt, er würde seine Verlobte sicher herausbekommen. Und was geschah mit den anderen?

Wir fragten ihn nach dem Waffenstillstand.

»Ja«, antwortete er, »wir haben Waffenstillstand mit den Deutschen geschlossen, obwohl offenbar hier und da noch gekämpft wird. – Da wissen Sie wohl noch nichts von dem *article 19*?« fragte er vorsichtig.

Nein, wir wußten überhaupt nicht, was vorging.

»Es ist der Grund meines Wettrennens mit der Gestapo. Artikel 19 des Waffenstillstands besagt: . . . *de livrer sur demande tous les ressortissants allemands désignés par le gouvernement du Reich,* alle von der Regierung des Deutschen Reiches namhaft gemachten deutschen Flüchtlinge sind auf Verlangen auszuliefern . . .« Er sah uns von der Seite an.

Ich versuche, mich zu erinnern, welchen Eindruck diese Nachricht auf uns machte. Ich glaube nicht, daß mein Gedächtnis mir einen Streich spielt: Artikel 19 des Waffenstillstands zwischen Deutschland und Frankreich war nur eines von vielen Gliedern in der Kette der Ereignisse. Es überraschte uns nicht.

Auslieferungen an Deutschland (wir nannten es ›die Heimat‹) waren für uns nichts Neues. Seit Hitlers Machtergreifung war man in allen Ländern rings um Deutschland davon bedroht. Im Jahr 1936 zum Beispiel hatte die Schweiz einem Auslieferungsbegehren stattgegeben, obwohl Deutschland nur den Decknamen ›Stephan‹ angegeben hatte, unter dem ein Verfasser antifaschistischer Flugschriften aktenkundig geworden war. Sie wußten nicht, daß es sich in Wirklichkeit um den von der Gestapo gesuchten Johannes Fittko handelte. Die offizielle Begründung war, wenn ich mich recht entsinne, daß der Mann unbekannten Namens einen Raubmord begangen hatte (oder war es ein Sittlichkeitsverbrechen?). Und so erließ die schweizerische Bundesregierung einen Steckbrief und entsandte ihre Polizei-Sonderabteilung, um ›Stephan‹ zu suchen. Er wurde nicht ausgeliefert, weil er nicht gefunden werden konnte – dank der Hilfe von Schweizer Freunden. Der Schweizer Staatsanwalt, der mir den Steckbrief zeigte, hieß Dr. Gans; ohne Zögern gab er seinem Gewissen den Vorrang vor der Amtspflicht.

Der Auslieferungsgefahr konnten wir schon seit langem nur noch durch Unauffindbarkeit entgehen.

Der Mann aus Paris setzte uns kurz vor Pontacq ab und raste weiter nach Gurs. Erst später hörten wir von Frauen, die dabei waren, wie sich der erste Besuch der Gestapo abgespielt hatte – er beschränkte sich auf das *îlot des indésirables.*

Abends berieten wir uns mit den anderen sechs Frauen und wurden uns einig, daß es jetzt Zeit war weiterzuziehen, einzeln oder zu zweit, wie wir gekommen waren. Dieser Teil des Südens schien vorläufig nicht besetzt zu werden, und wir brauchten mehr Bewegungsfreiheit. Wir wollten in eine größere Stadt – vielleicht Marseille? Es war der einzige Übersee-Hafen, der noch freigeblieben war.

Paulette und ich mußten zuerst nach Lourdes, wo der Alte auf uns wartete. Anja Pfemfert, die mit uns in Pontacq war, würden wir mitnehmen. Für sie war es höchste Zeit, aus dem Dorf herauszukommen. Sie war unfähig, sich anzupassen, hatte Angstzustände und war so auffällig, daß es nicht mehr lange gutgehen konnte. Eines Nachts brachte sie es sogar fertig, sich in dem Dorf zu verirren.

Auf unserem letzten ›Ausflug‹ gingen wir in die Dörfer, in denen die anderen Frauen aus unserer Gruppe untergekommen waren, und unterrichteten sie von unseren Plänen. Unterwegs sahen wir in der Nähe des Dorfes, in dem sie sich allein versteckt hielt, Hannah Arendt durch eine Wiese wandern. Auch sie hatte vor, in einigen Tagen weiterzuziehen. »Wollen Sie mit uns nach Lourdes?« fragten wir.

»Ich fühle mich sicherer allein«, antwortete sie. »In Rudeln hat man weniger Chancen, durchzukommen.«

Auf dem Rückweg nahm uns ein freundlicher, lustiger Offizier in seinem Wagen mit. Unterwegs wurden wir von einer Gendarmerie-Kontrolle angehalten. Das passierte öfter, und wir drückten uns, wie immer, in unsere Rücksitze. Es war schon dunkel und wir sahen erst, als der Wagen hielt, daß es unser *brigadier* war. Der Fahrer reichte ihm seine Papiere, der Gendarm prüfte sie, gab sie zurück und dankte, ohne in den Wagen zu sehen. Der lustige Offizier zeigte mit dem Daumen nach hinten und sagte: ». . . *et ça, c'est l'auto-stop.*« Der Gendarm bückte sich und richtete seine Taschenlampe auf uns. Einen Moment starrten wir uns an. Dann sagte er kurz: »Melden Sie sich morgen nachmittag auf der Gendarmerie.«

Dazu kam es nicht.

Der Autobus nach Lourdes verkehrte zwar wieder, aber uns hätte man bei der Abfahrt sofort entdeckt. Wir mußten das Dorf ungesehen verlassen.

Alfred, unser junger Feund in Uniform, war ein erstklassiger *débrouillard*, er wußte sich immer zu helfen, und so berieten wir uns mit ihm. Er beschaffte sich irgendwo ein Motorrad und etwas Benzin. Ich führte Anja Pfemfert auf Umwegen auf die Landstraße, wo er auf sie wartete, und wir luden sie auf den Rücksitz. Ich betrachtete einen Augenblick das Bild: der blonde Soldat mit dem rosigen Jungengesicht und hinter ihm, angeklammert, die breite Frauengestalt mit den Kalmücken-Augen unter den schwarzen Haarfransen.

Sie fuhren mit Getöse los.

Paulette vergaß wieder, die Drahttür hinter sich zu schließen, und die Hühner rannten hinter uns her in den Gemüsegarten. Sie ging zurück und jagte sie aus dem Garten, daß sie flatterten und gackerten und kreischten. Dann schlichen wir hinten herum aus dem Dorf.

4. Kapitel

Lourdes, Juli 1940

Paulette und ich hielten unseren Einzug in Lourdes auf den Fahrradstangen zweier Soldaten, die uns zum Mitfahren eingeladen hatten, als sie uns auf der Landstraße langsam dahinziehen sahen. So kamen wir am Stadteingang leicht durch die Militärkontrolle; man fragte nicht nach unseren Papieren. Die anderen warteten, wie verabredet, an einer Straßenecke auf uns.

Lourdes war voller Gedränge und Lärm und voller Flüchtlinge aus allen Teilen des Landes. Wir gingen durch eine Straße mit Dutzenden von kleinen Läden mit Geschenkartikeln und religiösen Andenken. Vor dem Schaufenster einer *pâtisserie* blieben wir stehen, doch es war leer – bis auf einige kleine Zucker-Bernadettes. Paulette schüttelte sich und sagte: »Ist ja nicht zu glauben, diese süßen Heiligen, der Magen dreht sich mir um.« Ich sagte: »Mir ist auch zum Kotzen, aber erst müssen wir eine Bleibe finden, wo wir alle die Nacht verbringen können.«

Wir alle – wer war damals gerade ›wir alle‹?

Drei Frauen, die zusammen aus dem Lager Gurs geflüchtet waren: Anja, Paulette und ich. Dann war da der Alte, Paulettes Vater, der schon vor uns nach Lourdes gegangen war, und Alfred, der Soldat auf dem Motorrad.

Unterwegs hatten wir mit einigen Emigranten gesprochen, die aus Lourdes kamen. Sie hatten uns vor dem *Centre d'Accueil* gewarnt, dem Empfangszentrum, das es jetzt in allen Städten gab. Flüchtlinge mußten sich bei der Ankunft zuerst dort melden, und dann wurde ihnen ein Quartier zugewiesen. Macht einen weiten Bogen um diese *centres*, sagte man uns. Ausländer und Leute ohne gültige Papiere werden abgefangen und wieder in Lager gesteckt.

Die Stadt Lourdes hatte einen Teil des größten Luxushotels requiriert, um dort Flüchtlinge unterzubringen. Wir wollten versuchen, in dem Hotel unterzukommen. In der Menschenmenge, dachten wir, würde man weniger auf den Alten und Anja achten. Für die Übernachtung brauchten wir jedoch sicher Quartierscheine.

Anja und der Alte waren müde. Wir setzten sie in einem Bistro ab und waren froh, nicht mit ihnen durch die Straßen ziehen zu müssen. Alfred blieb bei ihnen, weil sie mit einem Soldaten am Tisch etwas sicherer waren.

Anja muß damals ungefähr sechzig Jahre gewesen sein. Mit ihren breiten Backenknochen und den kurzgeschnittenen, kohlschwarzen Haaren, die ihr in Fransen in die Stirn fielen, zog sie überall die Blicke auf sich. Da sie sich während der Lagerzeit die Haare nicht hatte nachfärben können, sah es jetzt so aus, als hätte sie ein weißes Käppchen auf dem Kopf sitzen. Ihr gebrochenes Französisch hatte den russischen Klang, den man von den Pariser Taxichauffeuren kannte. Und ausgerechnet in ihrem Fall war bei der Flucht aus Gurs ein Irrtum unterlaufen: Man hatte ihr in der Eile einen Entlassungsschein für ein zwanzigjähriges holländisches Mädchen zugesteckt.

Auch der Alte war ein schwieriger Fall. Wenn er sich wenigstens die langen grauen Haare hätte schneiden lassen, die ihm wirr um den Kopf standen und an denen er immer erkannt wurde! Selbst in diesem Gewirr von verwahrlosten Flüchtlingen starrte ihn jeder an. Er konnte kein Wort Französisch und verständigte sich durch Zeichensprache und einigen gemischten Brocken. Wenn er erklären wollte, daß er früher Reichtagsabgeordneter gewesen sei, sagte er: *Député kaputt.*

Alfred in seiner Uniform war ein Geschenk des Himmels. Allerdings hatte auch seine Rolle als Schutzengel Grenzen, denn aus seinen Papieren ging hervor, daß er nicht Franzose, sondern Pole war.

Paulette und ich gingen in den Park gegenüber dem Bischofspalast und setzten uns auf eine Bank, um zu überlegen. Wir hatten uns auf eine Arbeitsteilung geeinigt: Paulette war für

›häusliche Angelegenheiten‹ verantwortlich, und meine Abteilung war für ›diplomatische Beziehungen mit Behörden‹ zuständig.

Ein junger Soldat setzte sich zu uns. »*Nous somme foutus,* wir sind erledigt«, sagte er. Er streckte die Beine aus und fügte hinzu: »*Nous sommes vendus*, sie haben uns verkauft.« Alle sagten sie dasselbe, die Soldaten. Er heiße Bernard, erzählte er uns, seine Heimat sei die Normandie. Er habe keine *route de marche*, er habe keine Ahnung, wo sein Regiment sei und es sei ihm auch scheißegal. Paulette wollte mehr wissen: An welchen Fronten er gewesen sei, wie es war, als die *déroute* begonnen habe und der Waffenstillstand verkündet worden sei?

Er erzählte und schien froh zu sein, daß jemand ihm zuhörte.

Nach einer Weile sagte Paulette: »Jetzt müssen wir gehen, wir haben nämlich ein Problem, wir müssen einen Platz zum Übernachten finden.« Durch einen Irrtum hätten wir kein *fiche d'hébergement* bekommen, erzählte sie ihm, wir hätten ihre alten Eltern bei uns und müßten wenigstens sie unterbringen. Wenn sie bloß wüßte, wie wir den Schein bekommen könnten! Als Soldat hätte er, Bernard, natürlich keine solchen Schwierigkeiten.

Bernard nickte.

»Ich muß mal überlegen«, sagte Paulette, »eigentlich könnte Bernard doch einen Quartierschein für uns holen; er könnte sagen, es ist für seine Familie. Das wäre doch eine Lösung.«

Der Junge sah uns mißtrauisch an. »Ich habe genug mit meinen eigenen Sorgen, ich brauche nicht noch mehr Scherereien«, sagte er. »Überhaupt, diese ganze Geschichte, *c'est louche*, da stinkt was.«

»*C'est la pagaille,* alles ist aus den Fugen«, sagte ich, »wir sitzen alle im Dreck, da muß doch einer dem anderen helfen. Sie haben doch nicht etwa Angst? Sie als Soldat, Sie haben doch Ehrgefühl –.«

»Ehrgefühl! Hahaha!« lachte Bernard und schlug sich auf die Schenkel. »Mein Ehrgefühl? Verschüttgegangen, wie alles andere.«

Paulette packte die Wut. »Haben Sie keine Schwestern?« platzte sie heraus.

Er starrte vor sich hin.

»Und Ihr Mädel?« fuhr sie ihn an. »Wenn sie Hilfe braucht, findet sie hoffentlich jemanden mit mehr Courage!«

Er scharrte mit den Füßen.

»Und Ihre *maman*, Ihr *papa* – na ja, Sie sind wohl einer von denen, denen es egal ist, ob seine alten Eltern ein Dach über dem Kopf haben. Na ja.«

Bernard wurde dunkelrot im Gesicht. *»Vous m'emmerdez«,* sagte er, stand auf und ging weg. Ohne sich umzudrehen, rief er: »Warten Sie hier.«

»Verlangen Sie einen Quartierschein für das große Hotel«, rief Paulette ihm nach, »meine Eltern müssen einmal in einem richtigen Bett schlafen.«

Ich weiß nicht mehr, wie es weiterging. Doch ich erinnere mich, wie ich am nächsten Morgen in einem Hotelzimmer aufwachte; da waren zwei Betten und einige Matratzen auf dem Fußboden. Ich zählte. Ja, wir waren alle fünf da.

Dieser Luxus! Fließendes Wasser, ein großer Spiegel mit verschnörkeltem Goldrahmen, saubere Bettwäsche, sogar ein Bidet hinter einem Vorhang. Als Paulette und ich uns auf unsere erste Erkundungstour aufmachten, fühlten wir uns sauber und gepflegt. Jetzt mußten wir erst einmal herausfinden, was hier vor sich ging, welche Informationen man über die Lage im Rest des Landes hatte und was man unternehmen konnte.

Wir wußten, daß die Deutschen einen großen Teil Frankreichs besetzt hatten, und selbst damals war uns klar, daß sie irgendwann ganz Frankreich kontrollieren würden. Wir wußten auch, daß Frankreich sich beim Waffenstillstand verpflichtet hatte, uns Emigranten an die Nazis auszuliefern. Wir würden uns also durchschlagen müssen, ohne uns bei den Flüchtlings-Zentren zu melden; auf die Dauer aber würde man sich so nicht halten können. Wir saßen hier in einer Falle und mußten einen Ausweg suchen. Die Falle war Frankreich; man mußte heraus aus Frankreich.

Wie konnten wir damals nur ernsthaft daran glauben, daß das möglich sein würde? Wir saßen in Lourdes, ohne Geld, ohne

Papiere, ohne Verbindung mit jemandem, der uns hätte helfen können. Doch wir begannen, darüber zu sprechen, daß wir versuchen sollten, nach Marseille zu kommen, in die große Hafenstadt. – Man gerät in eine Falle; man sieht, wie sie sich langsam schließt. Die einen sind wie gelähmt angesichts ihres unfaßbaren Schicksals; andere rennen in Panik im Kreis herum. Diejenigen, die ein Ziel haben, suchen nach einem Ausweg. Der Entschluß, herauszukommen aus der Falle, beansprucht alles und verdrängt die Zweifel an der Durchführbarkeit.

Zuallererst mußten wir unsere Angehörigen finden. Aber wie findet man sich im Chaos? Alles war unberechenbar geworden, und selbst der allgemeine Zusammenbruch war nicht vollständig; immerhin: Eisenbahn, Post und Telegraf funktionierten in der unbesetzten Zone, wenn auch eingeschränkt.

Noch wichtiger und nützlicher war unser eigener Postverkehr, der sich von den ersten Tagen des Zusammenbruchs an entwickelt hatte und durch den die Emigranten sich meistens schon nach kurzer Zeit fanden, obwohl doch alle in verschiedene Richtungen rannten. Es ist nicht erklärbar, doch unter den Massen der Flüchtlinge erkannten sich die deutschen Emigranten schon von weitem – auf den Landstraßen, in Städten und Dörfern, Herbergen und Kasernen. Die meisten hatten kleine Büchlein, oder auch nur Zettel, wo sie die Namen der Leute, die sie trafen, aufschrieben, und wie sie zu erreichen waren. Nur selten hatte jemand die Adresse der Person, die man suchte; doch oft bekam man eine Verbindung, die einen auf die Spur von Verwandten und Freunden bringen konnte.

So ging es auch mit meiner Familie. Noch während wir in Pontacq waren, stießen wir bei einer unserer geheimen Expeditionen auf zwei junge Emigranten, die uns berichteten, daß »die Österreicher sich in Montauban sammeln«. Sie gaben uns die Adresse von Lisl Fischer, einer jungen Wienerin. Ich kannte sie und schrieb ihr gleich eine Postkarte: ›Ist jemand von unserer Familie in Montauban? Ich kann durch Lise Duchamps erreicht werden, postlagernd Pontacq, Basses Pyrénées.‹

Nach einigen Tagen kam eine Karte von meinem Bruder aus

Montauban, kurz und sachlich wie immer: ›Ich bin aus dem Lager entkommen, bin gerade hier angekommen und habe Deine Mitteilung erhalten. Dein Mann wurde auf einem Fahrrad zwischen Limoges und Montauban gesehen, ich lasse Deine Adresse für ihn hier bei Freunden. Gerade erfahre ich, daß Eva mit dem Baby in einem Lager in der Nähe ist, und ich gehe, sie zu holen. Sie wird wissen, was mit den Eltern geschehen ist. A bientôt, Hans.‹

Ich setzte mich auf eine Bank unter die Bäume gegenüber vom Postamt und versuchte, das alles in mir aufzunehmen. Ich las die Karte noch einmal und dachte, er hätte noch Platz gehabt zu schreiben: ›Ich freue mich, daß Du lebst.‹ Aber das hatte er wahrscheinlich vergessen; er vergaß meistens irgend etwas.

An jenem ersten Morgen in Lourdes wanderten wir durch die Straßen und wunderten uns über die vielen bekannten Gesichter. Man blieb stehen und hörte die neuesten Nachrichten und Gerüchte und wußte nie, ob etwas Wahres daran war. Jemand hatte Karl, Paulettes Mann, getroffen; er versuchte, sich nach Marseille durchzuschlagen. Verschiedene Leute hatten Hans während der Flucht gesehen und bestätigten, daß er sich aus dem besetzten Gebiet und durch die deutschen Linien nach Limoges durchgeschlagen hatte; er war in Uniform. Richtig war auch, daß er und zwei andere sich Fahrräder ›organisiert‹ hatten und in Richtung Montauban wollten. Man gab mir Adressen von mehreren Bekannten dort und ich schrieb wieder: ›Sagt Hans, er soll an Lise Duchamp schreiben, die Adresse ist jetzt postlagernd Lourdes.‹

Man ließ uns vorläufig in dem Hotelzimmer bleiben. Im Untergeschoß hatte man für die Flüchtlinge eine Massenküche eingerichtet, wo sich jeder selbst etwas kochen konnte – was immer es gerade zu kaufen gab. Auch konnten wir uns an verschiedenen Ausgabestellen um Suppe anstellen, und sie war so viel besser als die in Gurs! Paulette und ich erhielten eine kleine *allocation militaire*, Unterstützung für Soldatenfrauen, man bestand nicht mehr auf Beweisen, es wäre in diesem Wirrwarr ja doch sinnlos gewesen. Auch Alfred erhielt seinen Sold von irgendeiner Militärstelle.

Franz Pfemfert erfuhr durch Emigranten, daß Anja mit uns in

Lourdes war, die Verbindung war schnell hergestellt. Er selbst war nach der Flucht aus dem Lager in Perpignan gelandet. Wir dachten, daß diese Nachricht Anjas Nerven guttun würde, doch Anja war nun völlig deprimiert und sagte ständig vor sich hin: »Ich muß zu Franz«, und wir versicherten ihr: »Ja, natürlich, sowie wir die Erlaubnis haben.«

Einmal sagte Paulette zu ihr: »Anja, warum sitzen Sie nur immer auf dem Bett und seufzen?« Anja sah sie lange an: »Mein Kind, wir Juden sind ein uraltes Geschlecht, und wir haben viel zu seufzen.«

Anja mußte nach Perpignan geschafft werden, und wir mußten weg von hier und versuchen, nach Marseille zu kommen. Aber wie?

Um in einen anderen Ort zu reisen, brauchte man jetzt eine Genehmigung, ein *sauf-conduit.* Manche Emigranten saßen schon seit Wochen in Lourdes und bekamen keine Reiseerlaubnis. Wir mußten alles versuchen, aber welche Papiere sollten wir vorzeigen? Die falschen Entlassungsscheine aus Gurs? Oder die Papiere, die wir noch aus Paris, aus der Zeit vor dem Zusammenbruch hatten, mit unseren richtigen Namen, die möglicherweise auf Suchlisten standen? Die Pariser Ausweise gab es in verschiedenen Farben; meiner zum Beispiel war graublau und hieß *refus de séjour,* Aufenthaltsverweigerung, und er war seit Monaten nicht mehr erneuert worden. Graublau war eine der besseren Farben, schlechter waren andere Pastelltöne: himmelblau, lila, rosa, und ganz schlecht war weiß. Weiß war die gefürchtete Ausweisung.

Man mußte eine Begründung für die Reise angeben, doch was immer der Grund war, der Antrag wurde meistens abgelehnt, manchmal sogar trotz einer Vorladung zum amerikanischen Konsulat, die nur wenige Erlesene vorweisen konnten. Der Antrag mußte beim *Commandant Militaire de la Ville de Lourdes* eingereicht werden. Man warnte uns vor ihm, denn mehrere *apatrides* waren dabei verhaftet, zu einer Sammelstelle gebracht und von dort wieder in ein Konzentrationslager eingeliefert worden. Zu ihm würden wir auf keinen Fall gehen.

Wir versuchten es mit anderen Ämtern. Paulette und ich gingen zu Militär- und Zivilstellen, verschiedenen Kommandaturen und Kommissariaten, immer mit größter Vorsicht und auf einen schnellen Rückzug gefaßt. Überall wurden wir abgelehnt. Manchmal waren wir müde und ruhten uns auf einer Bank im Park gegenüber dem Bischofspalast aus. Die Stimme des Bischofs von Lourdes tönte zu uns herüber: »Friede auf Erden – –.«

»Mir läuft etwas den Rücken hinunter«, sagte Paulette, »das ist immer eine Warnung vor faulem Zauber.«

Anjas Lethargie schlug plötzlich in Aggression um. »Sie wollen mich daran hindern, zu Franz zu fahren!« fuhr sie mich eines Morgens an. Wir versuchten, sie zu beruhigen: »Sie brauchen doch die Reisebewilligung, wir bemühen uns darum –.«

»Ich werde sie mir selber besorgen, ich brauche Sie nicht!« Sie begann zu schluchzen. »Sie beide halten mich hier gefangen, ich lasse mir das nicht mehr gefallen.«

»Aber Anja, wir wollen doch uns allen helfen. Wir fallen weniger auf wegen der Sprache.«

»Nein«, schrie sie, »Sie wollen mich beherrschen – – ich gehe jetzt zum Kommissar und verlange mein *sauf-conduit*.« Sie griff nach ihrer Handtasche und rannte, so wie sie war, ungekämmt und das Kleid nur halb zugeknöpft, aus der Tür.

»Tun Sie das nicht, man wird Sie verhaften!« riefen wir ihr nach, aber in ihrem Zustand trauten wir uns nicht, sie zurückzuhalten. Wir konnten ihr auch nicht folgen, sie hätte uns alle gefährdet. So blieben wir in unserem Zimmer und warteten. Sicher würde man sie festnehmen. Die Polizei würde hierherkommen. Für den Alten wäre es besser zu verschwinden, er sollte erst gegen Abend zurückkommen. Der uniformierte Alfred blieb mit uns im Hotel. Wir legten uns zurecht, wie wir versuchen könnten, Anja und uns herauszureden, falls die Polizei käme. Jetzt mußten die Entlassungsscheine herhalten. Mein Name ist Lise Duchamps. Ich heiße Paulette Perrier, beide aus Belgien –.

Die Polizei kam mit großem Gepolter. Drei Polizisten, in der Mitte die leise schluchzende Anja. Sie stützten sie, redeten ihr gut zu und setzten sie auf dem Bett ab. »*Elle est affolée, la pauvre dame,* sie ist verwirrt«, erklärten sie uns.

Sie war zum Polizeipräsidium gekommen und hatte verlangt, den Kommissar zu sprechen. Das Publikum wurde nie direkt zu ihm zugelassen, aber die arme Frau war so erregt, sie war nicht zu halten, und man führte sie zu ihm.

»Wir konnten sie nicht verstehen – was für eine Sprache spricht sie eigentlich? –, sie wiederholte nur immer wieder *sauf-conduit, sauf-conduit. Monsieur le commissaire spécial* ist ein freundlicher Mensch und hat versucht, sie zu beruhigen, aber sie ist zusammengebrochen. Als sie wieder gehen konnte, haben wir sie hierher begleitet. Vielleicht sollten Sie ihr Aspirin geben, oder Baldriantropfen. *Il n'y a pas de quoi, au revoir.*«

Endlich – am Postamt ein Telegramm für Lise Duchamps. Aus Montauban, die erste direkte Nachricht von Hans. Er war also dort angekommen und hatte meine Adresse bekommen. Ich hatte die ganze Zeit gewußt, daß er durchkommen würde, doch als ich das Telegramm aufriß, zitterte meine Hand ein wenig. Ich las: *J'attends Lise a Montauban.* Die Unterschrift war ein unbekannter Name, poste restante Montauban.

Ich erklärte ihm meine Lage in einem langen Brief: Mit mir seien Paulette, der Alte und Anja in Lourdes. Wir versuchten, *sauf-conduits* zu bekommen. Sicher sei auch er der Meinung, daß wir nach Marseille müßten? Sobald wir die Reiseerlaubnis hätten, könnten wir uns am Bahnhof in Toulouse treffen und dann zusammen weiter nach Marseille fahren, denn ich dürfe ja den Bahnhof nicht verlassen. Er als Soldat werde doch ohne weiteres die Erlaubnis bekommen. Bald würden wir wieder zusammensein – –.

Ich weiß nicht mehr, wer es war, der uns von einer neuen Amtsstelle erzählte: Am Bahnhof gab es jetzt einen *capitaine* mit dem Titel: *Commandant Spécial Militaire de la Gare de Lourdes*. Es war nicht klar, was er auf dem Bahnhof kommandierte, und man wußte noch nichts über ihn, aber schließlich könnte man ihn ja vorsichtig versuchen zu fragen. Vielleicht war er bereit, uns irgendeinen Ausweis zu geben, mit einem Stempel darauf – sein Titel klang doch sehr eindrucksvoll. Wir hielten es für besser, wenn ich mit den Papieren von uns allen allein zu ihm ging; es wäre sicher nicht ratsam, ihm den Alten und Anja vorzuführen.

Niemand wartete, keine Soldaten, keine Flüchtlinge, ich wurde sofort vorgelassen. Entweder hatte es sich noch nicht herumgesprochen, daß dieser Offizier hier eingesetzt war, oder es hatte sich schon herausgestellt, daß man ihm besser aus dem Weg ging.

Das Büro des Kommandanten war ein schmaler, kahler Raum. Er saß am Schreibtisch und sah von seiner Arbeit nicht auf; mit einer Handbewegung forderte er mich auf, mich zu setzen. Während er schrieb, sah ich ihn mir näher an und dachte: Er muß wohl ungefähr vierzig Jahre sein, und er sieht eigentlich nicht unangenehm aus. Und soll ich ihn mit *mon capitaine* oder mit *mon commandant* anreden, welches ist der höhere Rang? Ich entschied mich für *monsieur*, für eine Frau ist *monsieur* immer angebracht.

Ohne recht aufzusehen fragte er, um was es sich handele. Ich erklärte, ich müsse nach Marseille, wo mein Mann auf mich warte. »Wir sind Belgier«, fuhr ich fort, »und ich bin mit einigen Freunden beim Einmarsch der Deutschen nach dem Süden geflohen. Ich dachte, daß Sie als Bahnhofskommandant uns vielleicht weiterhelfen könnten, mir und den drei anderen –.«

Er unterbrach mich mit einer kurzen Handbewegung. Ich sei an der falschen Stelle, sagte er, was ich brauche, sei ein *sauf-conduit*, und dafür sei der Stadtkommandant zuständig, nicht der Bahnhofskommandant.

»Ich weiß«, sagte ich.

Er schaute mich überrascht an, und ich hatte das Gefühl, daß er mich zum ersten Mal wirklich sah.

»Ich weiß«, wiederholte ich, »aber es ist hoffnungslos. Die Anträge werden nicht bewilligt. Ich habe alles versucht, und ich würde Sie nicht belästigen, wenn es nicht so dringend wäre. Wir müssen nach Marseille. Ich bin gekommen, um Sie um Hilfe zu bitten, Monsieur.«

Er betrachtete mich schweigend. Er war sichtlich neugierig

geworden. Vielleicht war er auch ein wenig teilnehmend? Würde er uns helfen? Sagen Sie doch etwas, *capitaine,* oder *commandant,* antworten Sie mir doch.

»Sagten Sie, daß Sie Belgier sind?« fragte er endlich.

Ich zögerte einen Moment. »Ja«, sagte ich langsam, »das habe ich gesagt.«

»Darf ich Ihre Papiere sehen?« So höflich war schon lange kein Offizier mehr zu mir gewesen.

Ich reichte ihm die Entlassungsscheine aus Gurs: Paulette und ich waren danach Belgierinnen, Anja war Holländerin. Dann gab ich ihm auch die abgelaufene *carte d'identité* des Alten aus Paris und sagte: »Das ist der Vater meiner Freundin.«

Er sah sich die Papiere an und schüttelte den Kopf. Er war dabei, etwas zu sagen, aber dann sah er mich wieder an und schwieg.

»*Pendant la pagaille,* im Wirrwarr der Flucht«, sagte ich, »hat man uns in diese Lager geschickt, weil es keine andere Unterkunft gab. Als der Vormarsch der *boches* zum Halten kam, entließ man uns wieder.« Das klang plausibel.

Er zuckte die Achseln. »Sie müssen verstehen, ich *kann* Ihnen nicht helfen, selbst wenn ich wollte. Mein Amt hier beschränkt sich ausschließlich auf militärische Angelegenheiten. Ich bin einfach nicht befugt, Ihnen Scheine auszustellen, und sie würden Ihnen auch nichts nützen. Man würde Sie bei der ersten Zugkontrolle verhaften.« Er sprach ruhig und sachlich, er schien unbeteiligt, doch ich war noch nicht ganz entmutigt – lag es an seinen Augen? oder am Ton seiner Stimme? Ich glaubte zu spüren, daß ihm die Sache nicht gleichgültig war. Er hatte natürlich gemerkt, daß etwas an meiner Geschichte nicht ganz geheuer war, aber unfreundlich war er nicht.

»Vielleicht ist es zuviel von Ihnen verlangt«, versuchte ich es nochmals, »und wenn es sich um eine normale Situation handeln würde – ich meine, wenn wir nicht in dieser Lage wären, wenn – ich weiß nicht, wie ich es erklären soll – –.« Ich stotterte herum und hoffte, daß er mir aushelfen würde, aber er schaute gebannt auf eine Fliege an der Decke, und seine Hände spielten mit einem Bleistift.

Ich riß mich zusammen. »Ich denke, wenn Sie vielleicht unsere Papiere stempeln und unterzeichnen würden – – Sie könnten auch ›*Vu*‹ – gesichtet – daraufschreiben, damit würden Sie sicher nicht Ihre Vollmacht überschreiten, und wenn es auch offiziell keine Gültigkeit hat, in dem jetzigen Durcheinander, wo die Vorschriften oft unklar sind und manche Beamte gar nicht genau hinschauen wollen – ich denke, wir würden damit schon nach Marseille durchkommen.« Ich war ins Schwitzen gekommen. Auch der Kommandant wischte sich die Stirn.

»Ich habe Sie gefragt, ob Sie belgische Staatsbürger sind«, wiederholte er.

Ich sah ihn an, ohne zu antworten.

»Was für andere Dokumente haben Sie? Pässe, *cartes d'identité*?«

Ich war dabei, zu sagen, daß wir während der Flucht alles verloren hatten. Doch bevor ich noch überlegen konnte, ergriff mein Instinkt das Wort.

»*Monsieur le Commandant*, ich bin keine Belgierin. Diese Entlassungsscheine wurden uns von der Lagerleitung gegeben, um uns vor den Deutschen zu schützen.«

Die Fliege saß noch an derselben Stelle, und er betrachtete sie aufmerksam.

»Wir sind *apatrides*«, fuhr ich fort, »wir haben keine Staatsbürgerschaft. Wir sind Emigranten aus Nazi-Deutschland. Wir hatten uns nach Frankreich, das Land des politischen Asyls, geflüchtet, doch jetzt müssen wir weiterziehen – irgendwohin. Wollen Sie uns helfen?« Ich versuchte, in seinem Gesicht zu lesen. War er eine Beamtenseele, oder rührte sich doch etwas in ihm?

Er öffnete ein Schubfach und nahm einen Stempel heraus. Dann nahm er unsere Papiere, eines nach dem anderen, und schrieb auf jedes ›*Vu*‹; darunter schrieb er noch ›*Pour Marseille*‹, dann drückte er den Stempel darauf und unterzeichnete sie. Er reichte sie mir und sagte: »Vergessen Sie nicht, dies sind keine *sauf-conduits*, und ich bin nicht befugt, Ihnen irgendeine Erlaubnis zu geben. *Bonne chance*.«

»Ich weiß gar nicht, wie ich Ihnen danken soll, Monsieur«, sagte ich, »ich bewundere Ihre Hilfsbereitschaft –.«

»Vous m'embarrassez, Madame«, unterbrach er mich schroff und erhob sich. Ich sah erstaunt zu ihm auf und bemerkte jetzt erst, wie groß er war. »Ich verstehe nicht«, sagte ich, »Sie haben uns vielleicht alle gerettet.«

Er fiel mir wieder ins Wort. *»Ecoutez bien, Madame.* Ich bin Franzose, ein französischer Offizier. Mein Land hat den Artikel unterzeichnet, in dem wir uns verpflichten, Leute wie Sie an die Deutschen auszuliefern. Und Sie wollen mir danken? Wir haben Sie verraten, und Sie sprechen von Bewunderung? Wir stehen tief in Ihrer Schuld.« Er wollte mir die Hand reichen, doch dann hob er den Arm und salutierte.

Wenn man mich heute fragt, wie Frankreich damals die jüdischen und politischen Emigranten behandelt hat, wie die Franzosen sich uns gegenüber benommen haben, weiß ich keine Antwort. Frankreich – welches Frankreich? ›Die Franzosen‹ – wer ist das?

Ich weiß, daß wir in den Augen der französischen Behörden lästige Fremde waren, die man sich vom Leibe halten mußte; daß sie uns für schädlich hielten, weil wir Frankreichs Beziehungen mit Nazi-Deutschland gefährden konnten. Tausende von Emigranten waren gezwungen, sich illegal durchzuschlagen. Für uns gab es keine Arbeitserlaubnis, wir hatten keine Rechte, nicht einmal heiraten durften wir.

Als der Krieg ausbrach, erklärte uns die französische Regierung zu ›feindlichen Ausländern‹ und sperrte uns in Konzentrationslager – zusammen mit den wirklichen Feinden, den Nazis. Viele Emigranten meldeten sich als Freiwillige zur französischen Armee, um gegen den deutschen Faschismus zu kämpfen, doch sie wurden zurückgewiesen und statt dessen in die Fremdenlegion gepreßt, um eine Trans-Sahara-Eisenbahn zu bauen.

›Die Franzosen‹ – Pétain, Weygand, Laval – unterzeichneten den Artikel des Waffenstillstands, der uns Emigranten den Deutschen auslieferte, und die neue Regierung bemühte sich eifrig, die Nazis noch zu übertreffen.

Doch hätte keiner von uns überleben können ohne die Hilfe von Franzosen in jedem Winkel des Landes – Franzosen, deren

Menschlichkeit ihnen den Mut gab, diese vertriebenen Fremden aufzunehmen, zu verstecken, zu ernähren. Menschen wie der Kommandant des Bahnhofs in Lourdes, die in der finstersten Stunde ihrer eigenen Niederlage die Last des Schandartikels auf sich nahmen, der ihr Land des stolzen Namens *la France généreuse* beraubt hatte.

5. Kapitel

Auf Umwegen nach Marseille

Der Zug lief pünktlich um acht Uhr früh in Toulouse ein. Fahrplanmäßig, dachte ich, alles war planlos, nur unser Zug fuhr, ohne sich um das allgemeine Chaos zu kümmern.

Ich weckte Paulette, Anja, den Alten und Alfred, den Soldaten. Wir waren seit zwölf Stunden unterwegs, und ich war die einzige, die nicht schlafen konnte, als wir endlich Sitzplätze gefunden hatten. Trotz meiner Müdigkeit schoß mir alles kreuz und quer durch den Kopf. Ob Hans schon am Bahnhof auf mich wartete? Vielleicht war er noch in Uniform? Wie lange hatten wir uns nicht gesehen – tatsächlich war es kaum drei Monate her, war das denn möglich? Sicher wartete er schon am Bahnhof.

Als der Bahnhofskommandant in Lourdes unsere Papiere für die Fahrt nach Marseille mit einem ›*Vu*‹ versehen hatte, schrieb ich Hans an die Deckadresse in Montauban: Wir würden mit diesen Scheinen mit dem schönen Stempel sicher durchkommen, aber es sei uns natürlich nicht erlaubt, die Reise zu unterbrechen, wir müßten direkt nach Marseille. Ich gab ihm das Datum an; um 8 Uhr kam der Zug in Toulouse an, und um 12 Uhr ging der nächste nach Marseille ab. Falls ich nichts mehr von ihm hörte, so nahm ich an, würden wir uns am Bahnhof treffen und dann zusammen weiterfahren. Es war die einzige Möglichkeit.

Der Zug fuhr nach Mitternacht von Lourdes ab, aber wegen des Kriegszustandes war um 8 Uhr abends Sperrstunde. Darum mußten wir mit unserem Auszug aus dem Hotel schon um halb acht beginnen. Die wenigen Stücke Gepäck, die wir noch hatten, trugen Alfred, Paulette und ich zum Bahnhof, damit die beiden Älteren sich nicht mit ihren Bündeln und Säckchen abschleppen mußten.

»Man hält uns sicher für *clochards*«, lachte Paulette. Dann warteten wir vier Stunden auf dem offenen Bahnsteig.

Der Zug war überfüllt, und wir mußten stundenlang stehen. Die Müdigkeit kroch in die Beine, in die Arme, der Kopf wurde immer schwerer. Zwei- oder dreimal kam eine Militärkontrolle und fragte nach den Reisepapieren. Wir hatten unsere Scheine so gefaltet, daß der Stempel des Bahnhofskommandanten obenauf war. Er machte den erwarteten Eindruck, die Papiere wurden nicht weiter angesehen.

Der Zug lief pünktlich in Toulouse ein, ich weckte die anderen, mein Herz fing an zu klopfen: Hans wartete sicher schon auf mich –.

Ich sah aus dem Fenster, während der Zug langsam den Bahnsteig entlangfuhr. Einige Soldaten standen herum, aber nicht Hans. Wir stiegen aus und sahen uns um. Mein Mann war nicht da.

»Der Zug aus Montauban kommt sicher etwas später an«, sagte ich. »Laßt mich auf dem Fahrplan nachsehen.« Doch Hans' Zug war vor zwanzig Minuten angekommen, und der nächste fuhr erst am späten Nachmittag. »Vielleicht kommt er nicht mit der Bahn, vielleicht gibt es einen Autobus, oder er nimmt das Fahrrad – – wir müssen eben noch eine Weile warten.«

Inzwischen kam der Zug nach Perpignan, und wir setzten Anja Pfemfert mit ihrem Bündel hinein. Sobald sie im Abteil saß, wurde sie ruhiger. In ein paar Stunden würde sie wieder mit Franz vereint sein, und das war das einzig wichtige.

Wir warteten weiter auf Hans. Was konnte mit ihm geschehen sein? Nein, ihm passierte nichts, er wußte, wie man sich durchschlug. Vielleicht war irgend etwas dazwischengekommen, aber warum hatte er mich dann nicht verständigt? Er hätte nochmals telegrafieren können, oder jemand anderen nach Toulouse schicken. *»J'attends Lise a Montauban«* war das letzte, was ich von ihm gehört hatte, meine beiden Briefe hatte er nicht beantwortet. Jetzt war es schon beinahe 11 Uhr. In einer Stunde ging unser Zug nach Marseille.

»Ich kann nicht mit euch fahren«, sagte ich zu den anderen. »Ich muß erst einmal Hans finden, sonst verlieren wir wieder die Verbindung.«

»Wo willst du ihn denn finden?«

»Wo? Ich weiß auch nicht, wo er steckt. Sicher in Montauban – aber ich habe nicht einmal eine Adresse, nur eine Postfach-Nummer. Wie kann er nur so – –!«

Meine Freude auf das Wiedersehen schwand dahin. Sah ihm das nicht irgendwie ähnlich? Doch ich konnte nicht nach Marseille weiterfahren, ohne zu wissen, was mit ihm los war.

»Wir können dich hier nicht allein in der Welt herumsausen lassen«, sagten die anderen. »Wenn du wirklich versuchen willst, den Hans zu finden – bist du sicher? –, dann warten wir eben hier am Bahnhof auf dich bis zum nächsten Zug, der geht um Mitternacht; bis dahin mußt du zurück sein.«

»Ihr seid ja viel zu müde dazu«, wandte ich ein, »und abgesehen davon, es wäre gefährlich für euch, hier den ganzen Tag herumzusitzen, ihr *clochards*, besonders der Alte mit seiner Rübezahl-Mähne.«

»Mach schon, daß du wegkommst«, sagte Paulette ungeduldig, »aber du *mußt* vor Mitternacht zurück sein.«

Erst mal durch die Sperre kommen, ohne verhaftet zu werden. Alfred, in Uniform, legte seinen Arm um mich. Beim Durchgehen küßte er mich mit so viel Leidenschaft, daß ich beinahe gestolpert wäre. Ich sah einen der Beamten verständnisvoll lächeln – niemand würde einen Frontsoldaten und sein Mädel anhalten. Und dann war ich draußen, in freier Luft, auf dem Bahnhofsplatz, und Alfred war schon verschwunden. Ich war ein bißchen benommen und holte erst einmal tief Atem.

»Lisa, was tust *du* denn hier? Der Hans wartet doch in Montauban auf dich, schon seit heute früh.«

Ich drehte mich um, vor mir stand, noch bevor ich einen Schritt getan hatte, Eva Lewinski, unglaublich.

»Er wartet? Wie kann er denn dort auf mich warten?«

Doch darüber wußte sie nichts, auch seine Adresse kannte sie nicht.

»Ich werde dir beschreiben, wie du meinen Bruder Erich finden kannst, der hilft dir sicher, den Hans zu finden«, sagte sie.

»Wie komme ich hin, ohne aufgegriffen zu werden?«

»Versuch es mal mit dem Autobus, da scheinen sie weniger zu kontrollieren«, sagte Eva.

Der Bus ging erst in zwei Stunden, aber der Fahrer ließ mich hinein, so daß ich wenigstens sitzen und dösen konnte. Einmal stieg ein Polizist ein und wollte wissen, was ich da machte. »Ich muß auf jemanden warten«, sagte ich, »ein Soldat, ein Bekannter.« Verständnisvolles Lächeln. Er stieg aus, ohne nach meinen Papieren zu fragen. Wieder mal Glück gehabt.

Es muß gegen 4 Uhr nachmittags gewesen sein, als ich in Montauban ankam. Ich fand Erich, der mit ein paar Freunden in einem Häuschen untergekommen war.

»Lisa, da bist du ja endlich!«

»Wieso endlich?«

»Der Hans steht schon seit heute morgen im Garten seiner Villa und wartet auf dich –.« Er zeigte mir den Weg. Die Straße ging steil hinauf und ich war schon jetzt todmüde.

Es stimmte: Hans stand im Garten und hielt Ausschau nach mir. Er sah mich und kam auf mich zu und streckte die Arme aus.

Ich weiß, daß jetzt eine rührende Wiedersehensszene folgen müßte; aber so war es nicht. Ich wundere mich noch heute über mich. »Du wartest also im Garten auf mich«, fuhr ich ihn über den Zaun an, »und ich – und die andern – was stellst du dir denn vor –.«

Er versuchte, mir alles zu erklären, und es gab wirklich gute Gründe. Ein *sauf-conduit* konnte er erst in ein paar Tagen bekommen. Zu meiner Überraschung war er nicht so sicher wie wir, daß es das einzig Richtige war, nach Marseille zu gehen. Vielleicht war es besser, auf dem Land unterzutauchen? Das alles sollten wir doch erst einmal besprechen.

»Aber warum hast du mich nicht verständigt? Nicht einmal ein Telegramm!«

Dazu sei keine Zeit mehr gewesen, antwortete er.

»Und wie konntest du annehmen, daß ich alle Pläne fallenlasse, dich suche und finde, und das auch noch ohne richtige Papiere?« Der Ärger stieg wieder in mir hoch.

Er wunderte sich: »Ja, was denn sonst? Du wärst doch nicht

ohne mich nach Marseille weitergefahren. Es ist doch klar, daß du mich hier suchen wirst, wenn ich nicht am Bahnhof in Toulouse bin – und so habe ich eben auf dich gewartet. Seit heute früh stehe ich hier und warte auf dich!«

Ja, natürlich, ihm war das klar. Was denn sonst. Wie rührend, daß er im Garten auf mich wartete.

»Gehen wir hinein«, sagte er, »drinnen können wir uns hinsetzen und vernünftig reden.«

Die ›Villa‹ war wirklich eine Villa, nur war sie kaum halb fertig. Der Bau war durch den Krieg unterbrochen worden, und der Besitzer stellte, was fertig war von dem Haus, den Emigranten aus Deutschland zur Verfügung. Die Außenmauern standen zum größten Teil und ein Dach war auch darüber. Innen waren halbfertige Stiegen, aber keine Wände. Dutzende von Emigranten saßen und lagen herum; sie schienen ständig ein- und auszuziehen.

»Da bist du ja endlich, Lisa«, hörte ich hier und da eine bekannte Stimme, aber die Gesichter, die zu den Stimmen gehörten, sehe ich nicht mehr, es ist doch schon zu lange her. Ja, da war Boris Goldenberg, den kannte ich noch von der Sozialistischen Arbeiterjugend in Wilmersdorf, vor ewigen Zeiten; er fing sofort an, eine Analyse der gegenwärtigen Situation zu entwickeln, aber ich konnte jetzt nicht zuhören.

Wir setzten uns auf Hans' Strohsack, und er wollte mir seine Pläne erklären.

»Du mußt erst einmal verstehen«, unterbrach ich, »Paulette und ihr Vater warten auf mich am Bahnhof in Toulouse, mit diesem jungen Soldaten Alfred. Wir haben abgemacht, daß ich so schnell wie möglich zurückkomme; sonst nehmen sie den Mitternachtszug nach Marseille.«

Hans stand schnell wieder auf. »Das geht nicht«, sagte er erschrocken, »sie dürfen den Zug auf keinen Fall nehmen, wir *müssen* sie rechtzeitig erreichen.« Fritz Opel hatte gerade Nachricht gegeben, daß seit einigen Tagen alle Ausländer am Marseiller Bahnhof verhaftet und in Lager gebracht wurden. Paulette würde vielleicht mit dem uniformierten Alfred durchkommen, aber der Alte mit seiner Mähne – ausgeschlossen.

Es war höchste Eile geboten. Der letzte Zug nach Toulouse ging angeblich um ungefähr 17 Uhr. Wir rannten zum Bahnhof. Der Zug war gerade abgefahren. Der Autobus? Der nächste kam erst nach Mitternacht in Toulouse an.

Es blieb uns nichts übrig, wir mußten uns Räder beschaffen. Zwei der Räder, die sie in Limoges ›organisiert‹ hatten, waren bei französischen Bekannten untergestellt, hoffentlich waren sie noch dort. Wir hatten Glück: ein Herren- und ein Damenrad. Hans nahm das Damen- und ich das Herrenrad, wegen der größeren Übersetzung. Wir fuhren sofort los, es waren wohl 50 bis 60 km, fast immer Hügelland. Der Weg ging meistens bergauf, fast nie bergab, oder jedenfalls kam es mir so vor. Wir kamen immer langsamer vorwärts, und die Uhr ging immer schneller. An steilen Stellen schob Hans mein Rad von hinten, mit der Hand an der Sattelstange. Die letzten Kilometer, als wir schon nahe der Stadt waren, nahm uns ein Lastwagen mit, samt den Rädern. Die Uniform, in der Hans damals noch steckte, war ein Segen: Ein Soldat brauchte sich nicht auszuweisen, einem Soldaten half man.

Um 10 Minuten vor Mitternacht standen wir vor dem Bahnhof. Natürlich waren die drei am Bahnsteig nervös geworden. Sie wollten gerade in den Zug steigen. Als wir plötzlich vor ihnen standen, riefen sie erregt: »Also doch! Endlich! Beeilt euch, steigt ein!«

Und jetzt beeilten wir uns, sie zurückzuhalten: »Wartet – ihr könnt den Zug nicht nehmen – ihr könnt jetzt nicht nach Marseille!« Ich kannte den Alten und wußte, daß es nicht einfach sein würde. Er weigerte sich hartnäckig: »Wenn man auf alle Gerüchte hören würde – *ich* nehme den Zug, egal was ihr tut – man darf seine Entschlüsse nicht dauernd ändern –!«

Ich weiß nicht mehr, wie wir ihn endlich aus dem Bahnhof herausbekommen haben.

Dann gingen wir durch die leeren dunklen Straßen von Toulouse. In Begleitung von zwei Soldaten wurden wir nicht angehalten: drei Zivilisten mit Militärgeleit. Hans führte uns in ein Kino, das für Flüchtlinge geräumt worden war. Man schlief auf dem kahlen Boden, mehrere hundert Leute. Manche irrten unter den

Hans Fittko 1940, nach der Flucht aus der besetzten Zone.

Schlafenden herum und suchten nach Freunden und Familie. Ab und zu bückte sich jemand, um das Gesicht eines Schlafenden zu sehen. Hans fand einen schmalen freien Flecken für mich; die Leute rückten ein wenig zusammen, ich legte mich hin, eingekeilt, die Augen fielen mir zu, und im Einschlafen merkte ich, wie jemand sich über mich beugte und sagte: »Was tust denn du hier, Lisa, der Hans wartet doch auf dich in Montauban –.« Ich wollte fluchen, aber meine Zunge war zu schwer und ich schlief ein.

Man hatte im Kino eine Massenküche eingerichtet, und morgens bekamen wir eine kaffeeartige Brühe und ein Stück Brot. Wir saßen an langen Tischen und berieten, was wir jetzt am besten tun sollten.

Da heulten plötzlich die Sirenen, und beinahe gleichzeitig kam das Brausen der Flugzeugmotoren. Menschen sprangen auf, rannten, schrien: »*Alerte!*« und andere: »*Mais c'est l'armistice!*« Hans duckte sich und zog mich, bevor ich mich besinnen konnte, unter den Tisch. Dann schwiegen die Sirenen und die Motoren.

»So habe ich dich noch nie gesehen«, sagte ich verblüfft. »In Paris wolltest du nie in den Luftschutzkeller, und jetzt, wo Waffenstillstand ist –.«

»Ein Waffenstillstand, der einem das Grausen beibringen kann. Wir haben ihn erlebt, mit Bombenangriffen und Maschinengewehrfeuer auf die fliehende Zivilbevölkerung. Einmal waren wir zu dritt auf einem Bauernhof – das war eine Woche nach der Unterzeichnung –, und ich ging über den Hof zur Pumpe; ich hörte ein Flugzeug und sah im Gehen nach oben. Die Bombe schlug im selben Moment ein, direkt an der Pumpe. So etwas fährt einem wohl in die Knochen.«

(Der Vorwand für die Angriffe der Luftwaffe auf die französische Zivilbevölkerung nach dem Abschluß des Waffenstillstandes waren ›illegale Truppenbewegungen‹.)

In Montauban würden wir erst einmal alle in der ›Villa‹ Unterschlupf finden; die Polizei kümmerte sich dort nicht um die Emigranten, und bislang war niemand in ein Lager verschleppt worden. Hans würde sich Papiere beschaffen können; wir mußten abwarten, wie sich die Dinge in Marseille weiter entwickelten – und hätten eine Atempause zum Überlegen.

Hans und Alfred fuhren mit den Rädern zurück. Paulette, ihr Vater und ich nahmen den Autobus. Da ich herausgefunden hatte, daß man sich schon vorher hineinsetzen konnte, entkamen wir der Kontrolle, die diesmal beim Einsteigen vor der Abfahrt stattfand.

In Montauban sah man auf Schritt und Tritt Bekannte. Aber die Gesichter und Namen verschwimmen in meinem Gedächtnis. Wir trafen den Hitler-Biographen Konrad Heiden auf der Straße, daran kann ich mich erinnern, weil Hans sagte: »Der sollte auch machen, daß er fortkommt, so ein Wahnsinn, hier offen herumzuspazieren.«

Wir besprachen unsere Lage und einigten uns darauf, es mit Marseille zu versuchen, sobald die scharfen Kontrollen dort wieder aufgehoben waren. Das Idyll in Montauban konnte nicht ewig dauern. In Marseille gab es Hilfskomitees und Organisationen zur Unterstützung der Emigranten; man war dort in engerer Verbindung mit der antifaschistischen Emigration.

Vor allem brauchte Hans eine Reiseerlaubnis nach Marseille. Ich ging mit ihm zur Militärbehörde der Stadt. Wir kamen in einen großen Wartesaal voller Soldaten. Manche waren in Begleitung ihrer Frauen, die sie wohl gerade wiedergefunden hatten. Jeder brauchte irgendeine Bescheinigung. An einem Tisch saßen ein paar Offiziere. Als Hans endlich an die Reihe kam, zeigte er das Militärpapier, das er vor der Flucht aus dem Lager erhalten hatte, und verlangte eine *route de marche* nach Marseille (nur nicht viel Worte, Vorsicht mit dem *accent boche*!). Nach einer Weile wurde er wieder gerufen, und man gab ihm seinen Ausweis zurück. Während er durch den Saal zu mir zurückkam, studierte er den Schein und zog vor Überraschung die Augenbrauen hoch. »Was soll denn das heißen«, sagte er und hielt mir den Schein hin. Da stand, handschriftlich, *Route de Marche: Destination Marseille, Dept. Bouches du Rhône*, mit Stempel und Unterschrift, und darunter stand, ebenfalls handschriftlich, *Voie de terre*. »Was heißt denn das, *voie de terre*«, sagte er wieder.

Der Soldat neben mir sah uns über die Schulter. »Das heißt«, sagte er, und dann lauter: »das heißt, *mon vieux*, daß sie dich *zu Fuß* von Montauban nach Marseille schicken.« Mehrere Soldaten standen auf, drängten sich zu uns durch und versuchten, den Schein zu sehen.

»Zu Fuß, *à pied, mais c'est extraordinaire*!«

Der Offizier vorne versuchte zu erklären, daß Soldaten der Verordnung zufolge die Eisenbahn nur benutzen dürften, wenn sie in ihren Heimatort führen.

»Sein Blut hat er für Frankreich vergossen«, rief ein junger, aufgeregter Soldat, »und jetzt muß er zu Fuß nach Marseille!«

Hans stieß mich leicht an, und ich sagte empört: »Wir gehen uns beschweren.« In einer Sekunde waren wir aus der Tür. Wir gingen schnell die Straße hinunter, Hans wischte sich den Schweiß von der Stirn. »Das hat noch gefehlt – wenn ich den Mund aufgemacht hätte, mit meinem *accent boche* –.«

Zu Hause, auf unserem Strohsack, zeigten wir den anderen das historische Dokument. Was jetzt? Ausradieren konnte man die Zeile nicht, ausgeschlossen.

»Zeig doch mal her«, sagte Paulette und griff nach dem Papier. »Ach Gott, ach Gott«, sagte sie, während die Blechtasse mit Rotwein, die sie in der anderen Hand hielt, leicht umkippte, auf den Schein, genau auf die Stelle von *voie de terre*. Sie betrachtete ihr Werk und reichte es Hans zurück – die Zeile war unlesbar. »So, jetzt hast du einen Schein mit einem Weinfleck, das passiert oft, aber zu Fuß brauchst du nicht mehr zu gehen.«

Bald kam die Nachricht, daß die Kontrollen am Bahnhof Marseille wieder gelockert worden waren.

Kurz darauf wurde die Demobilisierungsorder bekanntgegeben. Die Männer mußten nach Toulouse und bekamen einen Demobilisierungsschein, tausend Francs und einen Regenmantel. Es war wohl auch kein Zufall, daß die Tür zu dem Lagerhaus neben der Demobilisierungsstelle weit offen stand und unbewacht war, man brauchte nur hineinzugehen und sich einen der Säcke mit grünen ungebrannten Kaffeebohnen zu nehmen. Sollte man etwa warten, bis die Deutschen alles beschlagnahmten? Bald roch die ganze ›Villa‹ nach Kaffee, er wurde auf selbstgemachten Pfannen geröstet und gegen andere Lebensmittel eingetauscht.

Das ist meine letzte Erinnerung an Montauban. Dann saßen wir wieder in einem Zug; wir kamen abends in Marseille an und gingen einzeln durch die Sperre, um weniger aufzufallen. Ich sah Hans durchgehen, dann Paulette; ihr Vater stellte sich auf der anderen Seite der Sperre an, hinter ihm Alfred. Ich zeigte meinen Schein mit dem Stempel, den uns der Bahnhofskommandant in Lourdes gegeben hatte, und kam ohne weiteres durch. Als ich in die große, graue Halle trat, packte mich jemand an der Schulter und riß mich herum. Ich schaute in Paulettes weit geöffnete Augen: »Sie haben den Alten verhaftet!«

»Stellt euch auf die Seite, sonst schnappen sie uns alle«, sagte Hans.

Der Alte sah nicht zu uns herüber, er tat, als wäre er allein. Zwei Beamte, ein Polizist und einer in Zivil, hielten ihn fest und stellten ihm Fragen. Der Alte verlor nicht leicht den Kopf; er brauchte sich auch nicht groß zu verstellen, er verstand wirklich kaum ein

Wort. Er zuckte hilflos die Achseln, sah die Beamten treuherzig an, und wir hörten: *»Nix comprend – – nix parle.«*

»Alfred, du bist der einzige, der nicht in Gefahr ist. Kannst du mit den Beamten reden?« Alfred war schon dort.

Dieser Mann ist staatenlos, sagte man ihm, und alle *apatrides* müssen wieder ins Lager. Doch nicht in seinem Alter, protestierte Alfred. Alt oder jung, sagte der Beamte in Zivil, er ist *apatride.* Wohin bringt man ihn? Nach *les Milles,* dort kommen alle Männer hin. Nein, da ist nichts zu machen. Und sie führten ihn ab.

Plötzlich sagte Paulette: »Ich gehe mit ihm mit.«

Hans hielt sie am Arm fest. »Damit wir nicht nur ihn aus dem Lager herauskriegen müssen, sondern dich auch?«

Les Milles war nicht das schlimmste Lager, das war bekannt. Man konnte die Männer dort besuchen, und sie konnten ab und zu tagsüber nach Marseille kommen. Man würde ihn sicher bald herausbekommen.

Das nächste Problem war: Wo für die Nacht unterkommen? Wir gingen die breite Bahnhofstreppe hinunter und stießen auf Robert, den wir aus Paris kannten.

»Gut, daß wenigstens ihr durchgekommen seid, dem Alten kann man sicher helfen –.«

Robert würde uns schon eine Bleibe für die Nacht finden. Wir gingen zusammen hinunter zum alten Hafen, in ein Winkelhotel, *une maison de passe,* sagte er. Die *patronne* begrüßte ihn wie einen alten Freund; nach Papieren wurde nicht gefragt. Es war aber nur ein Zimmer frei, mit einem Doppelbett. Schon recht, dachte ich, irgendwie werden wir uns schon etwas zum Schlafen zurechtmachen.

Nachts hörten wir das Tuten einer Schiffssirene. Im selben Moment klopfte die *patronne* an unsere Tür. »Ein Schiff ist eingelaufen, *vite, vite,* ich brauche das Zimmer; werfen Sie Ihre Bündel in eine Ecke!«

»Was will sie denn von uns«, wunderte ich mich verschlafen. »Ist das hier ein Irrenhaus?« empörte Paulette sich. »Nein«, sagte Hans, »kein Irrenhaus, nur ein Absteigequartier, habt ihr das nicht gemerkt?«

»Es ist ja nur auf eine Stunde«, sagte die Frau, »Sie können unten warten. Heutzutage ist es doch *une vraie aubaine*«, fuhr sie fort, »wenn mal ein Schiff kommmt – nicht wie in den guten alten Zeiten.«

Am nächsten Morgen erzählte man uns von der Flüchtlingsherberge in der Schule von *Belle de Mai*. Sie war von den Marseiller Behörden für die Flüchtlinge aus dem Norden eingerichtet worden, und es gab keine Polizeikontrolle. Da wir in Marseille keine *sauf-conduits* mehr brauchten, legten Paulette und ich die Papiere auf die falschen Namen weg und gebrauchten nun wieder unsere eigenen Ausweise, auch wenn sie ungültig geworden waren. Mein Papier aus Paris, das ich in der Schule vorzeigte, die *Aufenthaltsverweigerung*, war bei der Pariser Polizei ein bekannter Ausweis – und sogar einer der günstigeren –, aber im Süden erregte es Erstaunen. Ich hatte noch ein anderes Dokument, von dem ich mich nie trennte, und das ich nur selten benützte. Jetzt fischte ich es heraus: eine beglaubigte französische Übersetzung des ›Deutschen Reichsanzeigers‹ mit meiner Ausbürgerung: ». . . *pour avoir nui par sa conduite manquant au devoir de fidélité envers le Reich et le peuple, au patriotisme allemand*.« Zwei Beamte lasen den Artikel aufmerksam durch. Dann lasen sie weiter: *»La fortune de la personne sus-nommeé est confisquée par les présentes. Signé: Pfundtner.«*

»Ah, ça alors!« rief der eine. Die Wirkung blieb nie aus. »Ihr Eigentum haben sie Ihnen weggenommen? *Ces salauds-là!*« Daß man mir mein *fortune* weggenommen hatte, bewies, daß die Deutschen Barbaren waren.

In dem großen Schulsaal hatte man Stroh auf den Boden gelegt, und es gab noch freie Plätze. Alfred hatte einige seiner Regimentskameraden gefunden und war mit ihnen in eine Kaserne gezogen.

Es war nicht gerade gemütlich in dem Massenlager, aber es wurde nie langweilig in dem Durcheinander von Fremden aus allen Gegenden und mit so verschiedenen Leben, unter all den abgerissenen Emigranten, die sich hier zurechtfinden und (manchmal mit Ach und Krach) miteinander auskommen mußten.

Man gab uns im Eßsaal zwei Mahlzeiten pro Tag; die Lebensmittel in Marseille waren bereits knapp, und so wurde unsere Suppe immer dünner. (Aber wie gut war sie im Vergleich zu den Kieselstein-*pois chiches* von Gurs.)

Dann kam die Ruhr-Epidemie, die uns schon im Lager geplagt hatte. Auf dem Schulhof waren drei Toiletten; dort standen wir Schlange, unter Qualen. Ein Arzt kam alle drei Tage, teilte Fläschchen mit derselben Medizin an alle aus und schied nach einigen Minuten, immer mit denselben Worten: »*. . . et surtout, pas de tomates!*« Dabei gab man uns hauptsächlich Tomatensuppe, Tomatensalat und gebackene Tomaten.

Im Schlafsaal hatten wir eine Familie aus der Bretagne, eine ungewöhnlich dicke Frau mit fünf Kindern. Tagelang nahm sie ein Kind nach dem anderen vor und reinigte es, so gut es ging, mit Zeitungspapier und alten Fetzen. Dazu sang sie mit mächtiger, tiefer Stimme:

Célina, ma chérie,
Si je t'aime, c'est pour la vie . . .

Manchmal stimmten die anderen ein, und der ganze Saal sang von der ewigen Liebe für Célina.

Sobald man wieder auf den Beinen stehen konnte, ging die Suche weiter: die Suche nach Familie und Freunden (Karl, Paulettes Mann, tauchte mit einem kleinen Haufen von Leuten aus seinem Regiment auf und zog mit uns in die Schule); die Suche nach Ausweispapieren (echten oder falschen) und nach Brotkarten (echten oder falschen). Man suchte nach Verbindungen zu Freunden, denen es inzwischen gelungen war, in die Staaten zu kommen, oder nach Santo Domingo, oder nach China. Wir sahen Paulettes Vater und bemühten uns um seine Entlassung aus *les Milles*.

Jetzt, da Pétain und Laval mit uneingeschränkter Gewalt in der ›freien‹ Zone regierten, war es klar, daß dies erst der Anfang war. Viele der französischen Flüchtlinge – waren es sechs Millionen, oder mehr? – ließen sich nach und nach in ihre Heimatorte repatriieren. Manche unserer deutschen Emigranten ließen sich zwischen Blindheit und Panik hin- und herreißen. Wir hatten wohl wenig Verständnis für sie und darum nicht viel Geduld: So wacht doch endlich auf, *tut* etwas – da sitzt ihr in der Scheiße und rührt euch nicht – worauf wartet ihr?

Es war ein Nachmittag, Anfang August – die Sonne brannte, während der Mistral einem durch die Knochen blies –, und wir waren schon lange unterwegs. Hin und wieder trafen wir Bekannte. Wir sprachen eine Weile mit Leo Lania und seiner Frau Lucy, die auf einer Café-Terrasse saßen; er und mein Bruder waren mit einer geheimnisvollen, komplizierten *combine* beschäftigt, die uns allen aus Frankreich heraushelfen sollte. Lucy sah mich von oben bis unten an, schüttelte den Kopf und sagte: »Ich hab noch ein anderes Kleid mit, morgen bring ich dir's, den Fetzen da mußt du wegschmeißen.« Sie gab mir ein weißes Strickkleid mit schwarzen Streifen, todschick; aber das war erst am nächsten Tag.

Wir gingen weiter, ich habe keine Ahnung mehr, wonach wir gerade suchten. »Jetzt setze ich mich erst einmal hin«, sagte ich; wir standen vor einer breiten Treppe, die zu einem öffentlichen Gebäude führte. Oben stand: *Orphelinat*, Waisenhaus. Ich setzte mich auf die Stufen und schloß die Augen. Dann hörte ich ein dünnes Stimmchen: *»Madame –?«* Vor mir standen zwei kleine Mädchen. *»Madame, vous êtes une orphéline?«* Sie streckten mir ein paar Gänseblümchen entgegen.

»Pour vous, madame l'orphéline. Ça porte bonheur –.«

6. Kapitel

»Die Schuhe passen nicht . . .«

Alles drängte nach Marseille. Die Stadt war vollgepfropft mit Flüchtlingen, darunter Scharen von deutschen Emigranten. Der große Hafen – vielleicht war dort ein Ausweg aus der Falle.

Hans, mein Mann, hatte kein großes Vertrauen zu all den Plänen mit geheimnisvollen Schiffen und Seereisen; einer nach dem anderen waren sie bisher ins Wasser gefallen. Er fühlte sich sicherer auf festem Boden. Und diese Schnapsideen mit Konsulaten und Transitvisen, Devisenerlaubnis und Nord- oder Südamerika, das klang wie eine Phantasiewelt, an die man sich klammerte, weil man sich in der unwahrscheinlichen Wirklichkeit nicht mehr zurechtfand. Leute wie wir, ohne Verbindungen, Papiere und Geld, wohin konnten wir gehen, wo uns alle neutralen Länder wie die Pest mieden?

Unterzutauchen, das wäre nichts Neues für uns; wir waren daran seit 1933 gewöhnt. Es müßte, meinte Hans, doch weiterhin möglich sein, bei anständigen Menschen unterzukommen, am besten wahrscheinlich auf dem Lande; während des deutschen Vormarsches war er auf der Flucht nach dem Süden mehrmals von französischen Bauern aufgenommen worden. Hans, der Berliner in französischer Uniform, fühlte sich sicherer bei Franzosen, die ihn vor den Deutschen versteckten. Zum Beispiel im Massif Central, sagte er, da müsse es allerhand Möglichkeiten geben, man wäre dort unauffindbar. Da könnte man überwintern, wie lange dieser Nazi-Winter auch dauern sollte.

Mir leuchtete das ein. Sollten wir uns aber nicht doch auch nach Ausreise-Möglichkeiten umsehen? Sicher, meinte Hans, umsehen schon, aber nicht darauf bauen.

Unter den Emigranten wurde viel über Portugal diskutiert.

Hans und Lisa Fittko auf der Cannebière, Marseille 1941.

Portugal war ein neutrales Land und würde dies wahrscheinlich auch bleiben. Einige Emigranten, die amerikanische Visen hatten, erhielten das portugiesische Transitvisum. Sofort wurden allerhand Ideen entwickelt, wie man sich ein Transitvisum auch ohne das amerikanische Visum beschaffen könnte.

Für ein Transitvisum mußte man natürlich ein Einreisevisum für irgendein Land haben. Dazu brauchte man erst einmal einen Paß. Zudem verlangten die Portugiesen eine bezahlte Passage nach Übersee, um ganz sicherzugehen, daß sie einen wieder loswurden. Diese Passage mußte in Dollars bezahlt werden, was für die meisten Emigranten absurd war, da sie weder Geld hatten und schon gar nicht eine Dollar-Erlaubnis.

Für die Durchreise von Frankreich nach Portugal brauchte man auch das spanische Transitvisum, das man jedoch erst beantragen konnte, wenn man das portugiesische hatte; alle Länder hatten Angst, daß die Emigranten sich bei ihnen festsetzen würden wie die Wanzen. Und dann brauchte man noch das Geld, um alle diese Formalitäten zu bezahlen.

Finanzielle Hilfe kam aus einer unerwarteten Quelle: dem Demobilisierungserlaß. Die Männer mußten sich melden, jeder erhielt einen Demobilisierungsschein mit einer *route de marche* zu seinem Heimatort und eine freie Eisenbahnkarte dorthin sowie tausend Francs. Überdies den besagten *imperméable*, den Regenmantel – scheinbar das einzige Stück, mit dem sich das französische Militär reichlich eingedeckt hatte, *pour la durée de la guerre*.

Die Demobilisierung in Toulouse begann am Montag für die Namen, die mit A bis E begannen. F bis J war am Dienstag dran. Mein Bruder Hans mußte am Montag erscheinen. Hans Fittko, der es sonst mit dem Melden nicht eilig hatte, ging mit; es war ja möglich, daß am Dienstag das Geld ausgegangen war, oder vielleicht sogar die ganze Verordnung rückgängig gemacht würde. Er stellte sich an und wurde zurückgewiesen; also ging er zum nächsten Schalter, wo er ohne weiteres abgefertigt wurde. Nun war er offiziell ein demobilisierter französischer Soldat und hatte überdies tausend Francs und einen Regenmantel, der leider viel zu groß war.

Es war nicht ganz klar, wieso man demobilisiert werden konnte und sogar mußte, wo man doch nie mobilisiert gewesen war, sondern ein Gefangener in einem Konzentrationslager; aber in dieser Lage stellte man keine dummen Fragen.

Franz Pfemfert kam aus Perpignan, wo er sich vorläufig mit Anja festgesetzt hatte. »Der tschechische Konsul in Marseille, ein alter Freund, hat mir einen Paß versprochen«, sagte Franz, »vielleicht kann er auch etwas für euch tun.« Als wir am nächsten Morgen mit ihm zum Konsulat gingen, trafen wir dort etwa ein Dutzend Emigranten; es hatte sich also schon herumgesprochen.

Die Pässe, die der Konsul den ihm empfohlenen deutschen Antifaschisten ausstellte, hatten zwar rosa Deckel statt der graugrünen der offiziellen tschechischen Reisepässe; aber in Marseille wußten nur der Konsul und Leute wie wir, die als Emigranten in

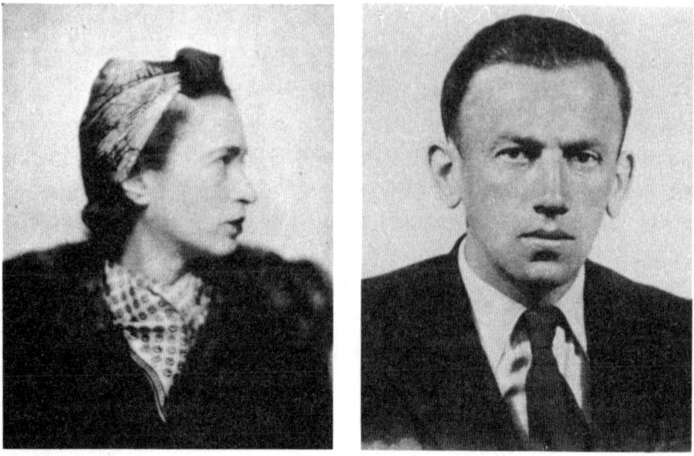

Paßfotos von Lisa und Hans Fittko, Marseille 1940.

der Tschechoslowakei gelebt hatten, daß das ›Interims‹-Pässe waren, die man staatenlosen Emigranten als Ausweis gab. Nachdem das Konsulat geschlossen wurde, gab der Konsul die Pässe weiter aus, nun durch Vermittlung des *Centre Américain de Secours.*

Die Pfemferts, wir, Paulette und ihr Vater, mein Bruder samt Familie – alle hatten wir schöne, neue Pässe mit schönen, neuen Namen.

Es gab Gerüchte über Honorarkonsuln, die ›End-Visen‹ verkauften. Doch es war im Moment nicht wichtig, ob diese Visen wirklich gültig waren; man konnte damit jedenfalls erst einmal nach Portugal kommen. In der rue St. Feréol gab es ein chinesisches Bureau, das für hundert Francs chinesische Visen ausstellte; das konnten sich die meisten Emigranten leisten und standen Schlange vor dem Bureau. Auch wir bekamen einen chinesischen Stempel in unsere tschechischen Pässe. Viel später übersetzte uns ein chinesischer Freund das ›Visum‹. Es lautete ungefähr so: ›Dem Inhaber dieses Dokuments ist es strengstens verboten, unter irgendwelchen Umständen und zu irgendeinem Zeitpunkt chinesischen Boden zu betreten.‹ Da die Portugiesen in Marseille nicht chinesisch verstanden, spielte auch das keine Rolle. Oder wollten sie vielleicht nicht chinesisch verstehen?

Eine bezahlte Schiffskarte zu bekommen war einfach, da es immer jemanden gab, der aus menschlicher Verzweiflung Profit zu schlagen wußte. Erstaunlich war nur, daß es das altehrwürdige englische Reisebureau Cook war, das fiktive Übersee-Passagen verkaufte. Jeder Emigrant in Marseille wußte bald davon, und so gingen wir in die große, elegante Agentur mitten in der Stadt. Wir zahlten zweihundert Francs, und der vornehme, etwas hochnäsige Beamte mit dem englischen Akzent gab uns, ohne mit der Wimper zu zucken, die Schwindel-Passagen.

»Das sieht jetzt nicht mehr nach Luftschlössern aus«, sagte sogar Hans, »vielleicht ist es wirklich möglich, aus Frankreich herauszukommen.« Wir dachten damals nicht viel darüber nach, was in Portugal mit uns geschehen würde; dazu war es in Frankreich zu brenzlig.

Für die Transitvisen beim portugiesischen Konsulat mußte man sich bereits am Abend vorher anstellen. Wir hatten Glück; ich kann mich zwar erinnern, wie kalt es auf der Straße war während der Nacht und wie hungrig wir waren, aber wir kamen wenigstens am nächsten Morgen dran. Wir hatten tatsächlich portugiesische Transitvisen. Unglaublich!

Vor dem spanischen Konsulat waren die Schlangen so lang, daß wir uns an drei Abenden hintereinander anstellen mußten, bevor wir endlich an die Reihe kamen. Zuerst versuchten wir, uns abzulösen; Hans stand an, während ich nach Hause ging – ›Zuhause‹ war immer noch die Schulhalle in *Belle de Mai*, die man für die Flüchtlinge geräumt hatte –, um ein paar Stunden auf meinem Strohhaufen zu schlafen. Als ich dann aber gegen 4 Uhr früh zurückkam, gab es Krach, und die Leute um uns herum regten sich auf: Na da könnte doch jeder –! Sie haben wohl eine Platzkarte? Unverschämtheit! So standen wir also alle beide drei Nächte lang an. Hans hatte sich von einem Freund eine Jacke geborgt, und ich trug den demobilisierten *imperméable*. Das Ding schlotterte um mich herum, und ich zog eine lange Schleppe nach, aber es hielt mich doch etwas warm. Wir hatten in einer Bude am *vieux port* eine Tüte mit getrockneten Bananen gekauft, weil das Brot überall knapp geworden war; sie hatten einen widerlichen, süßlich-ranzigen Geschmack, und ich sagte: »Die kann ich nicht essen, ich bleibe lieber hungrig.« Aber Hans drängte mich, sie hinunterzuwürgen. »Sonst kippst du mir hier noch um«, sagte er.

Nun hatten wir die Papiere beisammen, wir und mehrere unserer Freunde, und auch andere würden in kurzer Zeit soweit sein. Das *visa de sortie* – das französische Ausreisevisum –, das man zum Verlassen Frankreichs brauchte, habe ich bisher nicht erwähnt, weil es uns gar nicht einfiel, es zu beantragen. Es wurde in Vichy ausgestellt, offensichtlich unter deutscher Kontrolle; die Grenze mußte man also illegal überqueren. Immer mehr Emigranten gingen diesen Weg, und den meisten gelang es durchzukommen; im allgemeinen fragten die spanischen Grenzposten nicht nach dem französischen Ausreisestempel. Es gab aber auch Fälle, wo es zunächst nicht klappte. Die Spanier erfanden von Zeit zu Zeit Schikanen: Dies oder jenes Dokument wurde nicht anerkannt, oder ein neues Papier war erforderlich, oder ein Stempel paßte ihnen nicht; und dann gab es angeblich Verordnungen, denen zufolge zum Beispiel keine Staatenlosen durch Spanien fahren durften. Mehrere Emigranten wurden verhaftet oder zurückgeschickt oder sogar ins Konzentrationslager in Figueras geschickt. Soweit wir wußten, war es bisher jedoch allen gelungen, sich irgendwie wieder herauszuwinden; wir hatten den Eindruck, daß es sich die spanischen Behörden mit keiner Seite verderben wollten. Beunruhigend war, daß die meisten, die Schwierigkeiten an der Grenze hatten, bekannte Leute waren, die unter ihrem richtigen Namen reisten: Offensichtlich hatte auch dort die Gestapo die Hand im Spiel.

Wir, die wir ›schwarz‹ über die französische Grenze wollten, sprachen davon, daß der Grenzübergang organisiert werden müsse. Jemand sollte zur Grenze fahren und wenn möglich sogar einige Zeit dort bleiben; wir brauchten einen sicheren Weg, der auch für die Nachkommenden gangbar war. Es mußte auch möglich sein, mit uns freundlich gesonnenen Grenzbewohnern Verbindung aufzunehmen, so würde man immer auf dem laufenden sein, was an der Grenze vorging.

Es mußte jemand mit Grenz-Erfahrung sein. Frauen kamen immer leichter durch. Vielleicht Paulette? Nein, Paulette war noch nicht soweit mit ihren Papieren. Die Lisa, sagte jemand. (Ich bin nicht mehr sicher, wer zuerst auf den Gedanken gekommen ist, aber ich glaube, es war mein Mann.)

»Das Geld für die Fahrt werden wir schon aufbringen. Also, Lisa, bist du einverstanden?«

»Ich kann's ja mal versuchen«, sagte ich, »ein paar Freunde sind während der *pagaille* dort in der Gegend gelandet, vielleicht können sie mich für ein paar Tage unterbringen.« Das war wichtig, weil überall Papiere verlangt wurden.

Da kam ein Brief von Franz Pfemfert aus Perpignan, das nicht weit von der Grenze liegt.

»Der Franz ist total verrückt«, sagte Hans, »lies nur mal, was er schreibt, daraus kannst du nicht schlau werden!«

›. . . und Du, Hans, mußt unbedingt die Schuhe, die Du gekauft hast, umtauschen‹, schrieb Franz, ›sie passen bestimmt nicht, Du kannst sie nicht zum Bergsteigen gebrauchen. Die Schuhe müssen auf jeden Fall *größer* als Nr. *42* sein. Das solltest Du auch allen unseren Freunden sagen; ich meine die *Männer* mit kleinen Schuhnummern. Die Spanier kennen sich da sehr gut aus. Die Lisa kann ruhig ihre kleinen Schuhe behalten, da spielt das keine Rolle.‹

Wir arbeiteten die halbe Nacht, um den Brief zu entziffern: Die ›Schuhe‹ waren die tschechischen Pässe oder sonstigen Reisedokumente, die ›umgetauscht‹, das heißt, geändert werden mußten. ›Nr. 42‹ war das Alter – die meisten unter uns waren unter 42 Jahre. Franz teilte uns mit, daß Männer unter 42, also Kriegsdienstfähige, von den spanischen Behörden beim Grenzübertritt verhaftet wurden, um sie daran zu hindern, nach England zu entkommen und dort in die Armee einzutreten. Das hatten die Deutschen also durchgesetzt.

Schönes Schlamassel. Eine Änderung der Papiere hätte nichts genutzt, da man den Männern ansah, daß sie keine 42 Jahre alt waren, und mit falschen Geburtsdaten wären sie erst recht in der Patsche gesessen. Wir mußten einen anderen Ausweg finden.

Just in diesen Tagen eröffnete sich eine Möglichkeit, neue Papiere zu bekommen. Ein Sergeant vom Fort St. Charles hatte sich in seinem Bureau ein nettes kleines Nebengeschäft eingerichtet: Für zweihundert Francs stellte er Bescheinigungen aus. Sie hießen ›*Certificat de Démobilisation et Route de Marche*‹; man gab ihm einen Namen an – am besten mit echt französischem Klang –, nannte die übrigen Personalien, die man frei wählen konnte, und sagte, wo man in diesem Krieg für Frankreich gekämpft hatte. Der Schein bestätigte, daß man französischer Staatsbürger war – wohnhaft in Nordafrika; man wurde daher kostenlos in seinen Heimatort repatriiert und zunächst nach Casablanca befördert. Für fünf Francs extra befestigte der Sergeant sogar ein Paßbild mit einem amtlichen Stempel auf dem Schein. Damit meldete man sich alle paar Tage bei der Hafen-Verwaltung, um zu fragen, wann das nächste Schiff nach Casablanca ging und ob ein Platz frei war. Eine Reihe von Emigranten war bereits in Casablanca angekommen.

Die Entscheidung war nicht leicht, aber es schien die einzige Lösung zu sein: Die Frauen, und mit ihnen die Kinder, würden über die Pyrenäen nach Spanien und von dort nach Portugal gehen. Die Männer mußten sich nach Casablanca einschiffen. Dann wären alle erst mal auf neutralem Boden. Und dann auf Wiedersehen – wo?

Es müssen ungefähr fünfundzwanzig oder dreißig unserer Bekannten gewesen seind, die auf einen Schiffsplatz warteten; darunter mein Mann und mein Bruder. Ungefähr die gleiche Anzahl von Frauen, die wir kannten, wollten über die Grenze nach Spanien und dann weiter nach Portugal.

Die Männer gingen zum Hafenbureau; man hatte ihnen einen Schiffsplatz ›in den nächsten Tagen‹ angekündigt. Alles war geplant, und am nächsten Morgen würde ich den Frühzug zur Grenze nehmen. Eva, die Frau meines Bruders, war mit der zweijährigen Titi in Montpellier untergekommen; die beiden würden dort in denselben Zug einsteigen und wir dann zusammen weiterfahren nach Port-Vendres, einem kleinen Hafenort kurz vor der Grenze. Falls es Kontrollen gab, konnten wir die tschechischen Pässe vorzeigen. Sobald ein sicherer Grenzübergang gefunden und alles organisiert war, würden wir die anderen verständigen, bevor wir selbst nach Spanien und Portugal gingen.

Nachmittags warteten wir im Hotelzimmer eines Bekannten, der ebenfalls zum Hafen gegangen war. Man nannte ihn den ›kleinen Leiner‹, weil er einen älteren Bruder hatte, und so weiß ich seinen Vornamen nicht. Die Männer mußten bald zurückkommen, denn das Hafenamt schloß um 17 Uhr. Das kleine Zimmer war voll von Leuten, die auf dem Bett und auf dem Fußboden herumsaßen, aber das einzige Gesicht, das ich noch vor mir sehe, ist das von Paulette.

Zuerst kamen mein Mann und mein Bruder. Ich schaute sie an: »Was ist denn los mit euch, was ist geschehen?«

Mein Mann sagte nichts – wenn er die Augenbrauen so zusammenzog, war er sehr verärgert.

»Wir sind zu spät gekommen«, sagte mein Bruder.

»Wieso denn? Ihr seid doch schon vor Stunden hingegangen?«

»Unterwegs sind wir aufgehalten worden. Es war einige Minuten nach fünf, als wir beim Hafenamt ankamen, sie müssen wohl gerade geschlossen haben. Wir gehen eben morgen früh wieder hin; es spielt doch keine Rolle.«

Mir gefiel das gar nicht; ich hatte damit gerechnet, daß ich vor meiner Abfahrt wissen würde, wann sich die Männer nach Casablanca einschifften. Vielleicht sollte ich meine Abfahrt verschieben?

Wir warteten auf die anderen. Merkwürdig, daß es so lange dauerte, wo das Hafenamt doch schon geschlossen war. Nicht einmal der kleine Leiner, in dessen Zimmer wir saßen, kam. Nach einer Stunde war klar: Da war etwas schiefgegangen. Aber wo konnten wir erfahren, was passiert war?

Dann kam jemand ins Zimmer. Nein, es war keiner der Casablanca-Fahrer, sondern ein junger Freund, von dem ich nur noch weiß, daß er Erwin hieß und hellblond war. Er war zu uns geschickt worden – ich weiß auch nicht mehr von wem –, um uns zu berichten:

Der Sergeant im Fort St. Charles war denunziert worden, man hatte ihn in der Früh mit allen seinen Stempeln und Papieren verhaftet, dann war die Polizei zum Hafenamt gegangen und hatte alle festgenommen, die sich mit den falschen Casablanca-Scheinen meldeten (der kleine Leiner war auch darunter). Niemand wußte, wie viele es im ganzen waren. Man mußte die übrigen Männer warnen – auch wenn sich solche Nachrichten schnell verbreiteten. Mein Bruder mußte verschwinden, er war einer der wenigen, die noch gültige Papiere hatten und daher legal gemeldet waren; da das Hafenbureau nun aber die Liste der ›Demobilisierten‹ hatte, lief er Gefahr, verhaftet zu werden. Er würde also am nächsten Tag den Strohhaufen in der Schulhalle beziehen, den ich bisher eingenommen hatte.

Aber sollte ich wirklich fahren? Alles war wieder in der Schwebe. Würden die Männer einen anderen Weg finden? Würden die Frauen nach Portugal gehen, ohne zu wissen, ob die Männer herauskamen aus Frankreich? Würde *ich* gehen wollen? Andererseits konnte Eva jetzt nicht mehr verständigt werden, nicht in den Zug einzusteigen – –.

Nachdem die anderen ihre Meinungen kategorisch geäußert hatten (mein Bruder: »Du *mußt* morgen fahren« – Paulette: »Du *mußt* jetzt warten«), überlegten mein Mann und ich uns die Sache. Der Grenzübergang mußte auf jeden Fall organisiert werden, wenn nicht für die jüngeren Männer, dann wenigstens für die Frauen, Kinder und älteren Leute. Die Sache mit Eva und dem Kind war wirklich ein Problem und könnte böse Folgen haben. Es war also wohl das Vernünftigste, den Plan nicht zu ändern. Wenn nötig, konnte ich ja jederzeit zurückkommen.

Es muß ungefähr Mitte September 1940 gewesen sein. Ich saß im Zug; aber ich sah nichts von dem schönen herbstlichen Südfrankreich. Ich konnte die Zweifel nicht abschütteln: War das der richtige Entschluß? Ich nickte ein; ich hatte nur ein paar Stunden geschlafen. Als der Zug in Montpellier einfuhr, sah ich Eva mit Titi am Bahnsteig. Ich rief und winkte und sie stiegen ein, und als Titi mich sah, rannte sie den Gang entlang auf mich zu. Sie erkannte mich, nach so langer Zeit! Dann fiel mir ein, daß es eigentlich nur ein paar Monate waren, sehr lange Monate. Mit Titi und ihrem aufgeregten Geplapper kam ein Stück von dem Leben zurück, das wie durch einen Riß von uns getrennt worden war.

»Tu as des gâteaux? Tu as du chocolat?« fragte sie unermüdlich, als wenn es das noch gebe. Sie sprach jetzt nur noch französisch; wir waren froh, daß sie ihr Deutsch vergessen hatte. Unser Abteil hatte sich inzwischen gefüllt, meistens mit uniformierten Soldaten; damals waren viele Demobilisierte noch in Uniform, weil sie keine anderen Kleider hatten. Titi sah gut genährt aus, aber sie schien ständig hungrig zu sein. Eva gab ihr etwas aus dem Eßpaket, das sie mitgebracht hatte. *»Du pain«*, strahlte Titi. Sie schwenkte es in der Luft und dann, unerwartet, mitten in die Stille: *»Ça, en allemand, c'est* Brot.« Mir wurde ganz heiß und ich sah, wie Eva die Augen erschreckt aufriß. Doch niemand im Abteil schien etwas gehört zu haben.

Auch Eva hatte ihre Zweifel, als ich ihr erzählte, was sich gestern ereignet hatte. »Ich wäre nie in den Zug eingestiegen, wenn ich dich nicht gesehen hätte«, sagte sie. »Es ist doch klar, daß man jetzt aufpassen muß.«

»Dein Mann hat sich entschlossen, daß du und das Kind so schnell wie möglich aus Frankreich heraus müssen.«

»*Er* hat sich entschlossen«, sagte sie, »ich verstehe ihn schon, aber jetzt muß *ich* mir die Sache erst einmal überlegen.«

Abends kamen wir in Port-Vendres an, dem Hafenort an den Ausläufern der östlichen Pyrenäen. Eine Gruppe von Emigranten hatte sich dort eingefunden, und unsere Bekannten beschafften uns Unterkunft: Eva mit dem Kind in einem Kellerraum, in dem ein Bett stand, und ich in einem Dachstübchen.

Von Leuten, die inzwischen schon über die Grenze waren, hatten wir gehört: in Banyuls, dem letzten Ort vor der Grenze, gab es

Banyuls. Der Ort hat sich seit den vierziger Jahren nur wenig verändert.

einen Bürgermeister, Monsieur Azéma. Er sei Sozialist und zudem bereit, den Emigranten zu helfen.

Zuerst mußte ich also mit ihm und, wenn möglich, mit anderen, den Emigranten wohlgesonnenen Einheimischen vorsichtig Verbindung aufnehmen. Es klappte überraschend schnell. Doch die Verhältnisse waren seit kurzem schwieriger geworden; die bisher benutzten Wege über Cerbères, den Grenzort, waren jetzt scharf bewacht und mußten gemieden werden. Monsieur Azéma verriet mir einen sicheren, geheimen Schmugglerweg. Er nannte ihn *la route Lister*; General Lister von der spanischen republikanischen Armee hatte ihn während des Spanischen Bürgerkriegs für seine Truppen benutzt.

Maire Azéma selber drängte darauf, daß die Emigranten den Grenzübertritt organisierten und dafür sorgten, daß der neue Weg auch von den Nachfolgenden benutzt wurde. »Ich bin ja vielleicht eines Tages nicht mehr hier«, sagte er, und zudem sei es unvorsichtig, wenn sich so viele Flüchtlinge bei ihm auf der *mairie* meldeten. Erst später verstand ich richtig, warum er damit rechnete, eines Tages zu verschwinden: Er war den Behörden bekannt wegen seiner Tätigkeit während des Spanischen Bürgerkrieges. Am besten sei es, meinte er, wenn jemand einige Zeit hier in Banyuls bleiben könnte, um den Flüchtlingen über die Pyrenäen zu helfen.

»Mit Unterkunft und Lebensmittelkarten könnte ich euch vorläufig versorgen«, sagte er und nahm aus einer Kiste unter seinem Schreibtisch einige Büchsen mit Milch und Gemüse heraus. *»Pour le bébé«*, fügte er hinzu.

Die Büchsen waren schwer und der Weg zwischen den Felsenwänden von Banyuls zurück nach Port-Vendres weit, aber was machte das schon aus, wenn man solche Schätze hatte! Milch und Gemüse und vor allem ein neuer, sicherer Grenzweg. Ich erinnere mich, daß ich damals auf dem Weg zurück das erste Mal mit offenen Augen die Gegend sah, das unwirklich blaue Meer und die Bergketten mit den grünen Weinbergen, dazwischen schon etwas Gold, und ein Himmel so blau wie das Meer. Man kann es nicht schildern, man muß dort gewesen sein.

7. Kapitel

›Der alte Benjamin‹

Es ist jetzt schon über vierzig Jahre her, aber ich erinnere mich noch genau daran, mit allen Einzelheiten. Oder könnte es sein, daß ich mir das nur einbilde?

Ich weiß, daß es der 25. September 1940 war, in einem engen Dachstübchen in Port-Vendres. Ich hatte mich vor ein paar Stunden schlafen gelegt, als mich ein Klopfen an der Tür weckte. Ich sah das graue Morgenlicht durch das hohe Dachfenster und dachte, das kann doch nur das kleine Mädchen von unten sein. Es klopfte wieder, und ich stand auf und öffnete verschlafen die Tür. Doch es war nicht das Kind. Ich rieb mir die Augen – vor mir stand einer unserer Freunde, Walter Benjamin, der, wie viele andere, nach Marseille geflohen war, als die Deutschen Frankreich überrannten. ›Der alte Benjamin‹, wie er bei mir hieß, ich weiß nicht recht, warum, er war ungefähr achtundvierzig.

»Gnädige Frau«, sagte er, »entschuldigen Sie bitte die Störung, hoffentlich komme ich nicht ungelegen.«

Die Welt gerät aus den Fugen, dachte ich, aber Benjamins Höflichkeit ist unerschütterlich.

»Ihr Herr Gemahl«, fuhr er fort, »hat mir erklärt, wie ich Sie finden kann. Er sagte, Sie würden mich über die Grenze nach Spanien bringen.«

Was hatte er gesagt, mein Herr Gemahl? Es sah ihm ähnlich, er nahm immer einfach an, daß ich schon hinkriegen würde, was es auch sei.

Benjamin stand immer noch im Türrahmen, denn zwischen Bett und Wand war kein Platz für eine zweite Person. Ich sagte ihm, er solle auf mich im Bistro am Marktplatz warten.

Vom Bistro aus machten wir einen Spaziergang, um uns ohne Mithörer unterhalten zu können. Mein Mann könne zwar noch nichts davon wissen, erklärte ich Benjamin, doch seit meiner Ankunft hier vor ein paar Tagen hätte ich tatsächlich einen sicheren Weg über die Grenze erkundet.

Zuerst war ich zum Hafen hinuntergegangen und mit einigen Hafenarbeitern ins Gespräch gekommen. Einer von ihnen führte mich zum Vertrauensmann der Gewerkschaft. Ohne viel Fragen schien er zu verstehen, um was es sich handelte. Er riet mir, Monsieur Azéma in Banyuls-sur-Mer aufzusuchen, den Bürgermeister. Das sei, wie man mir schon in Marseille gesagt hatte, der Mann, der mir helfen würde, für meine Angehörigen und Freunde, die über die Grenze wollten, einen sicheren Weg zu finden.

»Das ist ein großartiger Mensch, dieser Bürgermeister Azéma«, erzählte ich Benjamin weiter. »Stundenlang hat er mit mir jede Einzelheit ausgearbeitet.«

Der Weg an den Friedhofsmauern von Cerbère entlang war jetzt leider zu gefährlich geworden. Es war ein ziemlich einfach zu findender Weg gewesen, und eine Reihe von Flüchtlingen hatte ihn einige Monate benützt, aber jetzt wurde er von den *gardes mobiles* schwer bewacht, offenbar auf Befehl der deutschen Kundt-Kommission (der Gestapo-Agentur im noch unbesetzten Teil Frankreichs). Der einzige wirklich sichere Weg, der noch blieb, hatte der Bürgermeister erklärt, war *la route Lister*. Das bedeutete, daß wir die Pyrenäen weiter westlich zu überqueren hatten, wo der Gebirgskamm höher war und demzufolge der Aufstieg anstrengender.

»Das macht nichts«, sagte Benjamin, »solange der Weg sicher ist. Allerdings habe ich Herzbeschwerden und werde langsam gehen müssen. Übrigens wollen noch zwei andere Leute mit mir über die Grenze, die sich mir in Marseille angeschlossen haben, eine Frau Gurland und ihr junger Sohn. Würden Sie die beiden auch mitnehmen?«

»Ja, natürlich. Aber sind Sie sich darüber im klaren, daß ich kein erfahrener Führer in dieser Gegend bin? Ich kenne den Weg eigentlich gar nicht, ich selbst bin noch nie dort oben gewesen. Was ich habe, ist ein Stück Papier mit einer Wegskizze, die der Bürgermeister aus dem Gedächtnis gezeichnet hat. Und dann hat er mir einige Einzelheiten beschrieben, Abzweigungen, die wir nehmen müssen, auch eine Hütte auf der linken Seite. Vor allem ist da eine Hochebene mit sieben Pinien, die wir unbedingt rechts von uns liegenlassen müssen, sonst geraten wir zu weit nach Norden; und dann der Weinberg, der an der richtigen Stelle zum Kamm führt. Wollen Sie sich auf das Risiko einlassen?«

»Ja, sicher«, sagte er, ohne zu zögern. »Nicht zu gehen, das wäre das eigentliche Risiko.«

Ich schaute ihn an und erinnerte mich, daß dies nicht Benjamins erster Versuch war, aus der Falle herauszukommen. Wie konnte man seinen vorherigen Fluchtversuch auch je vergessen?

In der apokalyptischen Stimmung im Marseille des Jahres 1940 gab es Tag für Tag Geschichten von absurden Fluchtversuchen; es gab Pläne mit Phantasiebooten und Fabelkapitänen, Visa für Länder, die auf keiner Karte zu finden waren, und Pässe aus Staaten, die es gar nicht mehr gab. Man war es gewohnt, durch Flüsterpropaganda zu erfahren, welcher todsichere Plan an diesem Tag wieder wie ein Kartenhaus in sich zusammengefallen war.

Trotz allem mußten wir immer wieder über die komischen Seiten solcher Tragödien lachen. Man muß sich vorstellen: Dr. Fritz Fränkel mit seiner zierlichen Gestalt und der grauen Haarmähne und sein etwas schwerfälliger Freund Walter Benjamin mit dem durchgeistigten Gelehrtenkopf und dem forschenden Blick hinter dicken Brillengläsern – dieses Pärchen wird, als französische Matrosen verkleidet, durch Bestechung auf einen Frachter geschmuggelt. Weit sind sie nicht gekommen. Zum Glück gelang es ihnen, in dem allgemeinen Chaos davonzukommen.

Wir beschlossen, Bürgermeister Azéma noch einmal aufzusuchen, diesmal gemeinsam, damit wir uns zu zweit die Einzelheiten einprägen konnten. Ich benachrichtigte Eva, meine Schwägerin, im Nebenhaus (mit ihr und dem Kind wollte ich in der folgenden Woche über die Grenze und nach Portugal gehen) und machte mich mit Benjamin auf den Weg nach Banyuls.

Hier läßt mein Gedächtnis mich im Stich. Wagten wir es, trotz der ständigen Kontrollen im Grenzgebiet, den Zug zu nehmen?

Kaum anzunehmen. Sicher sind wir die sechs oder acht Kilometer von Port-Vendres nach Banyuls auf dem steinigen Pfad gegangen, der mir inzwischen vertraut war. Ich weiß noch, wie wir den Bürgermeister in seiner Amtsstube antrafen, wie er die Türe abschloß und dann seine Anweisungen wiederholte und unsere Fragen beantwortete.

Als er zwei Tage zuvor die Wegskizze für mich aufgezeichnet hatte, waren wir beide ans Fenster getreten, und er hatte mir die Richtungen gezeigt: die weit entfernte Ebene mit den sieben Pinien, und irgendwo hoch oben den Gebirgskamm, den wir zu überqueren hatten.

»Auf dem Papier sieht es wie ein leichter Spaziergang aus«, hatte ich zu ihm gesagt, »aber es scheint, daß wir diese hohen Gipfel der Pyrenäen übersteigen müssen –.«

Er hatte gelacht: »Dort liegt Spanien, auf der anderen Seite der Berge.«

Azéma riet uns, am Nachmittag einen Spaziergang zu machen und den ersten Teil der Strecke auszuprobieren, um zu sehen, ob wir den Weg finden würden.

»Gehen Sie bis zu dieser Lichtung hinauf«, sagte er und zeigte auf seine Wegskizze. »Wenn Sie zurückkommen, überprüfen Sie alles noch einmal mit mir. Verbringen Sie die Nacht im Gasthof, und morgen früh, kurz nach vier Uhr, solange es noch dunkel ist und die Bauern auf dem Weg in die Weinberge sind, mischen Sie sich unter die Leute und gehen dann den ganzen Weg zur spanischen Grenze.«

Benjamin fragte, wie weit es bis zu der Lichtung sei.

»Eine knappe Stunde, sicher nicht mehr als zwei Stunden. Ein schöner Spaziergang.« Wir gaben uns die Hand.

»Je vous remercie infiniment, monsieur le maire«, hörte ich Benjamin sagen. Ich habe seine Stimme noch im Ohr.

Im Gasthof trafen wir Benjamins Bekannte, die er dort auf uns hatte warten lassen, und erklärten ihnen unseren Plan. Sie waren gleich einverstanden, und ich dachte: Zum Glück sind das keine Leute, die immer was zu meckern haben – und keine Schwierigen, vor denen ich in solchen heiklen Situationen immer Angst habe.

So wanderten wir zu viert los, langsam, wie Touristen, die die Landschaft genießen. Mir fiel auf, daß Benjamin eine Aktentasche trug, die er sicher geholt hatte, als wir im Gasthof haltgemacht hatten. Sie schien schwer zu sein, und ich fragte, ob ich ihm helfen könne.

»Darin ist mein neues Manuskript«, erklärte er mir.

»Aber warum haben Sie es denn auf diesen Kundschaftsgang mitgenommen?«

»Wissen Sie, diese Aktentasche ist mir das allerwichtigste«, sagte er. »Ich darf sie nicht verlieren. Das Manuskript *muß* gerettet werden. Es ist wichtiger als meine eigene Person.«

Das wird kein leichter Übergang, dachte ich. Walter Benjamin mit seiner merkwürdigen Art. Es sieht ihm ähnlich. Als er im Hafen von Marseille als Matrose verkleidet durchkommen wollte, hatte er da auch die Aktentasche bei sich? Aber jetzt muß ich wirklich auf den Weg aufpassen, sagte ich mir und versuchte, Azémas Wegzeichnung zu deuten.

Da war der leere Stall, den der Bürgermeister erwähnt hatte; also hatten wir uns nicht verlaufen – bis jetzt. Dann stießen wir auf den Pfad, der leicht nach links abbog. Und dann der riesige Felsblock, den er beschrieben hatte. Eine Lichtung! Wir hatten es geschafft, nach fast drei Stunden.

Das war Azéma zufolge etwa ein Drittel des Weges. Mir ist diese Wanderung nicht als schwierig in Erinnerung. Wir setzten uns und ruhten eine Weile aus. Benjamin streckte sich im Gras aus und schloß die Augen. Ich dachte, der Weg hat ihn wohl erschöpft.

Wir machten uns fertig zum Abstieg, aber er stand nicht auf. »Sind Sie noch müde?« fragte ich.

»Mir geht es gut«, antwortete er, »gehen Sie drei nur los.«

»Und Sie?«

»Ich bleibe hier. Ich werde die Nacht hier verbringen, und Sie stoßen morgen früh wieder zu mir.«

Das war noch schlimmer, als ich es mir vorgestellt hatte. Was tun? Ich mußte versuchen, ihn mit vernünftigen Argumenten zu überzeugen. Wir waren in einer wilden Berggegend, vielleicht gab es gefährliche Tiere. Man hatte mich tatsächlich gewarnt, daß es hier wilde Stiere gab. Es war Ende September und Benjamin hatte nichts zum Zudecken. Schmuggler trieben sich hier herum, wer weiß, ob sie ihm nicht etwas antun würden. Und er hatte überhaupt keinen Proviant bei sich. Nein, das war wirklich eine unmögliche Idee.

Er entgegnete mir, sein Entschluß, die Nacht auf der Lichtung zu verbringen, sei unwiderruflich, denn er beruhe auf einer einfachen logischen Überlegung. Sein Ziel sei, die Grenze zu überqueren, damit er und sein Manuskript nicht in die Hände der Gestapo fielen. Ein Drittel dieses Zieles habe er erreicht. Wenn er jetzt ins Dorf zurückkehren und den ganzen Weg am folgenden Tag nochmals gehen müsse, würde sein Herz wahrscheinlich nicht mitmachen. Folglich werde er bleiben.

Ich setzte mich wieder hin und sagte: »Dann bleibe ich auch hier.«

Er lächelte. »Werden Sie mich vor Ihren wilden Stieren schützen, gnädige Frau?«

Es wäre unvernünftig, wenn ich bliebe, erklärte er mir ruhig. Ich müsse zudem mit Azéma noch einmal alles durchgehen. Es sei auch notwendig, daß ich meinen Schlaf bekäme; nur dann sei ich in der Lage, die Gurlands sicher und ohne Verzögerung vor Sonnenaufgang wieder zu diesem Punkt zurückzuführen und zur Grenze weiterzuwandern.

Das war mir natürlich alles klar. Vor allem mußte ich mir ohne Lebensmittelmarken etwas Brot beschaffen, vielleicht auch einige Tomaten oder Ersatzmarmelade auf dem schwarzen Markt, damit wir unterwegs etwas zu essen hatten. Ich glaube, ich hatte nur versucht, ihn zu schockieren, damit er seinen Plan aufgab, aber es hatte natürlich nichts genützt.

Beim Abstieg versuchte ich, mich auf den Weg zu konzentrieren, um ihn am nächsten Morgen in der Dunkelheit wiederzufinden. Doch da war immer wieder der nagende Gedanke: Er hätte nicht allein da oben zurückbleiben sollen, das war ja ganz verrückt. Hatte er es von Anfang an so vorgehabt? Oder hatte ihn der Weg derart erschöpft, daß er erst als er oben war beschloß zu bleiben? Andererseits war da diese schwere Aktentasche, die er mitgenommen hatte – –. Vielleicht funktionierte etwas nicht mit seinem Lebenswillen. In welche Richtung würde ihn seine eigentümliche Denkweise im Augenblick der Gefahr lenken?

Ich erinnere mich jetzt an eine Geschichte, die mein Mann mir erzählt hatte. Im Winter vor der Kapitulation Frankreichs waren Benjamin und er zusammen im Lager Vernuche, in der Nähe von Nevers. Benjamin, ein starker Raucher, eröffnete ihm eines Tages, daß er das Rauchen aufgegeben habe, und er beschrieb die Qualen des Entzugs.

»Falscher Zeitpunkt«, sagte Hans. Ihm war aufgefallen, wie wenig Benjamin in der Lage war, mit den »Widrigkeiten des äußeren Lebens, die manchmal wie Wölfe [. . .] kommen«, fertig zu werden – und in Vernuche war das gesamte Leben eine einzige Widrigkeit. Hans hatte sich daran gewöhnt, ihm zu helfen, sich in praktischen Dingen zurechtzufinden.

Um Krisen zu überstehen und den Verstand nicht zu verlieren, versuchte er Benjamin zu erklären, sei folgende Grundregel wichtig: immer nach Erfreulichem suchen und nicht nach zusätzlichen Härten.

Benjamin entgegnete: »Ich kann die Zustände im Lager nur ertragen, wenn ich gezwungen bin, meine geistigen Kräfte ganz und gar auf eine gewaltige Anstrengung zu konzentrieren. Das Rauchen aufzugeben kostet mich diese Anstrengung, und so wird es mir zur Rettung.«

Am nächsten Morgen schien alles gut zu klappen. Die Gefahr, von der Polizei oder den Grenzbeamten entdeckt zu werden, war am größten beim Verlassen des Ortes und zu Beginn des Aufstiegs. Azéma hatte uns eingeschärft: »Brechen Sie vor Sonnenaufgang auf, mischen Sie sich unter die Weinarbeiter, nehmen Sie nichts mit als eine *musette*, einen Brotbeutel, und sprechen Sie nicht! Dann können die Wachen Sie im Dunkeln nicht von den Einheimischen unterscheiden.« Frau Gurland und ihr Sohn hielten sich genau an die Regeln, die ich ihnen erklärt hatte, und es war mir jetzt leicht, den Weg zu finden.

Je näher wir zur Lichtung kamen, desto unruhiger wurde ich. War er noch dort? Was war geschehen während der Nacht? Lebte er überhaupt noch? Meine Phantasie begann mit mir durchzugehen.

Endlich die Lichtung! Und der alte Benjamin. Am Leben. Er richtete sich auf und schaute uns freundlich an. Aber – aber was war denn mit ihm geschehen? Diese großen, dunkelroten Flecken um seine Augen – waren das vielleicht Symptome eines Herzanfalls?

Möglicherweise erriet er, warum ich ihn anstarrte. Er nahm die Brille ab und wischte sich mit dem Taschentuch über das Gesicht. »Ach das«, sagte er. »Der Tau, wissen Sie. Die Ränder des Brillengestells, sehen Sie? Sie färben ab, wenn sie feucht werden.«

Das Herz hörte auf, mir im Hals zu schlagen und schlüpfte hinunter auf seinen Platz.

Der Aufstieg wurde nun steiler. Auch waren wir uns nicht sicher über die Richtung, denn wir hatten jetzt nur Hügelabhänge und Felsenwände vor uns. Zu meiner Überraschung fand Benjamin sich recht gut in unserer Wegskizze zurecht und half mir, die Orientierung nicht zu verlieren. Einmal wurde uns nach etwa zwanzig Minuten klar, daß wir eine falsche Abzweigung genommen hatten, denn der Weg ging nun plötzlich nach rechts und abwärts, der Kamm aber lag links und oben. So wanderten wir zurück und fanden die Kreuzung, bei der wir uns geirrt hatten.

Der Begriff ›Weg‹ wurde nun mehr und mehr zur Übertreibung. Dann und wann war ein Pfad zu sehen, häufiger aber war es nur eine kaum erkennbare Spur zwischen den Geröllblöcken. Bis wir zu dem steilen Weinberg kamen, den ich nicht vergessen kann.

Aber zuerst muß ich erklären, warum gerade diese Route so sicher war.

Nach dem Aufstieg durch die grünen Hügel, die sacht ins Meer ausliefen, verlief unser Pfad parallel zur wohlbekannten ›offiziellen‹ Straße, die am Gebirgskamm entlangführte und leicht gangbar war. Unser Weg – *la route Lister* und ein uralter Schmugglerpfad – lag unterhalb der Straße und war durch den Gebirgsüberhang verdeckt, so daß er von den französischen Grenzwachen, die oben patroullierten, nicht gesehen werden konnte. An einigen Stellen kamen sich die beiden Wege sehr nahe, und dort mußten wir uns still verhalten.

Benjamin wanderte langsam und gleichmäßig. In regelmäßigen Abständen – ich glaube, es waren zehn Minuten – machte er Halt und ruhte sich für etwa eine Minute aus. Dann ging er in demselben gleichmäßigen Schritt weiter. Er hatte sich das, wie er mir erzählte, während der Nacht überlegt und ausgerechnet: »Mit dieser Methode werde ich es bis zum Ende schaffen. Ich mache in regelmäßigen Abständen Halt – die Pause muß ich machen, *bevor* ich erschöpft bin. Man darf sich nie völlig verausgaben.«

Was für ein merkwürdiger Mensch, dachte ich. Kristallklares Denken, eine unbeugsame innere Kraft, und dabei ein hoffnungsloser Tolpatsch.

Walter Benjamin schrieb einmal (in *Agesilaus Santander*) über das Wesen seiner Kraft: ». . . mit nichts ist meine Geduld zu überwinden.« Als ich das Jahre später las, sah ich ihn wieder vor mir, wie er langsam und in gleichmäßigem Schritt den Bergpfad entlangging. Und sein widersprüchliches Wesen erschien mir nun weniger absurd.

Frau Gurlands Sohn José, er war ungefähr sechzehn Jahre alt, und ich trugen abwechselnd die schwarze Ledertasche; mir kam es so vor, als würde sie immer schwerer werden. Doch ich erinnere mich, daß wir alle recht guter Stimmung waren und uns hin und wieder ein wenig unterhielten. Meistens sprachen wir über die Probleme des Augenblicks: die glatten Felswege, die wärmende Sonne, und wie weit es wohl noch bis zur Grenze war.

Heute, wo Benjamin als einer der wichtigen Gelehrten und Kritiker unseres Jahrhunderts gilt, heute werde ich manchmal gefragt: Was hat er über das Manuskript gesagt? Hat er sich über den Inhalt ausgelassen? Hat er darin ein neues philosophisches System entwickelt?

Du lieber Himmel, ich hatte alle Hände voll zu tun, meine kleine Gruppe bergauf zu führen; die Philosophie mußte warten, bis wir über den Berg waren. Es kam darauf an, einige Menschen vor den

Nazis zu retten, und da war ich nun mit diesem komischen Kauz, dem alten Benjamin, der sich unter keinen Umständen von seinem Ballast, von dieser schwarzen Ledertasche trennen würde. So mußten wir das Monstrum wohl oder übel über das Gebirge schleppen.

Doch zurück zu dem steilen Weinberg. Einen Pfad gab es da nicht. Wir kletterten zwischen den Rebstöcken hindurch, die voll von beinahe reifen, dunklen, süßen Banyuls-Trauben hingen. Ich meine, daß es ein fast senkrechter Hang war, aber in der Erinnerung verzerrt sich wohl manchmal das Bild. Im Weinberg war das erste und einzige Mal, daß Benjamin schlappmachte. Genauer gesagt, er versuchte die Steigung zu nehmen, schaffte es nicht und erklärte dann in gesetzten Worten, daß dies seine Kräfte überstiege. José und ich nahmen ihn zwischen uns, er legte die Arme um unsere Schultern, und wir schleppten ihn samt der Tasche den Weinberg hinauf. Sein Atem ging schwer, doch er klagte nicht – nicht einmal ein Seufzer –, aber immer wieder schielte er nach der Aktentasche.

Oberhalb des Weinbergs machten wir auf einem schmalen Bergrücken Rast. Die Sonne stand inzwischen hoch und es war uns warm; wir mußten also schon vier bis fünf Stunden unterwegs gewesen sein. Wir knabberten an dem Proviant, den ich in meiner *musette* mitgebracht hatte, aber viel essen konnte keiner. Unsere Mägen waren in den letzten Monaten geschrumpft – erst die Konzentrationslager, dann der wirre Rückzug, *la pagaille,* das totale Chaos.

Während wir uns ausruhten, dachte ich, daß dieser Weg über die Berge doch länger und schwieriger war, als wir es nach der Beschreibung des Bürgermeisters hatten annehmen können. Wenn man sich des Weges sicher war, nichts zu tragen hatte und jung und gesund war, könnte man es sicher auch viel schneller schaffen. Zudem waren Monsieur Azémas Angaben über Entfernung und Zeit, wie so oft bei Gebirgsleuten, sehr dehnbar. Wie lang sind »ein paar Stunden«?

Während der folgenden Wintermonate, als wir den Weg über die Grenze manchmal zwei- oder dreimal in einer Woche gingen, dachte ich oft an Benjamins Selbstdisziplin. Sie kam mir in den

Sinn, als Frau R. mitten in den Bergen anfing zu jammern: »– haben Sie denn nicht einmal einen Apfel für mich mitgenommen – einen Apfel will ich«; als der Herr Regierungsrat Dr. H. seinen Pelzmantel höher schätzte als seine (und unsere) Sicherheit; und ein Fräulein plötzlich einen Höhenkoller bekam und unbedingt sterben wollte. Aber das sind andere Geschichten.

Jetzt saß ich hoch oben in den Pyrenäen, aß ein Stück Brot, das ich mit gefälschten Marken gekauft hatte, und schob Benjamin die Tomaten zu, als er fragte: »Gnädige Frau, wenn Sie gestatten, darf ich mich bedienen?« Ja, so war er, der alte Benjamin mit seinem spanischen Hofzeremoniell.

Plötzlich fiel mir auf, daß das, worauf ich schläfrig geschaut hatte, ein sonnengebleichtes Skelett war. Vielleicht eine Ziege? Der Schädel sah so aus. Über uns, am südlich-blauen Himmel, kreisten zwei große schwarze Vögel. Es müssen wohl Aasgeier gewesen sein. Was erhoffen sie sich von uns? Dann dachte ich, wie merkwürdig, normalerweise würden mich Skelette und Aasgeier nervös machen.

Wir machten uns wieder auf und zogen weiter. Der Weg stieg jetzt nur noch leicht an, aber seine Beschwerlichkeit macht Benjamin sicher zu schaffen. Schließlich war er seit sieben Uhr auf den Beinen. Er ging jetzt noch etwas langsamer und machte längere Pausen, aber immer nach der Uhr. Er schien ganz davon in Anspruch genommen, den Rhythmus einzuhalten.

Schließlich erreichten wir den Gipfel. Ich war vorausgegangen und machte Halt, um mich umzusehen. Das Bild erschien so unverhofft vor mir, daß ich einen Augenblick an eine Fata Morgana glaubte. Weit unten, von wo wir gekommen waren, sah man wieder das tiefblaue Mittelmeer. Auf der anderen Seite, vor uns, fielen schroffe Klippen ab auf eine Glasplatte aus durchsichtigem Türkis – ein zweites Meer? Ja natürlich, das war die spanische Küste. Hinter uns, im Norden, im Halbkreis, Kataloniens Roussillon mit der *Côte Vermeille*, der Zinnober-Küste, einer herbstlichen Erde mit unzähligen gelb-roten Tönen. Ich schnappte nach Luft. Solche Schönheit hatte ich noch nie gesehen.

Ich wußte nun, daß wir uns inzwischen in Spanien befanden, und ich wußte auch, daß der Weg von hier aus bis zum Abstieg in den Ort geradeaus weiterführte. Ich mußte nun umkehren. Die anderen hatten die nötigen Papiere und Visa, aber ich durfte nicht riskieren, auf spanischem Boden geschnappt zu werden. Ich blickte auf meine kleine Gruppe und dachte, nein, ich kann sie doch jetzt noch nicht ganz sich selbst überlassen. Noch eine kleine Strecke gehe ich mit –.

Wir kamen an einem Tümpel vorbei. Das Wasser war grünlich, schleimig und stank. Benjamin kniete sich hin, um zu trinken.

»Sie können das nicht trinken«, sagte ich, »das Wasser ist schmutzig und sicher verseucht.«

Die Feldflasche, die ich mitgenommen hatte, war inzwischen leer, doch Benjamin hatte bislang nichts von Durst gesagt.

»Entschuldigen Sie«, sagte er, »aber ich habe keine andere Wahl. Wenn ich hier nicht trinke, kann ich vielleicht nicht bis zum Ende durchhalten.« Er beugte den Kopf zum Tümpel hinunter.

»Hören Sie mir doch zu«, sagte ich, »wollen Sie bitte einen Moment warten und mir zuhören? Wir haben es beinahe geschafft, es ist nur noch ein kurzes Stück und Sie haben es hinter sich. Ich weiß, daß Sie es schaffen werden. Aber von dieser Brühe zu trinken, ist unmöglich. Überlegen Sie doch, seien Sie vernünftig. Sie holen sich Typhus –.«

»Ja, vielleicht. Aber Sie müssen verstehen: Das Schlimmste, was passieren kann, ist, daß ich an Typhus sterbe – *nachdem* ich die Grenze überschritten habe. Die Gestapo kann mich nicht mehr festnehmen, und das Manuskript wird in Sicherheit sein. Sie müssen schon entschuldigen, gnädige Frau.«

Er trank.

Der Weg ging nun sacht bergab. Es muß ungefähr zwei Uhr nachmittags gewesen sein, als wir an das Ende der Felswand kamen, und im Tal konnte ich, ganz nah, den Ort sehen.

»Das dort unten ist Port-Bou! Der Ort mit der spanischen Grenzstation, wo Sie sich melden. Diese Straße führt direkt hin. Eine richtige Straße!«

Etwa zwei Uhr. Wir waren um vier Uhr früh aufgebrochen, Benjamin um sieben. Insgesamt also fast zehn Stunden.

»Ich muß jetzt umkehren«, fuhr ich fort. »Wir sind in Spanien, schon beinahe seit einer Stunde. Der Abstieg kann nicht allzu lange dauern, man kann ja von hier aus schon die Häuser sehen. Gehen Sie direkt zum Grenzposten und zeigen Sie Ihre Papiere: die Reiseunterlagen, die spanischen und portugiesischen Transitvisa. Sobald Sie Ihren Einreisestempel haben, nehmen Sie den nächsten Zug nach Lissabon. Aber das wissen Sie ja alles. Jetzt muß ich gehen. Auf Wiedersehen.«

Einen Moment noch blickte ich ihnen nach, wie sie die holprige Straße hinunterzogen. Es wird Zeit, daß ich von hier fortkomme, dachte ich und begann den Rückweg. Ich ging weiter und wunderte mich, als ich spürte: Ich bin hier in einer vertrauten Gegend, ich bin keine Fremde mehr, wie ich es heute morgen noch war. Merkwürdig auch, daß ich nicht müde war. Alles war leicht, ich war unbeschwert, und mit mir die übrige Welt. Benjamin und die anderen mußten es inzwischen geschafft haben. Wie schön es hier oben war!

In zwei Stunden war ich wieder unten in Banyuls. Neun Stunden bergauf, zwei Stunden für den Abstieg.

In den folgenden Monaten, als wir den Weg schon im Schlaf fanden, schafften wir es einmal in zwei Stunden bis zur Grenze, und ein paarmal in drei bis vier Stunden. Es war zu machen, wenn unsere ›Ladung‹ jung und kräftig und vor allem diszipliniert war. Ich habe diese Menschen nie wiedergesehen, aber von Zeit zu Zeit taucht wieder ein Name auf und plötzlich macht etwas ›klick‹. Henry Pachter, der Historiker: das ist doch Heinz mit seiner Freundin, Rekordzeit zwei Stunden. Oder Prof. Albert Hirschmann von Princeton – das war damals der junge Hermant: ungefähr drei Stunden.

Aber das alles kam später. Damals, als ich nach dem ersten Gang auf der *route Lister* wieder in Banyuls war, dachte ich: Der alte Benjamin und sein Manuskript sind jetzt in Sicherheit, auf der anderen Seite der Berge.

Nach ein paar Tagen kam die Nachricht: Walter Benjamin ist tot. Er hatte sich in Port-Bou in der Nacht nach seiner Ankunft das Leben genommen.

Die spanische Grenzstelle hatte der Gruppe mitgeteilt, daß sie zurück nach Frankreich gebracht würde. Eine neue Verfügung war gerade aus Madrid eingetroffen: Ohne ein französisches Ausreisevisum darf niemand nach Spanien einreisen. (Es gibt verschiedene Versionen, warum Spanien diesmal die Grenze schloß: *apatrides* durften nicht durch Spanien reisen; oder: in Marseille ausgestellte spanische Transitvisen waren ungültig.) Was auch immer die neue Verordnung war, sie wurde, wie die vielen anderen, bald wieder aufgehoben. Wäre die Nachricht von der Schließung der Grenze rechtzeitig zu uns auf die französische Seite gelangt, wäre zunächst niemand illegal über die Grenze gegangen, und man hätte die weitere Entwicklung abgewartet. In diesem ›Zeitalter der neuen Verordnungen‹ schienen die Regierungen aller Länder damit beschäftigt, Befehle und Anweisungen zu geben, zu widerrufen, in Kraft zu setzen und dann wiederaufzuheben. Um durchzukommen, mußte man lernen, durch Löcher zu schlüpfen und sich mit allen Schlichen und Finten aus diesem Labyrinth, das immer neue Formen annahm, herauswinden.

». . . *faut se débrouiller*«: man muß sich zu helfen wissen, sich einen Weg aus dem Zusammenbruch bahnen – so lebte und überlebte man damals in Frankreich. . . . *faut se débrouiller* hieß, gefälschte Brotmarken kaufen, Milch für die Kinder beschaffen, oder eine, irgendeine, Erlaubnis erhalten – kurz, etwas zu ergattern, was es offiziell gar nicht gab. Für manche bedeutete es auch, sich solche Dinge durch *collaboration* zu verschaffen. Für uns, die *apatrides*, ging es vor allem darum, den Konzentrationslagern aus dem Weg zu gehen und nicht in die Hände der Gestapo zu fallen.

Doch Benjamin war kein *débrouillard*.

Weltfremd, wie er war, zählte für ihn nur, daß sein Manuskript und er selbst außerhalb des Zugriffs der Gestapo waren. Die Flucht über die Grenze hatte ihn erschöpft, und er glaubte nicht, daß er imstande wäre, sie zu wiederholen, das hatte er bei unserem Aufstieg zu mir gesagt. Auch für diesen Fall hatte er alles im voraus berechnet: Er hatte genügend Morphium bei sich, um sich mit einer tödlichen Dosis das Leben zu nehmen.

Betroffen und erschüttert über seinen Tod ließen die spanischen Behörden die Gurlands weiterreisen.

Vierzig Jahre später unterhielt ich mich einmal mit Professor Abramsky aus London, und wir kamen auf Walter Benjamin und sein Werk zu sprechen. Ich erwähnte seinen letzten Gang und das Manuskript.

Bald darauf rief Prof. Gershom Scholem mich an, Benjamins engster Freund und einer seiner literarischen Nachlaßverwalter. Er hatte durch Abramsky von unserer Unterhaltung gehört und wollte mehr wissen, und ich schilderte ihm die Ereignisse jenes Tages Ende September 1940.

»Wenigstens das Manuskript, an dem ihm so viel lag, wurde gerettet«, sagte ich.

»Das Manuskript existiert nicht«, sagte Scholem. »Bis heute hat nie jemand davon gehört. Sie müssen mir alle Einzelheiten erzählen, es muß danach gesucht werden –.«

Die Stimme spricht weiter, aber ich höre nur: Das Manuskript ist verschwunden. Und all diese Jahre hatte ich einfach angenommen, es sei gerettet worden.

Kein Manuskript. Niemand weiß etwas von der schweren schwarzen Tasche mit dem Werk, das für Benjamin wichtiger war als alles andere.

Hannah Arendt hat über jenes ›Bucklicht Männlein‹ geschrieben, dessen Bedrohung Benjamin sein ganzes Leben lang gespürt haben muß und gegen das er alle Vorsichtsmaßnahmen ergriff. Benjamins »System von Sicherheitsmaßnahmen . . . ging auf eine merkwürdige und geheimnisvolle Weise an den wirklichen Gefahren immer vorbei«, sagt sie.

Doch es scheint mir jetzt, daß Walter Benjamin in jener Nacht in Port-Bou die »wirkliche Gefahr« nicht außer acht gelassen hat. Nur unterschied sich *seine* wirkliche Gefahr, *seine* Realität von der unsrigen. In Port-Bou mußte er wieder einmal dem ›Bucklicht

Männlein‹ begegnet sein, seinem eigenen, dem Benjaminschen ›Bucklicht Männlein‹ – und er mußte mit ihm auf seine Art fertig werden.

Das Manuskript konnte nicht gefunden werden, nicht in Port-Bou, nicht in Figueras und nicht in Barcelona. Nur die schwarze Ledertasche wurde damals im Sterberegister eingetragen mit der Bemerkung: *unos papeles mas de contenido desconocido* – mit Papieren unbekannten Inhalts.

8. Kapitel

›La Route Lister‹ wird umbenannt

Noch wußten wir nichts von Benjamins Ende.

Eva, meine Schwägerin mit dem Kind und ich warteten in Port-Vendres auf Nachricht von unseren Männern. Hatten sie einen anderen Ausweg gefunden?

Als wir nach einigen Tagen immer noch nichts gehört hatten, entschlossen wir uns beide, Frankreich nicht zu verlassen, solange die Männer keine Möglichkeit gefunden hatten, herauszukommen. Es würde zudem schwer sein, mit Titi über die Grenze zu gehen, wir würden das Kind zum größten Teil tragen müssen. Eva schrieb einen Brief an ihren Mann, einen kurzen Brief: ›Ich nehme morgen den Zug und fahre mit Titi zurück nach Montpellier. Es kommt überhaupt nicht in Frage, daß wir in Ferien gehen, solange du in Marseille zu tun hast. *Je t'embrasse tendrement* –.‹

Gleichzeitig kam ein Telegramm von meinem Mann aus Marseille: »*Rentrez*«. Spanien hatte verordnet, daß alle gültigen Transitvisen sofort erneuert werden mußten, anderenfalls würden sie endgültig verfallen.

»Übrigens wollen diese beiden Amerikaner mit uns sprechen«, sagte Hans nach seiner Rückkehr. »Sie haben es scheinbar sehr eilig.«

»Was für Amerikaner?«

»Du weißt doch, Bohn und Fry. Bohn, der von den amerikanischen Gewerkschaften geschickt wurde, und Fry vom Emergency Rescue Committee (Emerescu). Sie sollen ihren Leuten hier helfen.«

»Ich dachte, das sei ein großes Geheimnis?«

»Die Leute von Neu Beginnen sind wohl schon alle draußen, da braucht es nicht mehr geheim zu sein«, sagte Hans. »Fry hat jetzt sogar ein Komitee gegründet, das *Centre Américain de Secours*.«

Jede politische Gruppe versuchte natürlich, ihre eigenen Leute zuerst zu retten. Nur nichts durchsickern lassen, sonst drängte sich alles in das Rettungsboot und es ging unter.

»Was wollen sie denn von uns?«

»Ich nehme an, sie haben gehört, daß du Benjamin hinübergebracht hast. Vielleicht wollen sie eine Beschreibung des neuen Weges haben, um auch anderen zu helfen. Sie möchten sich heute abend mit uns treffen.«

Das war keine sehr brillante Idee, sich in einem kleinen, etwas schmierigen *bistrot* in einer Seitenstraße des *vieux port* zu treffen. Die beiden Amerikaner paßten hier überhaupt nicht her. Sie sehen so auffällig sauber aus, ging es mir durch den Kopf. Mit ihnen kam Hermant (Albert Hirschmann), der uns erzählt hatte, daß er mit Fry arbeitete.

Fry kam gleich zur Sache (wir merkten erst später, daß Bohn nicht französisch verstand): Ja, es handelte sich um den Grenzübergang. Sie wüßten, daß es jetzt schwierig sei und daß ich Walter Benjamin auf einem neuen Weg geführt hatte. Es warteten noch viele Emigranten, denen das *Centre* Papiere verschafft hätte. Ob ich diesen Leuten helfen würde, oder vielmehr, ob wir beiden ihnen helfen würden?

»Ja, selbstverständlich«, antwortete ich. »Ich kann Ihnen den Weg aufzeichnen und beschreiben.«

Das war ja gerade unsere Absicht, daß die Informationen an die Nachfolger weitergegeben würden.

Fry sagte, daß er und sein Freund Bohn eigentlich an etwas anderes gedacht hatten. Um Hunderte von Gefährdeten zu retten, sei ein organisierter Grenzübergang nötig, mit einer Anlaufstelle und Führern, die die Berge kannten; es müsse jemand dort sein, der Erfahrung in der Grenzarbeit habe.

Das war beinahe zu gut, um wahr zu sein. Das neue Komitee würde also helfen bei unserem Grenzplan? Hatten sie einen geeigneten Mitarbeiter? Jedenfalls wollten sie das Geld dafür aufbringen, daß sich jemand für einige Zeit dort halten konnte.

Fry und Bohn flüsterten einige Worte auf englisch. Dann räusperte sich Fry wie jemand, der vorhat, eine Rede zu halten. »Genau darüber wollten wir mit Ihnen sprechen. Das Geld wäre kein Problem; es handelt sich darum, die richtige Person mit Grenz-Erfahrung zu finden; um jemanden, der dazu bereit ist und auf den man sich verlassen kann.« Er räusperte sich wieder. »Man hat uns gesagt, daß Sie beide Antinazi-Literatur und Menschen über die deutsche Grenze gebracht haben. Würden Sie einige Monate ––.«

»Wir?« sagte Hans, »nein, das geht nicht.«

»Nein«, sagte ich, »das können wir uns nicht leisten, wo wir jetzt endlich die Papiere zusammen haben, müssen wir sehen, wie wir herauskommen können.«

»Oder, wenn das nicht geht«, sagte Hans, »werden wir uns irgendwo illegal einbauen, bevor der Rest des Landes besetzt wird. Auf kurze Zeit könnten wir vielleicht jemanden dort einarbeiten.« Hans schaute mich an: »Was meinst du?«

Ich nickte. »Am besten wäre es, wenn man einen Franzosen finden könnte –.«

»Ich verspreche Ihnen«, sagte Fry, »wenn Sie wegen der Grenzarbeit hier steckenbleiben sollten, werden wir Ihnen heraushelfen.«

Vielleicht meinte er es ehrlich, dachte ich, aber wie kann man denn heutzutage so etwas versprechen, und ich sagte: »Vielleicht schätzen Sie die Lage nicht richtig ein.«

Hermant griff zum ersten Mal in das Gespräch ein. Das *bistrot* hatte sich inzwischen geleert und wir waren die einzigen Gäste; der *garçon* war nach hinten verschwunden und Hermant sprach deutsch zu uns. Er sagte, daß man Vertrauen zu den beiden haben könnte, sie seien natürlich noch nicht sehr erfahren, aber sie wollten lernen und helfen, und sie verfügten über Verbindungen und Mittel.

Fry verstand etwas Deutsch, aber er hatte vielleicht Mühe, uns zu folgen. Vielleicht hatte er Hermant auch falsch verstanden.

»Combien?« sagte er. *»How much?«*

»Was meint er?« fragte Hans. »*Combien* was?«

»Combien voulez-vous?«

Hans wandte sich an Hermant. »Meint er, daß wir die Leute für Geld über die Grenze führen?«

»Hört mal zu«, sagte Hermant, »er kennt euch doch nicht, er weiß kaum, wer ihr seid. Man kann nicht erwarten, daß er die Menschen vom deutschen Widerstand versteht. Er hat gehört, daß Gangster an der Grenze mit Menschenschmuggel ein blühendes Geschäft betreiben; mit denen will er sich nicht einlassen. Aber er fände es wahrscheinlich ganz in Ordnung, wenn ihr bezahlt werden wollt.«

Hans betrachtete Fry. »Wissen Sie«, sagte er, »daß Mithilfe beim illegalen Grenzübertritt von Männern im dienstpflichtigen Alter jetzt mit dem Tode bestraft wird? Und Sie bieten uns Geld an. Wir müßten ja wahnsinnig sein. Wissen Sie eigentlich, was ein Antifaschist ist? Verstehen Sie das Wort *Überzeugung*?«

Fry begriff, daß er etwas Falsches gesagt hatte. »Ich dachte an die vielen Menschen, die hinübergebracht werden müssen – und Sie könnten ihnen helfen.« Das mit dem Geld, das war wohl ein Mißverständnis.

»Wer immer sich an die Grenze setzt«, sagte Hans, »braucht genug Geld, um dort zu leben. Es muß nicht viel sein, aber es muß reichen, damit alles glatt geht. Man sollte auch eine Reserve haben für Notfälle, falls etwas nicht klappen sollte mit den Flüchtlingen.«

Fry meinte, es sei wohl am besten, wenn das Komitee der neuen Grenzstelle freie Hand ließe, die Flüchtlinge je nach Bedarf mit Geld für die Reise zu versorgen. »Wenn Sie den Übergang auf dem neuen Weg organisieren«, sagte er, »wie nennen Sie ihn? *La route* – sagen wir von jetzt ab *the F-Route*. Wir können die finanziellen Mittel aufbringen.«

Das hört sich ja alles ganz vernünftig an, dachte ich, aber was heißt ›F-Route‹? Er tut ja, als hätten wir schon zugesagt.

»Meine Frau und ich müssen uns das einmal gründlich überlegen«, sagte Hans und stand auf.

»Ich gebe Ihnen mein Wort«, sagte Fry nochmals, »daß wir Ihnen bei der Beschaffung von Visen helfen.«

Ein unverantwortlicher Leichtsinn, jetzt unsere Ausreisepläne einfach fallenzulassen. Das mit den versprochenen Visen war alles Quatsch. Wo nichts ist ––. Vielleicht waren sie anständig und würden sich wirklich bemühen, aber sich darauf verlassen?

Die Gelegenheit zur Schaffung einer Grenzstelle jedoch konnten wir uns nicht entgehen lassen. Vielleicht fanden wir jemanden. Doch lief das im Grunde nicht darauf hinaus: wir wollten es nicht riskieren, sollten andere es tun?

Auf uns wartete die Gestapo schon zu lange.

Andererseits: Mein Bruder und die Freunde würden uns verständigen, wenn sich neue Möglichkeiten ergaben; wir waren nicht ganz abgeschnitten.

Sollten wir es darauf ankommen lassen?

Noch dieses letzte Mal.

9. Kapitel

Banyuls-sur-Mer

Aufzeichnungen aus dem Tagebuch

12. Oktober 1940

Ein gutes Omen: im Zug von Marseille nach Perpignan gab es keine Kontrolle.

In Perpignan hielten wir uns einen ganzen Tag auf. Die Pfemferts waren schon unterwegs nach Mexiko, aber wir hatten in der Stadt noch einige Bekannte. Vor allem wollten wir sehen, was es mit dem Menschenschmuggel auf sich hatte und ob wir nützliche Verbindungen aufnehmen konnten.

Die Emigranten saßen überall und in allen Cafés, wie in Marseille, aber sie fielen mehr auf, weil die Stadt so klein war. Auf der Cannebière wurde herumgeflüstert, aber hier gingen die einschlägigen Nachrichten in aller Öffentlichkeit herum. Auf den Café-Terrassen rief man sich von Tisch zu Tisch zu, wie hoch der schwarze Dollar stand, wer kaufen wollte, und wo man verkaufte.

»– für Hundert-Dollar-Scheine wird dreimal so viel gezahlt –.«

»Wer hat denn Hundert-Dollar-Scheine«, sagte ich zu Hans.

»Devisenschieber«, sagte er, »gibt es überall, warum nicht auch unter den Emigranten? Und selbst wenn es nur Luft-Geschäfte und Luft-Schieber sind, es gibt ihnen die Illusion, daß alles wie immer weitergeht.«

Auch die Menschenschmuggler gingen unbekümmert ihren Geschäften nach. *Fünfzehntausend Francs – hundertfünfzig Dollars – Privatführer – diplomatische Limousine, garantiert bis Portugal – seetüchtiges Schiff nach Gibraltar, man kann von Bord springen und hinüberschwimmen – Navycert, ganz echt* – so schwirrte es durch die südliche Herbstluft.

Trude, die vor kurzem geheiratet hatte, saß mit ihrem Mann da, er hieß Laufer, und strickte ein Baby-Jäckchen. Daß sie eines Tages stricken würde, hätte ihr niemand zugetraut. Ich fand sie auch sonst verändert, sie kicherte nicht mehr, sprach wenig und schien ganz auf das hellgelbe Jäckchen konzentriert zu sein. Ihr Mann erzählte uns, daß sie für die Ausreise alles vorbereitet hatten, aber gerade jetzt gingen die Geschäfte glänzend; deshalb wollten sie hierbleiben, bis es Zeit war, zu verschwinden.

»Das könnte heißen, bis es zu spät ist«, sagte Hans. »Die Lage kann sich blitzschnell ändern, niemand kann plötzliche Verordnungen voraussehen, oder die Besetzung des Südens, oder weiß Gott was -- wer Papiere und Verstand hat, macht, daß er hier herauskommt.«

»Ihr kennt mich nicht«, sagte der junge Mann, »alles ist vorbereitet, uns können sie nicht erwischen.«

Er redete es sich wirklich ein, er wollte es glauben; ihnen war nicht zu helfen. Laufer arbeitete mit Leuten, die Flüchtlinge für hohe Summen von Einheimischen über die Grenze bringen ließen. Er hatte uns von Fällen erzählt, wo man den Emigranten das Geld und ihre letzte Habe abgenommen und sie dann in den Bergen sitzengelassen hatte. (Trude Laufer wurde etwa zwei Jahre später mit ihrem Kind verhaftet, nach Auschwitz transportiert und mit dem Kind vernichtet.)

Der Tag in Perpignan war aufschlußreich. Vorsicht! Keinerlei Verbindung mit dem Gesindel!

Hier in Banyuls-sur-Mer sind wir in einem unglaublichen Haus untergebracht, direkt am Mittelmeer. Bürgermeister Azéma, *monsieur le maire*, hat es kurzerhand im Namen der Gemeinde beschlagnahmt und zum *Centre d'Hébergement de Banyuls pour les réfugiés* gemacht. Die *réfugiés* sind wir. Unseren zukünftigen ›Besuch‹ können wir dort bequem unterbringen.

Das Haus gehört einem Arzt, der schon lange nicht mehr hier war und während des Krieges verschwunden ist. Es hat drei Stockwerke mit unendlich vielen Zimmern, mit herrlicher Holztäfelung, eingebauten Schränken und prächtigen Kaminen, aber – kein Wasser im Haus und keine Toilette! Die Frau, die uns von der *mairie* hierher begleitet hat, sagte: »Das macht Ihnen sicher nichts, vor dem Haus, auf der anderen Straßenseite, sind die öffentlichen *cabinets*.«

Wir haben uns das schönste Zimmer im zweiten Stock ausgesucht. Das Meer ist so nah vorm Fenster, daß man die Hand danach ausstrecken kann. In unserem Zimmer ist viel Sonne und sonst gar nichts. Jetzt haben wir ein großes Bett, einen Tisch und zwei Stühle aus anderen Zimmern hereingetragen. In den Wandschränken sind Decken und sogar etwas Bettwäsche.

Es hat mir aber immer noch zu kahl ausgesehen, und ich habe mein Kopftuch, das bunte, abgenommen und auf dem Tisch ausgebreitet und glattgestrichen und eine Schüssel darauf gestellt, und jetzt sieht es beinahe wohnlich aus. Hans macht sich lustig über mich und mein Tischtuch.

13. Oktober

Wir haben uns lange mit Monsieur Azéma unterhalten. Er ist froh, daß wir gekommen sind und eine Weile hierbleiben werden. Vor allem hat er uns von den Lebensgewohnheiten der Menschen hier erzählt, wie man sich anpaßt und was man *nicht* tun darf. Wenn wir mit den Weinbauern morgens vor Sonnenaufgang, zwischen vier und fünf Uhr, aus dem Dorf in die Hügel hinaufziehen, wenn wir uns in nichts von ihnen unterscheiden, kein Gepäck tragen – *et surtout pas de rucksack!* (der Rucksack ist das sprichwörtliche Kennzeichen der Deutschen) –, dann kann kein Gendarm und kein Zöllner uns von den Einheimischen unterscheiden. Wir sollen Espadrilles tragen, weil man mit gewöhnlichen Schuhen nicht genug Halt auf den steinigen Wegen und beim Herumklettern in den Weinbergen hat.

14. Oktober

Heute sind wir ›legalisiert‹ worden, unter unserem richtigen Namen. Die gefälschten französischen *cartes d'identité* vom *Centre* in Marseille (die uns zu Einwohnern der *zone interdite*, der ›Sperrzone‹ im Nordosten Frankreichs machen, denen es verboten ist, dorthin zurückzukehren) würden wir nur im Notfall den Deutschen gegenüber gebrauchen. Monsieur Azéma hat uns auf einem Briefbogen der *mairie* handschriftlich bestätigt, daß wir Einwohner von Banyuls sind; das ist jetzt unser Ausweispapier. Dann hat er uns vom Sekretär ins Einwohner-Buch von Banyuls eintragen lassen, und damit haben wir unsere Lebensmittelkarten bekommen. Für die Flüchtlinge wird Azéma extra Marken beschaffen können, falls sie ein paar Tage hier warten müssen.

Ich habe mir unseren Bürgermeister erst jetzt richtig angeschaut; vor ein paar Wochen war ich wohl zu sehr mit anderen Dingen beschäftigt, vor allem mit Walter Benjamin. Wie die meisten Leute dieser Gegend ist auch er eher kleingewachsen, breitschultrig, mit dunklen Haaren und scharfen Zügen. Das Auffallende an ihm sind die klugen, dunklen Augen. Ohne daß es seiner selbstverständlichen Würde Abbruch tut, zwinkert er uns ab und zu verschmitzt zu.

15. Oktober

Ich habe Hans *la route Lister*, die *F-Route* gezeigt, den Weg, den ich mit Walter Benjamin gegangen bin und den wir für die Flüchtlinge benutzen werden. Hans hat alles genau studiert. Unser Pfad ist tatsächlich durch den Gebirgsüberhang verdeckt und kann vom Kamm, wo die Zöllner patroullieren, nicht gesehen werden.

Am Anfang, um vier Uhr früh, habe ich gefroren, aber beim Gehen wird man warm. Am Ortsausgang von Banyuls, nachdem man den silbernen kleinen Fluß überquert hat, führt der Weg durch *Puig del Mas*, eine Gruppe von Häusern zwischen hohen Bäumen. Das war das ursprüngliche Dorf, aus dem das jetzige Banyuls entstanden ist. An dieser Stelle passen die Zöllner am meisten auf, hat Azéma uns gewarnt. Wir haben uns im Dunkeln unter die Leute gemischt, die in die Weinberge hinaufziehen. Die Weinbauern haben Spaten, an denen ein Korb für Erde hängt; Hans wird sich zur Tarnung einen solchen *cabec* anschaffen, wie man das hier nennt. (Ich habe jetzt erst gemerkt, daß die Leute miteinander katalanisch sprechen, und wir verstehen nur ab und zu ein Wort. Mit uns reden sie französisch, wie mit allen *étrangers*. Wie gut, daß jeder, der nicht hierher gehört, ein

Die letzten Häuser von Banyuls vor dem Aufstieg in die Pyrenäen.

étranger ist, egal ob man ein Franzose aus einer anderen Gegend ist oder ein *apatride*.

Nahe bei den ersten Häusern von Puig del Mas ist eine alte Mauer, rund und niedrig, die Steine sind halb überwachsen. Wir haben sie fast zugleich gesehen, *les douaniers*, wir haben beide gute Augen: Zwischen den Bäumen und dem Gebüsch hinter der Mauer, gegen den dunkelgrauen Himmel, zwei schwarze Cape-Silhouetten. Ob sie immer an der Stelle auf der Lauer liegen?

Später, weiter oben am Berg, habe ich mich an derselben Stelle im Weg geirrt, wie vor ein paar Wochen mit Walter Benjamin. Da ist ein Hügel, der die sieben Pinien auf dem Plateau verdeckt, die mir sonst immer die Richtung angeben, und der Pfad ist kaum sichtbar. Hans hat mit seinem Spürsinn bald auf unseren Weg zurückgefunden. Mir ist jetzt erst klar, wie weit ich mit der Benjamin-Gruppe schon in Spanien war; damals habe ich den kleinen grauen Stein, der die Grenze markiert, gar nicht gesehen.

Ich habe Hans vorher nichts von der Bergspitze gesagt, von der man zu beiden Seiten der Felswand die zwei Küsten übersieht, weil ich ihn überraschen wollte. Als wir dort ankamen, hat er mir die Hand gereicht, um mir hinaufzuhelfen. Dann schaute er nach vorne, und es muß ihn wohl wirklich gepackt haben, jedenfalls ließ er meine Hand los und ich rutschte zurück. Glücklicherweise war da ein Stück Felsen, an dem ich mich festhalten konnte. Wir haben uns eine Weile hingesetzt und nur geschaut. Das Bild wird mir immer bleiben.

Diesmal haben wir kurz nach der Grenze kehrtgemacht. Wir können den Flüchtlingen den weiteren Weg jetzt genau beschreiben; wir durften uns nicht der Gefahr aussetzen, auf spanischem Boden geschnappt zu werden.

Auf dem Rückweg haben wir uns auf demselben Plateau hingesetzt, wo wir uns mit der Benjamin-Gruppe ausgeruht haben. Die Sonne stand hoch, es war ganz still. Plötzlich kam es mir vor, als hätte ich etwas rascheln gehört. Hans meinte, ich müsse mich irren. Dann kam das Geräusch wieder, diesmal hörte er es auch, es kam von der Seite, auf der es steil bergab geht. Wir starrten beide auf die Stelle – vielleicht ein Tier? Ich sehe etwas Rundes, Dunkles ganz langsam über dem Rand auftauchen, und dann schnell wieder untertauchen. Wir starren weiter, und jetzt kommt es wieder ganz langsam hoch, etwas höher: das ist eine Kappe, darunter zwei dunkle Augen, und blitzschnell taucht die Erscheinung wieder unter. *»Bonjour, monsieur«*, sage ich in die Stille. Sofort kommt es wieder hoch: Mütze, Augen, eine sehr lange Nase, ein scharfgeschnittenes Gesicht. Dann der Rest: ein magerer, muskulöser Mann, mit lauter Paketen, die er um den Körper geschnallt hat. Wir grinsen uns an. Eine Weile beschnüffelt er uns vorsichtig, dann setzt er sich hin und wir unterhalten uns. Er muß ein Schmuggler sein, das ist uns klar, er aber will herausfinden, wer wir sind und was wir hier tun. Daß wir Fremde sind und keine berufsmäßigen Schmuggler, das weiß er natürlich. Aber er ist sich nicht sicher: wollen wir selber über die Grenze oder führen wir

Die Bucht von Banyuls (Aufnahme 1973). Im Hintergrund die Pyrenäenausläufer.

Flüchtlinge? Auf jeden Fall läßt er uns wissen: »So wie ich kennt sich hier keiner aus«, und er beobachtet, ob wir anbeißen. Natürlich haben wir aufgehorcht. Er ist Grieche, hat er uns erzählt, »hauptberuflich« Eisenbahner. »Zusammen könnten wir vielleicht viel Geld verdienen.«

Hans antwortet ausweichend: »Für uns handelt es sich nicht so sehr ums Geld.«

»Voyons«, ruft der Grieche erstaunt, *»il faut manger, quand-même, toi et moi!«* – Du und ich, wir müssen doch schließlich beide essen!

18. Oktober

Maurice, unser Verbindungsmann mit dem Marseiller *Centre Américain de Secours*, kam gestern, um mit uns zu besprechen, wann wir die ersten Flüchtlinge über die Grenze führen können.

Maurice ist Rumäne und *en règle* mit seinen Papieren, so daß er herumreisen kann. Wir kennen den Weg jetzt ganz genau (wir sind ihn noch einmal gegangen) und alles ist vorbereitet; das *Centre* kann uns nächste Woche zweimal jemanden schicken. Wir haben ausgemacht, daß man nicht mehr als drei Personen zur gleichen Zeit schickt, da das Risiko sonst zu groß wird. Zur Sicherheit wird man uns im voraus verständigen, wen man uns schickt, die Leute, die nächste Woche kommen, kennen wir. In allen anderen Fällen wird man uns eine Hälfte eines durchgerissenen Blattes Papier schicken und die Flüchtlinge werden die andere Hälfte mitbringen, diese alte, einfache Methode ist immer noch halbwegs sicher. Die Flüchtlinge, die wir kennen, wird einer von uns an der Bahn abholen; den anderen gibt man in Marseille eine genaue Beschreibung des Weges zu unserem Haus, und die Namen *Jean* und *Lise*. Maurice hat genügend Geld gebracht, damit wir denen, die es brauchen, Reisegeld geben können.

Die Leute im Dorf fangen an, uns zu grüßen. Sicher sind manche neugierig, aber sie sind freundlich, sprechen gerne und haben scheinbar nichts gegen uns. Mit unserem Griechen können wir vielleicht Wege finden, um ältere und behinderte Personen hinüberzubringen; wir müssen nur erst sicher sein, wieweit man ihm trauen kann, und außerdem will er Geld, Geld, Geld: *il faut manger* – –.

Azéma will uns helfen, das Gepäck der Flüchtlinge legal über die Grenze zu bringen. Das würde vieles leichter machen.

1. November

Diese Woche haben wir dreimal Leute hinübergebracht und vorige Woche zweimal. Hans hat an Fry in Marseille geschrieben: ». . . es geht uns gut, unsere Freunde haben keine Schwierigkeiten . . . das Bergsteigen macht uns viel Vergnügen, aber wir wollen es nicht übertreiben und möglichst nicht mehr als zweimal in der Woche Ausflüge machen . . . die Leute hier werden uns für verrückt halten, wenn wir dauernd in den Bergen herumklettern . . .«

Wir setzen uns am Abend vorher mit den Flüchtlingen hin und besprechen alle Einzelheiten: nicht reden, bis wir auf sicherem

Gebiet sind; nichts tragen, nicht auffallen; wie redet man sich am besten heraus, wenn etwas schiefgeht. Wir beschreiben ihnen den Übergang, um ihnen die Furcht vor dem Unbekannten zu nehmen. Wir wiederholen mit ihnen, was sie auf der spanischen Seite zu tun haben: Abstieg, Zollstelle, Eintrittsstempel (merkt euch: es heißt *entrada*), Zug nach Portugal. Einige Kleidungsstücke mußten ausgewechselt werden, man geht nicht im Stadtmantel zur Arbeit in die Weinberge.

Hans wartet morgens, vor Sonnenaufgang, an einer Ecke der Avenue Puig del Mas; wenn unsere Freunde erscheinen und einen Arm heben zum Zeichen, daß sie ihn sehen, geht er langsam voraus. Hier darf noch kein Kontakt sein, aber er behält sie im Auge. (Kein Flüstern, bitte!) Ich gehe hinter ihnen, damit ich, wenn nötig, eingreifen kann. Mit dem Weg sind wir vertraut, und immer wieder freue ich mich auf den Blick von den Bergen aufs Meer. Wenn der eine oder andere nervös ist (womit wir immer rechnen müssen) – in den Bergen beruhigt er sich meistens. Für die jüngeren Leute, die wir bisher geführt haben, ist der Weg unbeschwerlich, man könnte fast sagen, ein Vergnügen.

Das letzte Paar hat einen Koffer mitgebracht, trotz der Warnung des *Centre*. Die Frau, Lotte, wollte sich nicht davon trennen. Wir können doch nicht von hier einfach weg, ohne ein paar Sachen mitzunehmen, hat sie geklagt. Max, ihr Mann, hat erklärt, er könne den Koffer leicht über die Berge tragen.

»Sprechen wir nicht vom Tragen«, hat Hans gesagt, »es kommt auf die Sicherheit an. Was ist euch mehr wert, euer Leben oder die Lumpen da?«

Ich kann die Angst verstehen, mit nichts ins Unbekannte zu ziehen, aber solches Mitgefühl könnte uns teuer zu stehen kommen. Schließlich haben wir vorgeschlagen, den Koffer versuchsweise mit der Spedition zu schicken, von der Azéma gesprochen hat. Jetzt warten wir auf Nachricht, wie das ausgegangen ist.

Es wird jetzt schon kälter. Manchmal bläst der Transmontan, der einem durch und durch geht, er kommt von Nordwesten über das Gebirge. Wir haben nichts Warmes anzuziehen, und zu kaufen gibt es kaum noch etwas. Hans macht es weniger aus, aber ich friere immer leicht. Wir haben das *Centre* verständigt, daß die Leute warme Sweater oder Jacken tragen müssen. Auf dem Rückweg sammeln wir meistens Holz, und Hans trägt es auf dem Rücken nach Hause. Wir brauchen es wirklich, um Feuer im Kamin zu machen (nicht nur zum Heizen, wir kochen auch im Kamin, wie die Hiesigen, der Topf hängt an einem Haken über dem Feuer). Vor allem aber ist es ein gutes Alibi. Hans ist wieder einmal ein Chamäleon; mit der Baskenmütze und den Espadrilles kann nicht einmal ich ihn von weitem von den einheimischen Männern unterscheiden.

An den Tagen, an denen wir nicht in die Berge gehen, sitzt er stundenlang auf einem Felsen, der ins Meer sticht. Die Wellen, sagt er, tragen die innere Spannung fort, das sachte Rauschen füllt ihn mit Ruhe.

Tatsächlich hält er im Schlaf keine langen Reden mehr, wie er es oft an den Grenzen getan hat.

4. November

Es klappt mit dem Gepäcktransport! Wir haben den von Max unterschriebenen Empfangsschein für den Koffer bekommen. Die einfachsten Methoden sind doch immer die sichersten; man muß nur die richtigen Verbindungen knüpfen.

Der Bürgermeister von Cerbère (dem französischen Grenzort), Monsieur Cruzet, ist Sozialist und zur Hilfe bereit; außerdem hat er ein Transportunternehmen. Sein Geschäftspartner ist der Bürgermeister von Port-Bou (dem spanischen Grenzort). Wir geben das Gepäck (nicht zuviel!) hier mit der Bahn an die Speditionsfirma Cruzet in Cerbère auf. Von dort geht es direkt weiter an die Zweigstelle in Port-Bou, wird durch den Zoll gebracht und wartet am Bahnhof von Port-Bou auf unsere Leute. Natürlich gehört dazu ›Zusammenarbeit‹ mit den Zollbehörden auf beiden Seiten – Zigaretten sind ihnen jetzt lieber als Geld.

Hans ist nach Cerbère gefahren, um mit Cruzet alles auszuarbeiten. Eigentlich dürfte er das nicht tun, ohne richtige Papiere, denn die Grenzkontrolle im Zug ist zwischen Banyuls und Cerbère, und manchmal schnüffelt die Waffenstillstands-Kom-

2. v. rechts Hans Fittko, 3. v. rechts Lisa Fittko.

mission herum. Aber einer von uns mußte einfach hin, und so ist er mit seinem neuen Helfer gefahren, dem jungen Meyerhoff, dem 18jährigen Sohn des Physikers, den wir inzwischen aufgegabelt haben; er sitzt hier ein bißchen einsam und verlassen herum. Seine Eltern sind schon vor einiger Zeit über die Grenze, aber ihm fehlen noch Papiere, und so sitzt er hier und wartet. Monsieur Azéma erzählt mit großem Vergnügen die Geschichte, wie er, *monsieur le maire de Banyuls*, die Frau des Nobelpreisträgers Meyerhoff huckepack von Frankreich nach Spanien getragen hat, weil der Weg am Friedhof entlang zu mühsam war für sie.

Der Junge ist eifrig bei der Sache und will mit uns arbeiten, und wir brauchen jede Hilfe. Er hat eine *carte d'identité* und ist *en règle*, und das allein ist schon viel wert. Als die Zöllner und Grenzbeamten kurz vor Cerbère ins Abteil gestiegen sind, hat Meyerhoff zuerst seine Papiere gezeigt. Der Gendarm war der, mit dem wir öfters zu Mittag essen in dem Lokal am Quai. Hans wollte den Zettel vorzeigen, der ihn als Einwohner von Banyuls ausweist, aber dazu kam es nicht – der Gendarm streckte abwehrend die

Hand aus: *»Mais non, monsieur, pas vous!«* Glück muß man haben. Ist es wirklich nur Glück?

7. November

Das Ehepaar, das sie uns jetzt geschickt haben, kann den Gebirgsweg unmöglich schaffen, sie sind zu alt und dazu noch krank, und sie sehen auch schlecht.

Drei Möglichkeiten: per Bahn, per Schiff rund um das Kap, oder per Maultier über die Berge. Das Maultier haben wir zuerst ausgeschaltet; erstens kommt der Vorschlag von einem Mann, der sich am Strand immer an uns heranmacht und offenbar mit den Menschenschmuggel-Gangstern in Perpignan arbeitet; zweitens würden die Leute vom Maultier fallen, und drittens gibt es weit und breit kein Maultier.

Der Transport mit dem Schiffchen stellt sich als zu kompliziert heraus, zudem wären zu viele Leute daran beteiligt. Die Verbindung haben wir durch Hafenarbeiter in Port-Vendres. Sogar ein Hafen-Pilot ist daran beteiligt. Es scheinen gute Leute zu sein, und vielleicht könnten wir für später etwas Einfacheres, Sicheres ausarbeiten.

Also bleibt der Zug.

10. November

»Unser Grieche« (er heißt Gratacos oder so ähnlich) ist Lokomotivführer. Wir haben ihn zwar etwas heruntergehandelt, aber er verlangt noch immer eine unverschämt hohe Summe (. . . *il faut manger*). Allerdings hat er sich als zuverlässig erwiesen und ist ungemein schlau – und er riskiert viel.

Wir haben unser Problem-Ehepaar in dem Gasthof am Dorfplatz untergebracht, schräg gegenüber von der *mairie*; mit dem Wirt haben wir uns angefreundet, und er drückt beide Augen zu, wenn wir ihm jemanden bringen, das heißt: er fragt nicht nach Papieren. Unser Haus ist für manche Leute doch zu primitiv.

Der Zug nach Spanien fährt durch einen internationalen Tunnel. Die spanisch-französische Grenze ist ein paar hundert Meter vor dem Ende des Tunnels. Bis dorthin kann Gratacos seine Lokomotive fahren, doch muß er dafür einen Vorwand haben.

Heute früh hat er seinen Jungen zu uns geschickt: abends um zehn Minuten nach acht. Wir haben unserem Flüchtlingspaar schon vorher geschildert, wie es vor sich gehen wird. Sie waren einverstanden. Wenn sie aus der Lokomotive steigen, sehen sie das Licht vom Ausgang des Tunnels. Sie müssen sich auf der kurzen Strecke zu Fuß an die rechte Wand halten für den Fall, daß ein Zug von der anderen Seite durchkommt, was allerdings dem Fahrplan zufolge nicht wahrscheinlich ist. Dann sind sie auf spanischem Boden und melden sich beim Grenzposten.

Natürlich waren die beiden nervös (wir auch), aber sie waren nicht schwierig. Am Nachmittag haben wir mit ihnen zusammen auf einer Bank unter den Palmen am Strand gesessen und von allen möglichen Dingen geredet, nur um sie abzulenken. Die Frau hat die ganze Zeit die Hand ihres Mannes festgehalten, und mir ist durch den Kopf gegangen: Wer stützt sich auf wen?

Abends. Wir haben noch gesehen, wie unser Grieche den beiden auf die Lokomotive geholfen hat. Dann sind wir nach Hause gegangen; wir hatten ihm versprochen, daß wir nicht um den Bahnhof herumstehen werden. Und jetzt warten wir.

Gratacos wird uns verständigen, wie es gegangen ist, sowie er zurückkommt. Wir haben den Flüchtlingen auch einen an uns adressierten Brief mitgegeben, den sie ihm zum Schluß für uns geben werden, zum Zeichen, daß es gutgegangen ist, aber davon weiß er natürlich nichts.

Hans hat seine Uhr vor sich liegen und schaut jeden Moment darauf. Wir müssen rechnen, daß es alles in allem zumindest eine Stunde dauern wird, bis wir etwas hören.

»Sie müßten vor mindestens fünf Minuten an der Grenze angekommen sein«, sagt Hans eigentlich mehr zu sich selbst. »Er hat versprochen, zu warten, bis sie zur Tunnelwand gefunden haben. Jetzt können sie daran entlangtappen, selbst wenn sie nicht viel sehen. Wie lange, meinst du, brauchen sie von dort zum Ausgang?«

Hans tut das immer, er ›geht mit‹, wenn er jemanden auf einen gefährlichen Gang expediert.

»Jetzt sind sie sicher am Tunnel-Ausgang. Der Posten ist nur ein paar Minuten entfernt.«

Später. Nach langen vierzig Minuten haben wir Schritte auf der Treppe gehört. Es war der Junge des Griechen. Er hat uns unseren Brief zurückgebracht.

Da kommt kein Maultier mit.

14. November

Die Groetzschs von der Sopade haben wir gut hinübergebracht, nur ging es etwas langsam. Sie sind eben nicht mehr so jung. Sie haben uns Grüße von Fritz Heine gebracht; eine Reihe seiner Freunde kommt jetzt mit USA-Visen.

Gestern sind wir noch zusammengesessen und haben geredet – daß es jetzt darauf ankomme, bis zum Ende des tausendjährigen Reiches durchzuhalten, um dann bei uns zu Hause aufzuräumen, »aber diesmal gründlich, für alle Zukunft, und nicht wie 1918«, hat Hans noch gesagt. »Wir sind Flüchtlinge, nicht Auswanderer, vergeßt das da drüben nicht –.«

Morgen kommen die Biebers dran. Hans meint, er kann jetzt hin und wieder auch ohne mich gehen. Es stimmt, daß ich immer friere, wenn der Transmontan bläst, und ich denke, es kommt daher, daß es so wenig zu essen gibt. Außerdem: je weniger Menschen man gefährdet, desto besser. Hans kennt sich jetzt so gut aus wie ein einheimischer Schmuggler. Die *vignerons* in den Weinbergen unterwegs kennen uns schon, und manchmal sagt einer uns im Gespräch, so ganz nebenbei, welcher der beste Weg zur Grenze ist und wo man nicht gehen soll.

Es gibt immer weniger Eßbares zu kaufen. Da wir jetzt als halbe Einheimische gelten, hilft man uns hier und da. Wie die anderen gehe ich morgens zu den paar Läden, um zu kaufen, was immer es gibt. Wenn ich gar nichts auftreiben kann, versuchen wir es in dem Lokal am Quai, wo auch die Gendarmen und manchmal die Zöllner essen; der *patron* nimmt uns keine Marken ab. Manchmal sitzen wir dann noch eine Weile mit den Gendarmen herum und trinken den süßen Banyuls-Wein.

Um 18 Uhr gehe ich zu meiner abendlichen Vorstellung im

Milchladen um die Ecke. Ich steige mit meinem Henkeltöpfchen, aber ohne Marken, die paar Stufen hinunter, und bevor ich noch richtig im Laden bin, ruft die kleine runde Frau mit der weißen Schürze in schönstem *meridional*: »*... pas une goutte, pas une goutte!*« – nicht einen einzigen Tropfen habe ich! »*Tant pis*«, sage ich und drehe mich langsam um. »*Attendez*«, schreit sie, »wo rennen Sie denn hin?« Ich drehe mich halb zurück, sie nimmt mir den Krug aus der Hand und brummt: »Sie rennt immer gleich weg, *comme une folle*!« Dann geht sie in die Hinterstube und kommt mit einem Kännchen zurück, gefüllt mit Milch. Ich kann mich vor Staunen kaum fassen, ich danke ihr, zahle, und dann sagen wir beide: *Bon soir, madame, à demain* – bis morgen.

26. November

Vorige Woche ist alles so schön gegangen. Erst sind Heinz Pächter und seine Freundin gekommen. Hans ist allein mit ihnen gegangen und war sehr bald zurück. Phantastisch, hat er gesagt, stell dir vor, in zwei Stunden waren wir oben! Das kann man nur mit jungen, kräftigen Leuten schaffen, aber auch nur dann, wenn sie sich diszipliniert verhalten.

Die nächsten waren ein ziemlich junges Paar mit einer zwölfjährigen Tochter, zuversichtlich und froh, aus der Falle herauszukommen. Diesmal bin ich wieder mitgegangen. Ich denke, Hans fühlt sich sicherer, wenn er Rückendeckung hat. Auch dem Mädchen ist der Weg nicht schwergefallen, sie war sehr stolz auf die roten, mit goldenen Blumen bestickten Espadrilles, die sie für die Besteigung der Pyrenäen bekommen hat. Wieder ein paar Leute in Sicherheit.

Aber gestern! Zwei jüngere Frauen, scheinbar gesund und munter. Fräulein Schulz und Fräulein Lehmann, beide waren früher Sekretärinnen beim SPD-Vorstand. (Die Frau von Otto Wels ist mit ihnen gekommen, aber sie muß sich erst von einer schweren Gelbsucht erholen und auf einem leichteren Weg transportiert werden. Wir haben sie erst einmal bei Bekannten untergebracht.)

Hans meinte, er brauche mich wirklich nicht und zog wie gewöhnlich mit den beiden vor Sonnenaufgang los, er ein paar

Schritte voraus und die zwei Frauen kurz hinter ihm. Sie waren schon ziemlich hoch in den Bergen, alles schien in Ordnung, die Sonne stand am Himmel, und sie unterhielten sich. An der Stelle, wo unser Weg nahe an den Patrouillenweg über uns herankommt, hat Hans wie immer gesagt, jetzt müssen wir ruhig sein. Und da fängt Fräulein Lehmann auf einmal an zu schluchzen, wirft sich auf die Erde und schreit.

»Wir haben versucht, sie zu beruhigen«, hat Hans mir dann später erzählt, »aber sie hörte nicht auf zu weinen: ›Ich gehe nicht weiter, ich will hier sterben!‹ Ich sage zu der anderen: ›Machen Sie ihr doch den Büstenhalter auf und den Gürtel und was sie da sonst noch hat, damit sie Luft kriegt; das ist sicher Höhenkoller.‹ Aber es hat auch nichts genützt. Ich rede ihr gut zu, sie schreit immer mehr. Stell dir vor, wenn die Zöllner da oben sie hören, und dann finden sie einen Mann mit zwei Jungfern mitten in den Bergen und die eine hat die Bluse offen und weint und schmeißt sich herum . . . ›Seien Sie doch bitte ruhig, stehen Sie doch bitte auf‹, sage ich zu ihr. ›Ich gehe nicht weiter, ich sterbe hier‹, heult sie. Ich habe angefangen zu schwitzen. Dann denke ich, sie ist doch schließlich eine gute Deutsche, das Fräulein Lehmann von der SPD – und so ziehe ich sie am Kragen hoch, schüttle sie und brülle wie ein Feldwebel: ›HIER WIRD NICHT GESTORBEN! LOS! MARSCH!‹«

Ich mußte lachen. »Na und dann?«

»Dann ist sie eben nicht gestorben und hat aufgehört zu heulen, und dann sind wir einfach weitergegangen. Befehl ist Befehl.«

27. November

Jetzt gibt es etwas Neues in unserem Haus, dem *centre d'hébergement*: ab und zu kommen Leute, junge Männer, einzeln oder zu zweit, von denen manche nur spanisch sprechen; nach einigen Tagen verschwinden sie wieder. Wir möchten gerne mehr über sie wissen, aber sie scheinen jeden Kontakt zu scheuen. Sicher haben sie keine Papiere.

Viel Schönheitssinn haben sie auch nicht; wenn ihnen kalt ist, reißen sie einfach die wunderbaren Eichenholztüren und Regale heraus und verheizen sie in einem der Kamine. Vorhin haben wir gesehen, daß die zwei, die heute verschwunden sind, in einem Zimmer ein Loch in die Decke über dem Kamin gebrannt haben. Und vorige Woche hat einer mich um eine Schüssel gebeten, und als er sie zurückgab, roch sie ganz komisch, der Geruch war im ganzen Haus.

»Borax«, sagt Hans, »zum Entlausen. Filzläuse.« Meine einzige Schüssel. Hilfsbereitschaft muß Grenzen haben.

28. November

Vorhin sind wir am Quai entlanggegangen, um zu sehen, ob es in unserem Restaurant etwas zu essen gibt, denn in den Geschäften haben wir nichts bekommen. Die Sonne strahlt. Auf dem Dorfplatz sind wie immer die *boulomanes*, die manischen Boule-Spieler, vertieft in den Lauf der kleinen Metallkugeln. Sie regen sich auf, sie lachen und beschimpfen sich auf katalanisch. Plötzlich ist ein Auto zu hören; heutzutage ist das selten, es gibt ja kaum noch Benzin. Eine schwarze Limousine erscheint und macht halt. Schwarze Uniformen, schwarze Stiefel steigen aus. Die Waffenstillstands-Kommission, *la gestapo* der »freien« Zone, die treiben sich jetzt viel herum an der Grenze, man kennt sie. Vielleicht wollen sie hier zu Mittag essen. Sie lächeln den Spielern zu, der mit den Epauletten grüßt leutselig; sie stellen sich rundherum, um dem Spiel zuzusehen. Die Augen der Spieler folgen gespannt den Kugeln; nicht einer sieht auf. Das Rufen und Lachen ist verstummt. Dann dreht einer nach dem anderen sich um, stumm, keiner wirft einen Blick auf die *boches* – sie existieren nicht. Es ist ganz still. Die Männer schauen geradeaus und gehen langsam ihrer Wege. Auf dem Platz, zwischen den schwarzen Stiefeln, liegt eine einzige kleine Kugel. Sie blitzt in der Sonne und die Strahlen schießen in alle Himmelsrichtungen.

»Einsteigen und weiterfahren!«

30. November

Monsieur Azéma, unser gewählter Bürgermeister, ist in aller Stille seines Amtes enthoben und durch einen Mann der Pétain-Regierung ersetzt worden. Der neue *maire* ist irgendein *collabo-*

Beamter, der nicht einmal aus dieser Gegend ist. Überall wird jetzt ausgewechselt, vor allem die sozialistischen Bürgermeister, von Kommunisten ganz zu schweigen.

Azéma ist seitdem nicht gesehen worden. Er ist nicht mehr wie vorher am Strand und am Hafen, wo er Leute gegrüßt und sich ab und zu mit jemandem unterhalten hat, wie jeder andere.

Jetzt erinnere ich mich, wie er am Anfang gesagt hat: »Eines Tages bin ich vielleicht nicht mehr hier.«

2. Dezember

Maurice kommt alle paar Wochen. Durch ihn wissen wir, daß bislang alle unsere Flüchtlinge gut durchgekommen sind. Die spanischen Grenzbehörden haben keine Schwierigkeiten mehr gemacht, niemand ist bei der Durchreise verhaftet worden. Ein Teil der Flüchtlinge ist noch in Portugal; die mit den USA-›emergency‹-Visen sind meistens schon in New York.

Wir versuchen, die wöchentlichen Kontingente der Emigranten mit Maurice zu planen – nicht zu viele auf einmal, aber die meistgefährdeten so schnell wie möglich. Es ist bekannt, daß politische und persönliche Gründe manchmal bei der Auswahl mitspielen. »Wenn einer nur zur richtigen Gruppe oder Fraktion gehört, muß mit Vorrang auch die letzte Großtante gerettet werden«, hat Hans zu Maurice gesagt. Wir haben ihm klargemacht, daß wir uns nicht für politische Gewissenlosigkeit mißbrauchen lassen werden. Er scheint in dieser Beziehung wirklich naiv zu sein; er ist kein Deutscher und kennt die Intrigen und Spaltungen innerhalb der politischen Emigration nicht.

Wir haben auch darüber gesprochen, wie lange wir noch hierbleiben werden. Das *Centre* betreut noch mehrere hundert höchst Gefährdete (darunter auch Leute, die auf der Auslieferungsliste sind), denen Ausreisepapiere beschafft werden sollen. Das wird Monate dauern – wenn noch soviel Zeit bleibt.

Maurice hat einen Brief von meinem Bruder Hans gebracht. Unser Freund Edmund war in Paris und hat Vater und Mutter besucht. Mutter hat angefangen, für Leute zu nähen, und Vater gibt Deutsch-Unterricht. Viele Leute wollen jetzt Deutsch lernen.

Die Eltern weigern sich weiter, in die unbesetzte Zone zu kommen. Der Rest von Frankreich wird ja doch bald besetzt, sagt Vater, und wovon sollen wir leben, wo wir doch alle kein Einkommen haben?

Ich kann es gar nicht begreifen. Damals in Berlin, im Frühjahr 1933, haben sie sich so schnell entschlossen, alles liegenzulassen, aber das war vor sieben Jahren. Schwere sieben Jahre. Man wird wohl schwerfällig, später im Leben.

4. Dezember

Der Sekretär der *mairie* ist vorbeigekommen, um mir zu sagen, daß der neue *maire* mich sprechen will, ich soll in etwa einer Stunde vorbeikommen und meine Papiere mitbringen. Von Hans hat er nichts gesagt. Hans ist heute früh mit zwei Flüchtlingen in die Berge. Hat man sie vielleicht geschnappt? Ach was, sicher nicht; dieser Bürgermeister will mich wahrscheinlich nur ein bißchen schikanieren. Er hat mich schon ein paarmal auf der Straße so komisch angestarrt.

Nachmittag. Das muß ich gleich niederschreiben, um nur nichts zu vergessen. Erst hat er wieder gestarrt, dann hat er auch noch charmant gelächelt. Eine Weile hat er sich nur so mit mir unterhalten und mich alles mögliche gefragt: wo ich vorher gelebt habe? (Paris); wieso ich gerade nach Banyuls gekommen bin? (schöne Gegend); was ich denn hier tue? (am Meer spazierengehen, bergsteigen).

Dann sagt er plötzlich: »Ich weiß mehr über Sie, Madame, als Sie denken.«

Vorsicht, schießt es mir durch den Kopf; ich kann auch charmant sein, wenn es sein muß. »*Vous êtes flatteur, monsieur le maire* – Sie schmeicheln mir. Was gäbe es denn schon über jemanden wie mich zu wissen?«

Er glotzt mich verführerisch an, aber dann besinnt er sich und sagt mit amtlicher Würde: »Darf ich Ihre Papiere sehen?«

Ich reiche ihm den Schein von Azéma, der besagt, daß wir Einwohner von Banyuls sind.

»Ich meine Ihren Ausweis, *bevor* Sie hierhergekommen sind.«

Ich gebe ihm meinen Schein von der Pariser *préfecture*, den ich auf jeden Fall mitgebracht habe, und ich murmle, daß ich ihn wegen des Krieges nicht erneuern konnte.

»Ganz wie ich dachte«, sagt er. »Madame, ich habe Sie hierhergebeten, weil ich möchte, daß wir uns verstehen: ich weiß, wer Sie in Wirklichkeit sind.«

Ich denke: Wissen kann er nichts, er kann uns nur verdächtigen, er versucht, mich zu ködern. Jetzt nur nicht anbeißen. Ich sage neckisch: »Das klingt ja ganz geheimnisvoll – *vous avez l'air mystérieux*.«

»Sie sind eine englische Spionin.«

»Pardon?«

»Sie sind Engländerin und Sie treiben hier Spionage für Ihre Regierung.«

Ich fange an zu lachen.

»*Excusez-moi, monsieur le maire*. Aber wieso denn ausgerechnet Engländerin?«

»Sie dürfen mich nicht für dumm halten. Es ist klar: Hier lassen Sie sich Madame Lise nennen, aber das ist gar nicht Ihr richtiger Name. Es ist nicht einmal Elise, sondern Elisabeth, hier steht es, ein typisch englischer Name, wie jeder weiß. Und Ihr Papier von der Pariser *préfecture* ist ein *refus de séjour*, Sie sind natürlich als Spionin ausgewiesen worden.«

Er hat also keine Ahnung, was wir hier wirklich tun. Ich gebe mir Mühe, ernst zu bleiben; ich erkläre ihm, daß ein *refus de séjour* bei weitem keine *expulsion* ist und daß die Pariser *préfecture* diese *refus* massenhaft ausgegeben hat, aber er läßt mich nicht ausreden.

»Sie brauchen sich keine Mühe zu geben, ich kenne mich aus, ich habe Sie durchschaut. Allerdings«, und jetzt setzt er wieder sein albernes Lächeln auf, »kann ich auch schweigen. Sie brauchen mich also nicht zu fürchten, wenn Sie mir keine Schwierigkeiten machen – *il faut être sage*.«

Ich habe ihn nicht gefragt, was er damit meint. Ich bin aufgestanden und habe mich höflich verabschiedet.

Was es nicht alles gibt. Was will er wirklich – mich erpressen?

Oder vielleicht will er später einmal beweisen können, daß er im geheimen kein *collabo* war.

7. Dezember

»Drei Leute« hat man uns angekündigt, ganz beiläufig. Es waren zwei Männer, die wir nicht kannten, und die dritte Person – ja, die ist uns bekannt, das ist tatsächlich Frau R. von der *Butte Rouge*; ich glaube, sie hat im gleichen Haus gewohnt wie die Stampfers.

Frau R. kann man nicht vergessen. Sie hat vor Jahren die Schlafkrankheit gehabt und davon ist eine nervöse Störung zurückgeblieben. Wenn ich sie in Paris auf der Straße sah, dachte ich immer: Das muß furchtbar sein, wenn man im Gehen plötzlich rückwärts springt. Aber jetzt war die Frage: Wie bringt man einen Menschen über die Berge, der ein paar Schritte vorwärts macht und dann wieder zurück hopst?

Mit der Lokomotive wollte sie nicht fahren, weil sie vor dem Gehen im dunklen Tunnel mehr Angst hatte als vor den Bergen; ich kann ihr das gut nachfühlen. Sie war sicher, daß sie es über die Pyrenäen schaffen würde, und die beiden Männer haben versprochen, zu helfen.

Ich bin mit Hans mitgegangen, für den Fall, daß es für ihn zu schwierig wird. Vor den letzten Häusern des Dorfes ist sie ziemlich herumgehüpft, und ich habe zum ersten Mal wirklich Angst gehabt, und zugleich habe ich gedacht, die Frau hat Mut. Wir haben sie dann zusammen tatsächlich, es ist ein Wunder, den steilen Weinberg und die steinigen Wege hinaufgebracht. Wenn wir sie am Arm festhielten oder sie von hinten schoben, ging es besser. Sie beschwerte sich dauernd (»Wie hoch muß ick denn da noch rauf? Een bessern Weg könn' Se nich finden?«), aber das ist wohl so ihre Art. Das Schlimmste hatten wir bereits hinter uns, als sie anfing: »Jetz will ick een Appel.«

Hans hat ihr die Flasche hingehalten: »Trinken Sie Wasser, wenn Sie durstig sind, hier mitten in den Bergen wachsen keine Äpfel.« Sie quengelt weiter: »Wieso ham Se denn nich mal 'n Appel für mich mitjebracht? Een Appel will ick!« Alle waren erschöpft und gereizt. »Wenn Sie jetzt nicht endlich mit Ihrer Meckerei aufhören«, hat der eine Mann gesagt, »gehen wir ohne Sie weiter.«

Es war ein langer Tag, aber auch diese drei sind gut hinübergekommen.

Ich habe an Walter Benjamin gedacht, an seine Ruhe und Selbstdisziplin auf diesem für ihn so schweren Weg.

11. Dezember

So ein Pech, daß ich hier krank werden muß. Vielleicht hätte ich mir in der Kälte nicht die Haare waschen sollen, wo es ohnehin keine richtige Seife mehr gibt. Hans hat den jungen Meyerhoff zum Arzt geschickt.

12. Dezember

Jetzt habe ich im Spiegel an meinen Augen gesehen: Gelbsucht. Der Arzt will nicht kommen, weil der Junge ihm gesagt hat, wir sind *réfugiés provenant d'Allemagne*. Fieber jetzt über 40. Hans sagt etwas vom Krankenhaus in Perpignan, aber ohne Papiere?

15. Januar 1941

Gestern kam ich endlich aus dem Krankenhaus nach Hause.

Zuhause ist jetzt nicht mehr in unserem Haus am Strand. Während ich krank war, hat Hans eine andere, weniger primitive Wohnung für uns gefunden, das obere Stockwerk im Haus der Familie Ventajou. Es ist ein Zimmer mit einem Schlaf-Alkoven und einer kleinen Küche (mit fließendem Wasser!). Im Erdgeschoß ist eine Toilette – zwar nicht sehr modern, ohne Wasser, aber zumindest im Haus. Unser kleiner Balkon hängt direkt über dem Zollamt. Als wir im Herbst in dieses Dorf kamen, dachten wir, es würde nicht leicht sein, sich irgendwo einzufügen. Doch jetzt gehören wir hierher, wir leben zwischen den Weinbauern, Tür an Tür mit den Zollbeamten.

16. Januar

Jetzt will ich sehen, woran ich mich erinnern kann seit meiner letzten Eintragung im Dezember. Mein Fieber stieg immer höher.

Das Haus der Ventajous mit dem Balkon der Fittkos direkt über dem Eingang zum Zollamt (Aufnahme von 1973).

Dann fing ich an zu bluten. Der Arzt weigerte sich weiterhin zu kommen. Jemand hat den Arzt aus Port-Vendres geholt; der gab mir Kampferspritzen und sagte: Man muß sie sofort ins Krankenhaus nach Perpignan bringen. Aber helfen konnte auch er nicht. Hans hat dann ein Mietauto mit Benzin aufgetrieben und versucht, jemanden zu finden, der mich hinfahren kann – er selbst konnte nicht riskieren, auf dem Weg geschnappt zu werden, und was hätte dann aus mir werden sollen?

Genau in diesem Moment kam Hermant aus Marseille, um von uns über die Grenze gebracht zu werden. Ich weiß nicht mehr, was dann vorging, aber an die Fahrt nach Perpignan mit Hermant kann ich mich noch dunkel erinnern. Ich weiß auch noch, daß ich unendlich lange allein im Auto gelegen bin, direkt vor dem Eingang zum Hospital, und alles war verklebt mit Blut. Einmal kam Hermant und sagte, sie machten Schwierigkeiten, weil niemand bei mir sei, der die Bezahlung garantiere, aber er werde das schon in Ordnung bringen. Später lag ich in einem großen Saal im Bett und die *sœur supérieure* pinselte mich mit lila Tinte an. »Der Doktor wird spätestens in drei Tagen kommen«, beruhigte sie mich. Es war nämlich Sonnabend, und der Arzt kam jeden zweiten Wochentag. Ich war sehr krank, und im Fieber ging mir immerzu im Kopf herum, daß ich mir alles merken mußte, um es dann im Tagebuch notieren zu können, und zugleich dachte ich, wie kann ich die Schmerzen schildern? Ich versuchte, mir die Worte zurechtzulegen, es war mir wichtig, jede Einzelheit festzuhalten. Als der Arzt ein paar Tage später erschien (inzwischen wurde ich weiter lila angepinselt), sagte er: *»Cela a tout à fait l'air de scorbut.«* »Ist es nicht Gelbsucht?« fragte ich, »sehen Sie sich doch meine Augen an und die Hautfarbe.« Aber er meinte, ihm sehe die Sache mehr nach Skorbut aus. Ob ich da nicht Vitamine haben müsse, fragte ich. »Das stimmt schon«, sagte der Arzt, »aber es gibt keine mehr.« Ich dachte, ich kann mich nicht beklagen, er hat mehr Zeit mit mir verbracht als mit allen anderen Patienten im Saal zusammen.

Dieser Saal. Langsam wurde mir klar, daß man mich in den Sterbesaal gelegt hatte, wahrscheinlich weil ich so aussah, als ginge es zu Ende mit mir. Dreißig Betten in zwei Reihen; in vielen lagen Kranke, die von der Familie im letzten Stadium ins Krankenhaus gebracht wurden, um dort zu sterben. Dazwischen lagen einige Frauen mit unheilbaren Krankheiten. Manche von ihnen lebten schon lange so, Bett an Bett mit ständig wechselnden Sterbenden. Am schwersten war es, Madeleine anzusehen. Sie lag seit ihrer Kinderlähmung, vor drei Jahren, in diesem Bett, jetzt war sie vierzehn, aber sie wuchs nicht mehr und wurde nicht älter, nur ganz durchsichtig.

Ich kam aus dem Staunen über die Krankenpflege nicht heraus. Morgens sah ich den Schwestern zu, wie sie verschiedenen Kranken kleine Glaskugeln, in denen blaue Flämmchen tanzen, auflegten, manchen auf die Arme, anderen auf die Brust. Ich wollte wissen, was es mit den Kugeln auf sich hatte. Das sind *ventouses*, sagte man mir, die hat man jetzt anstelle von Blutegeln. »Wozu brauchen Sie das?« fragte ich meine Bett-Nachbarin; sie erklärte mir, daß man so das Gift aus ihrem Blut ziehe und die Krankheit aus ihrem Körper. Ich lernte etwas mehr Katalanisch, weil ich neugierig war, worüber die Frauen miteinander sprachen.

Dreimal am Tag gingen die Schwestern mit Schüsseln durch den Saal und riefen auf französisch, damit auch wir *étrangères* es verstehen konnten: »*Faites pipi, mesdames, faites pipi, s'il vous plaît!* – Pipi machen, meine Damen!«

Außer mir war nur noch eine große blonde Dame aus Lothringen *étrangère*; die beiden spanischen Flüchtlinge, Rosita und Esperanza, verstanden Katalanisch. Später brachte man noch eine Frau Goldwasser aus dem nahen Lager Rivesaltes (das 1942 das große Sammellager für die Transporte in den Osten wurde). Sie kam aus Polen und sprach nur jiddisch; die Lothringerin und ich waren die einzigen, die sich mit ihr ein wenig verständigen konnten. Sie hatte sich auf dem Zementboden des Lagers eine Unterleibsentzündung geholt. Sie sprach immerzu von ihrem Mann und den Kindern, die in Rivesaltes waren. Ob man sie ins Lager zurückbrachte, falls sie wieder gesund würde?

Von Hans bekam ich jeden zweiten oder dritten Tag einen Brief; besuchen konnte er mich natürlich nicht. Zweimal kam Maurice auf dem Rückweg nach Marseille vorbei und erzählte mir von Hans und Banyuls und von meinem Bruder, der jetzt auch Gelbsucht hatte.

Ich glaube, es war in der dritten Woche und es ging mir langsam besser, als ich merkte: Das Sterben um mich herum schreckt mich nicht mehr. Kann es sein, daß man sich daran gewöhnt? Erst konnte ich es mir nicht eingestehen, doch es war klar, wir atmeten alle im Saal erleichtert auf, wenn das lange Todesröcheln in einem der Betten endlich aufhörte. Einmal rief ich die Schwester: »Die im Bett gegenüber – –.« Die Schwester nahm die Hand der Frau, fühlte den Puls und ließ die Hand wieder fallen: »*Pas encore*«, sagte sie und eilte zurück in die Küche.

Eine von den beiden Patientinnen, die mir am liebsten waren, hieß Rosita und hatte große, dunkle Augen. Rosita war eigentlich keine Patientin – sie hat mir ihre Geschichte erzählt. Vor zwei Jahren, als Franco mit Hilfe von Hitler und Mussolini Katalonien einnahm, war die Fünfzehnjährige und ihre Familie unter den Hunderttausenden, die vor den Faschisten über die Pyrenäen nach Frankreich flohen. Ihr Vater war im Bürgerkrieg gefallen, die Mutter kam während der Flucht um. Rosita erreichte Frankreich; sie wurde krank (*J'avais la sangre mal*, erklärte sie mir) und man brachte sie ins Krankenhaus nach Perpignan. Als sie wieder gesund war, wußte sie nicht wohin. Man erlaubte ihr, das Bett im Sterbesaal zu behalten, sie half dafür in der Küche und bei den Kranken.

Als ich imstande war, mich im Bett aufzusetzen, kam Rosita eines Morgens und versuchte, mich zu kämmen. Es war das erste Mal seit meiner Krankheit. Mein krauses Haar war inzwischen langgewachsen, es war mit Schweiß und Blut verklebt und hatte sich so verfilzt, daß kein Kamm durchkam. Rosita saß tagelang in jeder freien Minute bei mir und kämmte mit unendlicher Geduld Strähne für Strähne durch. »Schneide es doch einfach ab«, bat ich sie immer wieder, um der Quälerei ein Ende zu machen, aber sie schüttelte nur den Kopf: »Das wäre eine Sünde.«

Eines Tages gab es draußen großes Geschrei und dann brachte man eine ganz kleine Gestalt herein, die von Kopf bis Fuß in ein weißes Tuch gewickelt war. Es war eine siebzigjährige *clocharde*; man hatte sie in eine Badewanne gesteckt und entlaust. »*L'ignominie!* die Schmach!« rief sie, als drei Krankenschwestern versuchten, sie in das weißbezogene Bett zu stecken. »Ich warne Sie, Sie verletzen meine Prinzipien!« Sie hatte den Fehler gemacht, erklärte sie mir später, ins Krankenhaus zu kommen, um Medizin für ihre Magenschmerzen zu holen, und da hatte man sie einfach genommen und ›eingesperrt‹. Langsam beruhigte sie sich und begann, ein Buch zu lesen, das sie bei sich trug. Ich bin immer neugierig und will wissen, was Leute lesen; es war ein Band Baudelaire.

Sie fand sich jedoch nie damit ab, in diesem weißen Bett

festgehalten zu werden. Jeden zweiten Tag, wenn der Arzt kam, begann sie, die dritte Strophe der Marseillaise zu singen, und wenn er zu ihrem Bett kam, schmetterte sie: *Liberté, li-ber-té chérie* . . .

Es ging mir besser und ich setzte mich oft zu ihr ans Bett und hörte ihr zu. Sie erzählte mir von Dingen, die sie erlebt hatte. Ich war nie sicher, was erlebt und was Phantasie war, aber eigentlich war es mir egal. Wie sie *clocharde* geworden war, erzählte sie nie, und ich fragte sie nicht, aus Angst, sie zu beleidigen. Es ging ihr nicht besser und sie wollte heraus, »um wieder gesund zu werden«, aber man ließ sie nicht. Eines Tages bat sie mich, etwas für sie zu tun, aber zuvor müsse ich Stillschweigen schwören. Ob ich, wenn ich entlassen würde, einen Brief an ihren Bruder herausschmuggeln und aufgeben könne? *»Mon frère«*, sagte sie, *»il est clochard à Narbonne* –.« Es klang wie: Mein Bruder, der Graf von Narbonne. In dem Brief wollte sie ihn auffordern, mit einigen seiner *copains* zu kommen, um sie zu befreien; sie würde einen genauen Plan ausarbeiten und beilegen.

(Den Brief habe ich aufgegeben. – Immer wieder Geschichten, zu denen die Fortsetzung fehlt. Wird der Bruder kommen?)

Als ich endlich wieder sicher genug auf den Beinen war, um entlassen zu werden, wünschten mir alle gerührt viel Glück. Sie freuten sich, daß ich so hervorragende medizinische Behandlung erhalten hatte. Behandlung? fragte ich erstaunt. Nun ja, sonst wäre ich doch wohl nicht gesund geworden. Es kam mir so vor, als sei ich seit langer Zeit die erste, die den Sterbesaal lebend verließ.

Zum Abschied gab man mir ein paar Sicherheitsnadeln, damit ich mir den Rock um die Taille wickeln und feststecken konnte, so dünn war ich geworden. Es muß komisch ausgesehen haben und wir haben alle gelacht. Dann fuhr ich mit der Frau, die Hans geschickt hat, zurück nach Banyuls.

20. Januar

Heute kamen zwei junge Österreicher, die wir von Marseille kennen, und ich ging zum ersten Mal wieder zum Bahnhof, um sie zu treffen. Das sind die Flüchtlinge, die uns keine Sorgen machen. Die Leute, die durch die Schule des Widerstandes gegangen sind und sich mühelos anpassen.

»Der Weg ist nicht leicht.«

»Das macht nichts, leicht haben wir es schon lange nicht gehabt.«

Während meiner Krankheit hat Hans eine Reihe von Leuten ohne besondere Zwischenfälle über die Pyrenäen geführt, nur einmal mußte ein älterer Mann von unserem Griechen durch den Tunnel gebracht werden.

Am Tag, nachdem Hermant mich nach Perpignan gebracht hatte, ging Hans mit ihm über die Berge. Wenn es so leicht geht, meinte Hans später, so ohne Schwierigkeiten, kann man manchmal Ziel und Zweck vergessen; man freut sich über alles, als wenn man auf einem Ausflug wäre, einem gewöhnlichen, normalen Ausflug.

(Jetzt weiß ich übrigens, warum man mich so lange draußen im Auto hat liegenlassen: im Krankenhaus weigerte man sich, mich aufzunehmen, bis Hermant vier Wochen im voraus bezahlt hatte – zum Glück hatte er genug Geld bei sich.)

Seit wir im Haus der Ventajous wohnen, ist die Anlaufstelle der Flüchtlinge eine andere, sie können nicht mehr zu uns ins Haus kommen – das wäre mit den Zöllnern unter uns denn doch zu bunt. Die Leute, die wir nicht kennen und daher nicht vom Bahnhof abholen, gehen jetzt direkt zum Gasthof am Dorfplatz; der *patron* arbeitet jetzt mit uns. Wenn wir ihm jemanden ankündigen, fragt er nicht nach Papieren und verlangt auch keine Lebensmittelmarken. Meistens treffen wir uns dann im Café vom Grand Hotel am anderen Ende des Hafens. Die Leute vom Dorf kommen dort nicht oft vorbei, und wir haben uns mit dem *garçon* angefreundet (er will immer wieder hören, daß *notre Aristide*, der Bildhauer Maillol, wirklich auch außerhalb von Banyuls bekannt ist). Es ist ein idealer Platz, jetzt im Winter sind wir oft die einzigen Gäste und können ungestört reden. Wir sitzen zusammen, rund um uns das Meer und die goldgrünen Berge, und wir besprechen, wie wir am nächsten Tag über diese Berge steigen werden, »und dann seid ihr in Spanien, und dann seid ihr bald in Sicherheit«.

Einmal sauste ein Auto in Richtung Grenze vorbei, und im Fond sahen wir für einen Moment Valeriu Marcu. Wie würde er hinüberkommen? Maurice war bei uns und sagte: ». . . und er hat versprochen, mir einen Anzug hierzulassen – na ja, wir Rumänen –.«

Fry ließ uns sagen, daß sich viele englische Piloten in Frankreich versteckt hielten. Was wir davon halten würden, auch ihnen herauszuhelfen? Ich dachte an unseren Bürgermeister: »Sie sind eine englische Spionin!«

23. Januar

Ich sehe wohl immer noch nicht gerade blühend aus, vielleicht sogar mitleiderregend; trotzdem ist es erstaunlich, wie uns die Leute hier helfen. Der Schlachter hatte heute Schweinefleisch; ich reichte ihm meine Marken, er sah sie an und fragte: »Wieviel wollen Sie?« Das ist eine merkwürdige Frage heutzutage.

»Das sind alle Marken, die ich habe.«

Der Schlachter: »Ich frage, wieviel Fleisch Sie wollen, nicht wieviel Marken Sie haben.« Dann gab er mir ein ganzes Pfund; die Ration ist jetzt 100 g pro Woche, wenn es überhaupt etwas gibt. Im Laden nebenan gab es Strickwolle und die Frau sagte, nehmen Sie nur, soviel Sie brauchen, sprechen Sie nur nicht darüber, Sie sehen ja ganz verfroren aus, *ma pauvre dame*. So habe ich gleich einen ganzen Haufen gekauft. Mademoiselle Rosa, die Tochter der Ventajous, meint, es könnte für ein ganzes Kostüm reichen. Ein Kostüm aus richtiger Wolle (und nicht Wollersatz), das wäre großartig. Einen Rock könnte ich vielleicht stricken, aber wie macht man eine Jacke?

»Geben Sie her«, sagte Mademoiselle Rosa und nahm mir das ganze Zeug aus der Hand, »ich werde Ihnen helfen.« Sie fing gleich an, daran zu arbeiten. Rosa ist ein wenig verwachsen, auch ihre Arme sind zu kurz, mehr wie Stummel mit Händen, aber stricken kann sie damit, daß einem schwindlig wird. Wenn wir allein sind, erzählt sie mir von einem geheimen Geliebten: sie treffen sich nachts im Garten hinter dem Haus unter den Zypressen, er betet sie an, er nennt sie seine Königin. Mademoiselle Rosas kohlschwarze Augen funkeln. Ich weiß, sie muß das alles in Romanen gelesen haben, aber wenn sie erzählt, bin ich ganz fasziniert. Am Anfang habe ich ihr sogar geglaubt.

27. Januar

Die Familie Hirschfeld, die vor ein paar Tagen kam, gehört zu Fritz Heines Schützlingen; der Mann war früher ein hohes Tier in der preußischen Regierung. Sie haben zwei Kinder, ein Mädel und einen Jungen von ungefähr zehn und zwölf Jahren. Wir haben ihnen die üblichen Vorsichtsmaßregeln eingeschärft und ihr Gepäck durch unsere ›Spezial-Spedition‹ nach Spanien befördern lassen. Dr. Hirschfeld hat einen Gehpelz, den er absolut nicht aufgeben, sondern über die Berge tragen wollte. »Es ist ein wertvolles Stück, ich habe es noch aus Deutschland«, erklärte er. Wir setzten ihm auseinander, daß es auffallen würde, wenn er so ein großes Ding bei sich hätte, und anziehen könne er es schon gar nicht, kein Mantel sei das wert, und im übrigen bekäme er ihn in Spanien in seiner vollen Pracht zurück. Schließlich versprach er schweren Herzens, sich auf kurze Zeit von seinem Gehpelz zu trennen.

Hans wollte, daß ich mich erst noch eine Weile ausruhte, und so ging er allein mit der Familie. Er würde schon mit der Familie fertig werden (obwohl es mit Kindern manchmal etwas schwierig ist). Er war morgens um dreiviertel fünf an seiner Ecke; die Hirschfelds kamen pünktlich, und auf das verabredete Zeichen zog Hans los, die anderen hinterher. Über die Brücke, dann den Weg zwischen den Häusern von Puig del Mas hinauf. Wo der Aufstieg beginnt, blieb Hans wie immer stehen und schaute sich nach seiner Gruppe um. Da sah er zum ersten Mal, daß Dr. Hirschfeld etwas mit sich schleppte, ein großes Bündel. Zugleich sah er auch die Schattenbilder der beiden Zöllner-Capes im ersten Dunkelgrau des Tages; gemächlich folgten sie der Familie. Hans hatten sie offensichtlich nicht bemerkt, jedenfalls sahen sie nicht in seine Richtung. Einen Moment blieb er stehen und beobachtete was passierte, und als die beiden Silhouetten sich der Gruppe näherten, ging er langsam den Weg zurück, der Familie entgegen. »Bleiben Sie jetzt ganz ruhig«, sagte er. »Die Zöllner sind hinter Ihnen. Sagen Sie so wenig wie möglich, ich werde Sie schon herausreden. Nein, Sie müssen stehenbleiben, die Kinder auch. Merken Sie sich: wir sind auf einem Ausflug, wir haben nichts zu verbergen – den Rest überlassen Sie mir.«

Einer der beiden Zöllner war Monsieur Henri, mit dem wir oft im Gasthaus essen. Er wandte sich an Hans: »Kennen Sie diese Leute? Es sind Ihre Freunde? Was tun sie hier, wo wollen sie hin? Ach so, natürlich, sie gehen hier oben im Dunkeln spazieren, mit den Kindern.«

»Ja«, sagte Hans, »unsere Bekannten wollen sich die Gegend ansehen, sie möchten den Sonnenaufgang in den Bergen sehen. Da sie sich hier nicht auskennen, bin ich mitgegangen; ein Familienausflug. Meine Frau wollte auch mitkommen, aber Sie wissen doch, Monsieur Henri, sie ist noch zu schwach.«

»Eh oui«, sagte der Zöllner, *»la pauvre dame*. Aber wir haben noch einige Fragen zu stellen: Haben die Leute etwas zu verzollen?«

»Verzollen, nein, das kann ich mir nicht vorstellen«, antwortete Hans, »schließlich betreiben wir doch keine *contrabande*. Was mein Freund da trägt?«

Er drehte sich zu Dr. Hirschfeld und sah sich das Paket an, es war der kostbare Gehpelz.

»Ach, das ist sein Mantel«, sagte Hans, »er dachte sicher, daß es hier oben kalt sein würde. Wie, Spanien? *Mais non, pas du tout*. . . nein, ich weiß nicht genau, wo die Grenze ist.«

Herr und Frau Hirschfeld hatten sich gefaßt. Die Kinder, die zuerst eingeschüchtert waren, fanden jetzt, daß dieses Abenteuer ein Riesenspaß war. Sie kicherten und liefen im Kreis herum.

»Die Leute haben wohl keine Ausreisevisen«, fing Monsieur Henri wieder an.

»Ausreisevisen für einen Ausflug?« wunderte sich Hans. »Das hätte ich mir nicht träumen lassen, daß wir hier Schwierigkeiten haben werden.« Er war jetzt verärgert. (Da er innerlich vor Wut kochte, fiel ihm das nicht schwer.) »Da will man seinen

Freunden unser schönes Roussillon zeigen und dabei wird man verdächtigt!«

»*Ça va, ça va, monsieur Jean,* wenn es Ihre Freunde sind –.«

»Sehen Sie die sieben Pinien da oben auf dem Hügel?« unterbrach der andere. »Das ist ein schöner Weg. Dahinter liegt Spanien, aber gehen Sie geradeaus, denn der Pfad nach links führt auf den Paß, wo die spanischen Grenzposten patrouillieren – und da wollen Sie doch nicht hin.« Beide beschrieben nun eifrig die Einzelheiten des Weges zu der Stelle, von der man beide Küsten übersieht. Es war unser Weg, *la route F.* »Noch eines«, sagte Monsieur Henri, »Ihre Freunde wären uns nie aufgefallen ohne dieses große Bündel« – er zeigte auf den Pelz – »im Dunkeln hätten wir sie sonst nicht von den anderen Leuten unterscheiden können. Geübte Schmuggler können sie nicht sein, aber es war unsere Pflicht, nachzusehen, was sie da mitschleppen.«

Hans drehte sich wieder nach Dr. Hirschfeld um und starrte ihn an. Er verschluckte seinen Zorn und sagte leise: »Geben Sie den Zöllnern die beiden Tafeln Schokolade, die Sie mitgenommen haben.« (Schokolade ist jetzt eine unersetzliche Kostbarkeit.) Dr. Hirschfeld nahm eine der Tafeln aus der *musette* und reichte sie den Zöllnern.

»Ist eine nicht genug?« flüsterte er Hans zu.

Aber Monsieur Henri hatte seine Hand schon zurückgeschoben. »Behalten Sie das für Ihre eigenen Kinder – *pour vos gosses.*«

16. Februar

Man merkte den beiden, die heute kamen, gleich an, daß etwas passiert war, etwas war ihnen in die Knochen gefahren, sie sahen sich immer wieder mit ängstlichen, gehetzten Augen um.

Wir saßen mit ihnen auf der Terrasse des Grand Hotel. »Ihr wißt also noch nicht«, sagten sie, »daß Breitscheid und Hilferding ausgeliefert worden sind?«

Eine Auslieferung kann für uns keine Überraschung sein, denn das ist es, wovor wir flüchten. Aber – –.

Aber wieso die beiden? Wie hat man sie erwischt? Hat Deutschland ihre Auslieferung verlangt, oder wollte die Pétain-Regierung von sich aus zeigen, wie sehr sie zu Diensten steht? Wir wußten von den Schwierigkeiten der Fälle Breitscheid und Hilferding – schwierig nicht nur wegen ihrer besonderen Gefährdung, sondern auch, weil die beiden ihrerseits Schwierigkeiten machten. Wir wußten, daß das *Centre* sie auf einem besonderen Weg aus Frankreich herauszubringen versucht hatte, weil sie nicht wagten, durch Spanien zu gehen, weder auf ihre richtigen noch auf falsche Namen. Das war vor Monaten. Sie hatten also bis jetzt hier in Frankreich gesessen, und das auch noch unter richtigem Namen. Wer weiß, wieviel ähnliche Fälle es noch gibt, Leute, für die es noch möglich wäre, zu flüchten oder unterzutauchen. Die Gefahren der Flucht verschrecken manchen wohl sehr viel unmittelbarer als der Zugriff der Gestapo.

Der Fall Breitscheid und Hilferding
(nach Berichten von Varian Fry und Fritz Heine)

Sommer 1940

Rudolf Breitscheid, Mitglied des Reichstags und SPD-Fraktionsvorsitzender bis zur Machtübernahme Hitlers, und Rudolf Hilferding, Mitglied des Reichstags und Reichsfinanzminister, halten sich in Marseille auf. Beide haben ›Visitor‹-Visen für die USA. Man beschafft ihnen tschechische Pässe auf falsche Namen sowie spanische und portugiesische Transitvisen. Da sie keine französischen Ausreisevisen haben, müßten sie die französisch-spanische Grenze illegal überqueren. Sie weigern sich.

Gründe: 1. Sie betrachten sich als Personen von internationalem Ruf, die man in Spanien erkennen würde. (Selbst wenn das so wäre – Brille, Schnurrbart und etwas Haarfarbe haben schon manchen von uns gerettet.) 2. Als Staatsmänner finden sie es mit ihrer Stellung unvereinbar, illegale Wege zu gehen. (Haben sie noch nicht begriffen, daß wir uns die ›illegalen Wege‹ nicht ausgesucht haben, sie sind uns aufgezwungen durch die Gesetzlosigkeit der Nationalsozialisten!) Fry zitiert Breitscheid: »Hitler würde es nicht wagen, unsere Auslieferung zu verlangen!« (Kann er das wirklich meinen, nach acht Jahren Nazi-Terror?)

Breitscheid beharrt auf seiner Weigerung; Hilferding fügt sich der Meinung seines Genossen, dessen praktischem Sinn er zu trauen scheint. So sitzen die beiden weiter täglich in demselben Café in Marseille, wo jeder bald weiß, wer sie sind.

Anfang September 1940

Frank Bohn, der Vertreter der amerikanischen A.F.L., kauft ein Schiff, mit dem er Breitscheid, Hilferding und andere illegal aus Frankreich herausbringen will. Damit erklären die beiden sich einverstanden. In kurzer Zeit ist der Plan ein offenes Geheimnis; das Boot wird beschlagnahmt.

Darauf verschafft man ihnen polnische Pässe auf falsche Namen, mit allen Visen; sogar das französische Ausreisevisum, so daß sie nicht schwarz über die Grenze müssen. Im letzten Moment weigern sie sich.

Später im Herbst 1940

Breitscheid, Hilferding, der Anwalt Arthur Wolff und der Dichter Walter Mehring werden von der französischen Polizei nach Arles in *résidence forcée* geschickt.

Ende 1940

Fry und Heine finden eine Möglichkeit, Breitscheid und Hilferding auf ein Frachtschiff nach Nordafrika schmuggeln zu lassen. Die beiden sagen zu. Als das Auto, das sie nach Marseille holen soll, in Arles ankommt, weigern sie sich zu gehen.

Grund: Sie hoffen – durch Regierungsverbindungen in die USA (mit Hilfe von Brüning) und zu Frankreich (sie appellieren selbst an Laval und Flandin) – auf ein Ausreisevisum.

Ende Januar 1941

Auf ein Telegramm aus Amerika hin fragen Breitscheid und Hilferding beim Polizeipräfekten von Arles an und erhalten die Versicherung, daß sie die Beantragung des Ausreisevisums in keinerlei Gefahr bringen werde. Vichy genehmigt die Ausreisevisen innerhalb einiger Tage, und sie werden ihnen mit dem Vermerk ausgehändigt, die Reiseroute über Martinique zu nehmen.

Breitscheid, seine Frau und Hilferding wollen mit der ›SS Wyoming‹ fahren, die am 4. Februar von Marseille nach Fort-de-France geht. Die Kabinen sind ausverkauft. Herr und Frau Breitscheid weigern sich, die Fahrt im Schlafsaal des Zwischendecks zu machen, da sie es angesichts ihres Gesundheitszustandes für zu anstrengend halten; sie wollen ein späteres Schiff nehmen (18. Februar), falls der Schiffsverkehr nach Martinique inzwischen nicht eingestellt wird. Hilferding hingegen reserviert für sich einen Platz im Schlafsaal auf der ›SS Wyoming‹ für den 4. Februar.

30. Januar 1941

Vichy zieht die *visa de sortie* zurück.

8. Februar 1941

Breitscheid und Hilferding werden von der französischen Polizei in Arles abgeholt, angeblich, um sie vor der Auslieferung an die Deutschen zu schützen.

10. Februar 1941

Transport nach Paris zwecks Auslieferung an Deutschland.

(Martinique war französisches Departement, man brauchte daher für die Reise kein Ausreisevisum. Da Deutschland keine Kontrolle über die Insel hatte, konnte man mit einem amerikanischen Visum von dort ohne weiteres in die USA kommen. – Und doch war es dieser letzte absurde Schritt, die Beantragung des Ausreisevisums, der zur Auslieferung führte. Hilferding, der einen Platz auf der ›SS Wyoming‹ hatte, nahm das Schiff nicht, weil ihm das Ausreisevisum, das er nicht brauchte, entzogen wurde. Statt seiner fuhr Walter Mehring.)

Ende Februar

Wir saßen abends in unserem Wohnzimmer. Eigentlich müßte man sagen, in *dem Zimmer*, denn unsere Wohnung im zweiten Stock von Monsieur Ventajous Haus war eben nur dieses eine Zimmer.

Mademoiselle Rosa rief von unten herauf und ich öffnete die Tür. *»Madame, madame, venez vite!«* Sie klang ganz aufgeregt. »Sie haben Besuch!«

Hans und ich sahen uns an. Die Leute kamen nie unangemeldet. Eine Falle? Ich begann, langsam die Treppe hinunterzugehen. *»Un ami à votre Papa!«* rief sie.

In dem halbdunklen Hausflur stand ein etwas korpulenter Mann mittleren Alters. Der sieht doch irgendwie bekannt aus, dachte ich. Er kam auf mich zu und umarmte mich, ein wenig zu leidenschaftlich, und sagte atemlos, auf französisch, in reinstem *accent boche*:

»Dein Vater schickt mich, er ist gesund, der Familie geht es gut, wir haben lange nichts von dir gehört –.«

Mademoiselle Rosa stand bescheiden in einer dunklen Ecke, aber ich sah, wie sie die rührende Szene aufmerksam beobachtete. Dieses Blitzen in ihren dunklen Augen, war das Gefühl oder Neugierde? Oder beides?

Ich löste mich vorsichtig aus der Umarmung, führte meinen Gast die Treppe hinauf und schloß die Tür.

Der Besucher und Hans sahen einander an.

»Man hat mir empfohlen, mich an Jean zu wenden«, sagte der Mann auf deutsch und schien auf Antwort zu warten. Dann griff er nach seiner dunklen Brille, die ihm das halbe Gesicht verdeckte – er sieht ja aus wie eine Sherlock Holmes-Karikatur, dachte ich –, und nahm sie ab.

»Wissen Sie, wer ich bin?«

»Ja«, sagte Hans.

»Ach, dann sind *Sie* also Jean!« Das klang erleichtert. »Früher, in Berlin, waren Sie doch Hans – verstehe, verstehe.«

»Jetzt *bin* ich Jean. Die Vergangenheit, die gibt es im Moment nicht.«

»Jean, können Sie mir helfen?« unterbrach der Mann. »Man hat mir *versprochen*, daß Sie helfen werden, wenn alles andere schiefgeht. Also, es ist schiefgegangen, und hier bin ich, und ich muß über die Grenze. Werden Sie mir helfen?«

»Jetzt setzen Sie sich doch erst mal«, sagte Hans. Und zu mir: »Das ist Georg Bernhard.« (Georg Bernhard war Chefredakteur der ›Vossischen Zeitung‹ in Berlin und später Herausgeber der ›Pariser Tageszeitung‹, der antifaschistischen deutschsprachigen Zeitung in Paris.)

Georg Bernhard? Ich dachte, er sei schon vor Wochen über die Grenze gebracht worden. Er stand als Nummer 3 auf der Auslieferungsliste, die die Gestapo der französischen Regierung unterbreitet hatte.

»Zuerst müssen Sie uns Ihre Lage erklären«, sagte Hans, »dann werden wir schon einen Weg finden, Sie herauszubringen. Was ist passiert? Wie sind Sie hierhergekommen? Was für Papiere haben Sie für den Grenzübergang?«

Seine Frau sei auch hier, erklärte Bernhard zunächst; er habe sie im Hotel untergebracht. Dann folgte ein Bericht über die Flucht, wie sie ursprünglich geplant war: ein Auto – eine diplomatische Limousine! – sollte die beiden über die Grenze und dann direkt durch Spanien nach Portugal bringen.

Und was ist geschehen? wollten wir wissen.

Nun, die beiden hatten an dem vereinbarten Ort gewartet, aber von einem diplomatischen Wagen keine Spur (und auch von keinem anderen). Statt dessen meldete sich ein Führer, der sie zu Fuß in die Berge brachte, aber während der Nacht verschwand. Sie fanden dann ihren Weg nach Spanien auch so, doch beim Grenzübergang gab es alle möglichen Schwierigkeiten, und sie flohen zurück nach Frankreich. Als sie von Marseille losgefahren waren, hatten die Leute vom *Centre Américain de Secours* ihnen unsere Adresse und den Namen ›Jean‹ gegeben, als Notadresse für den Fall, daß es nicht klappte.

So ein Leichtsinn, dachte ich, und ein Blick auf Hans zeigte mir, daß ihm dasselbe durch den Kopf ging. Das Büro in Marseille war sich des Spezial-Weges offenbar so sicher, daß sie Bernhard zwar unsere Adresse gaben, es jedoch nicht für nötig hielten, uns zu benachrichtigen. Und wenn Bernhard und Hans einander nicht erkannt hätten?

»Wir sind heute morgen hier in Banyuls angekommen«, fuhr Bernhard fort, »aber ich habe gewartet, bis es dunkel ist. Ich habe die Schliche gelernt, die man in der Illegalität braucht. Nicht einmal Sie haben mich gleich erkannt, Jean, mit meiner schwarzen Brille, was? Die Hauptsache ist, nicht aufzufallen. Wissen Sie, daß ich erst fünfmal ganz unauffällig hier vorbeigegangen bin, um sicher zu sein, daß ich in der Dunkelheit an die richtige Tür klopfe? Man muß schon ein Geschick für solche Dinge haben.«

»Sie, Sie sind *fünfmal* hier vorbeigegangen?« stotterte ich.

In unserem Gäßchen, das vom Dorfplatz abging, mußte dieser Fremde, *cet étranger*, auffallen, in seinen städtischen Kleidern, wie er auf und ab ging und hinter der unglaublichen Brille auf dasselbe Haus starrte, Avenue Puig del Mas Nr. 16. Zweifellos hatte Mademoiselle Rosa ihn bemerkt; sie schielte sowieso immer mit einem Auge zum Fenster hinaus. (Sie erzählte uns später: Fünfmal sei der Freund meines Vaters am Haus vorbeigegangen, bevor er endlich angeklopft habe, *le pauvre monsieur*.) Und unsere Freunde unten, die Zöllner – du lieber Gott!

Aber wir sagten nichts. Welchen Zweck hätte es auch gehabt, ihn jetzt noch aufzuregen? Schließlich tat er sein Bestes. Ein echter Berliner Intellektueller, natürlich konnte er nicht in die Seele eines Pyrenäen-Weinbauern schlüpfen, so mir nichts dir nichts. Erstaunlich genug, daß er nach diesen erschöpfenden und gefährlichen Abenteuern noch so viel Energie hatte, es gleich wieder zu versuchen, noch bereit war, es mit der französischen *gendarmerie*, den Zöllnern und den *gardes mobiles* aufzunehmen, und dann mit den spanischen Behörden und schließlich mit der Gestapo.

Nun hoffe er, fuhr Bernhard fort, daß wir ihn und seine Frau morgen früh nochmals über die Pyrenäen nach Spanien bringen würden, denn natürlich hatten sie kein französisches Ausreisevisum. Nach alldem, was mit Breitscheid und Hilferding passiert war, kam es nicht in Frage, *visa de sortie* zu beantragen. Doch sonst, versicherte er uns, hatten sie alle nötigen Papiere: »Sehen Sie nur, wir haben Visen für die Vereinigten Staaten; hier ist das spanische Transitvisum, und hier das portugiesische. Alles echte Papiere, alles in Ordnung. Nur die französische Ausreiseerlaubnis fehlt eben.«

Hans studierte jedes Dokument. Dann schob er die Papiere über den Tisch zu mir. »Sieh du sie dir mal an.«

Ich sah alles mehrmals durch, und dann schaute ich auf Bernhard. »Das sind falsche Papiere«, sagte ich zu ihm, »die Transitvisen, die Stempel, alles grobe Fälschungen.«

Einen Augenblick war es still. Bernhard starrte mich verblüfft an. »Sie irren sich«, sagte er endlich, »das sind echte Dokumente. Die Transitvisen wurden von den Marseiller Konsulaten selbst ausgestellt. Ich *weiß* es, man versicherte mir – –.«

»Versicherte?« unterbrach Hans. »Man versicherte Ihnen? Wer? Etwa die Leute vom *Centre*? Hören Sie zu: es sind keine echten Papiere. Gut, sie sind gefälscht – aber wie! Eine Stümperei ersten Ranges! Unbrauchbar. Sie können nicht nach Spanien mit diesen Fetzen, Sie würden sofort hochgehen. Und die Gestapo drüben in Spanien hat schon lange auf Sie gewartet.«

Bernhard schien wie gelähmt. »Sie scheinen uns immer noch nicht zu glauben«, fuhr Hans fort. »Sehen Sie selber. Hier. Die untere Hälfte des Gummistempels, die ist doch gezeichnet. Mit gewöhnlichem Blaustift; aber die Farbe ist etwas anders. Idioten. Unverantwortliche Dilettanten. Schauen Sie sich den Kreis hier an. Ein Kreis soll das sein? Und dieses ›S‹ – es steht auf dem Kopf.«

Hans sah auf. Georg Bernhard stand noch immer da, unbeweglich, ohne einen Laut; dann begann er, auf und ab zu gehen. Jetzt sieht er viel älter aus, dachte ich, mehr wie mein Vater.

»Wir werden Sie herausbringen aus dieser Falle hier«, sagte Hans, und seine Stimme klang wieder ruhig, »wir haben verschiedene Möglichkeiten für schwierige Fälle. Aber diese Papiere kann man nicht benützen. Wir müssen eben ein paar Tage warten und einen anderen Weg organisieren.«

»Warten? Also nicht morgen?« murmelte Bernhard und ging

weiter, immer rund um den großen Tisch in der Mitte des Zimmers. Endlich blieb er stehen. »Jean«, sagte er, »wir kennen uns seit Jahren; damals, da ist man öfters mit Freunden und Kollegen zusammengesessen. Sie kennen also Georg Bernhard und seine Arbeit; aber sicher haben Sie keine Ahnung, daß Georg Bernhard ein Spieler ist – war ich übrigens mein Leben lang. Nicht einer, der mal gelegentlich spielt; ich *bin* ein Spieler, verstehen Sie? Je höher der Einsatz – da staunen Sie, was?«

»Nein, ich staune nicht. Ich wußte davon – aber wie kommen Sie gerade jetzt darauf?«

»Der hohe Einsatz! Mein Leben, das ist jetzt mein Einsatz. Ich will, was? Sie spielen nicht mit? Überlegen wir doch mal ganz ruhig. Wie hoch sind meine Chancen mit diesen Papieren?«

Hans sagte nichts, er sah Bernhard nur an, mit den hochgezogenen Augenbrauen, die er immer hatte, wenn er etwas scharf beobachtete.

Bernhard sprach weiter: »Die Grenzkontrollen sind nicht immer ganz gründlich, stimmt's? Nehmen wir an, daß die spanischen Posten morgen schläfrige, unordentliche Burschen sind. Sie sehen sich die Papiere also gar nicht so genau an, nicht wie Sie und Ihre Frau. Unsere Chancen sind daher zumindest fünfzig Prozent.«

Hans schwieg. Ich warf ein: »Selbst wenn das stimmen würde – denken Sie an den Rest der Reise! Die Eisenbahnkontrollen in Spanien, die portugiesische Grenze –.«

»Laß«, sagte Hans, »das hat alles nichts mit Logik zu tun. Sieh doch nur, er hört uns ja gar nicht.«

Nein, Bernhard schien wirklich nicht zu hören. Jetzt wischte er sich den Schweiß von der Stirn, in diesem kühlen Zimmer. »Vielleicht sind meine Chancen nicht fünfzig Prozent. Aber doch bestimmt fünfundzwanzig Prozent. Abgemacht. Also morgen früh, um welche Zeit?« Er schaute von einem zum anderen und begann, wieder um den Tisch herumzuwandern. »Jean, Sie sitzen nur da und schütteln den Kopf. Sie müssen doch zugeben«, und jetzt schien er sich an mich zu wenden, »es ist *möglich*, daß wir durchkommen. Zumindest fünf Prozent Möglichkeit. Ein Feigling bin ich nie gewesen; ich gehe, wenn ich auch nur die geringste Chance habe. Sie müssen mir helfen!«

Ich war ganz erstarrt: es ging zu wie in einem irren Traum. Wir waren es gewöhnt, daß manche Leute, die kamen, nervös wurden, das war ja ganz natürlich. Aber dieser Georg Bernhard, der sein Leben verspielen wollte – oder mußte –, gab es denn so etwas in Wirklichkeit?

Hans stand langsam auf. Er legte eine Hand auf Bernhards Schulter, aber vorsichtig, wie bei einem Schlafwandler, den man nicht zu plötzlich wecken will. »Wir werden Ihnen hinüberhelfen, wir bringen Sie auf einem sicheren Weg über die Grenze. Es stimmt schon, man muß bereit sein, etwas zu riskieren; aber wir sitzen ja hier, um das Risiko zu vermindern.«

Bernhard sah ihn jetzt an, aber seine Augen waren glasig.

Hans rüttelte seine Schulter. »Wenn Sie meinen, daß das hier ein Kasino ist, dann sind Sie an die falsche Adresse geraten. Sie sind jetzt auf der Flucht, wir alle sind jetzt Flüchtlinge, und Sie wissen, vor wem und warum.« Jetzt schien Bernhard zuzuhören.

Hans ließ seine Hand von ihm. »Mann, wachen Sie auf!« donnerte er unverhofft, so daß Bernhard und ich zusammenschraken. »Die Nazis haben Sie nicht untergekriegt – bisher konnte man Sie nicht zum Schweigen bringen. Jetzt sind Sie umzingelt. Nein, ein Feigling sind Sie nie gewesen, aber mit den Faschisten spielt man nicht Roulette. Oder *wollen* Sie ihnen eine Chance geben? Sie müssen sich entscheiden, wer Sie wirklich sind: ein Spieler, der ausgespielt hat, oder Georg Bernhard, dessen Stimme nicht zum Schweigen zu bringen ist?«

Bernhard wischte sich wieder den Schweiß vom Gesicht und setzte sich. Er lehnte sich schwer zurück und schloß die Augen. »Ich überlasse Ihnen das weitere«, sagte er leise, erschöpft.

Nach einer kurzen Pause unterbrach ich die Stille. »Es ist spät geworden«, sagte ich, auch um seine Aufmerksamkeit auf etwas anderes zu lenken. »In diesem Dorf kann man nicht mitten in der Nacht herumgehen, ohne verdächtig zu erscheinen. Wir müssen jetzt die notwendigsten Dinge besprechen.«

Vor allem mußte sofort das *Centre* in Marseille wegen der gefälschten Papiere benachrichtigt werden, denn man hatte diese stümperhaft gemachten Dinger sicher noch anderen Flüchtlingen gegeben. Dann mußte die Flucht für die Bernhards organisiert werden, über eine der Routen, auf denen sie über spanische und portugiesische Grenzen geschmuggelt werden konnten, ohne Grenzposten zu passieren. Bis dahin mußten sie in ihrem Hotelzimmer bleiben; hier in Banyuls, wo jeder jeden kannte, würden sie sofort auffallen. Vergessen Sie nicht, sagten wir ihm, daß dies ein stark bewachter Grenzort ist; die berüchtigte Waffenstillstands-Kommission steht hinter jeder Ecke.

Wir waren mit dem Hotelbesitzer befreundet, und er wollte dafür sorgen, daß sie ihre Mahlzeiten ohne Lebensmittel-Marken bekamen.

Professor Bernhard schien nun wieder im Gleichgewicht und seiner sicher zu sein; er sei optimistisch und würde uns alles leichtmachen, sagte er. Mein Mann brachte ihn zurück ins Hotel. Er blieb lange weg.

»*Merde*«, sagte er, als er zurückkam, »das hat uns noch gefehlt. Madame Bernhard möchte *faire de la peinture*. Sie will sich morgen auf den Marktplatz setzen und die hübsche Gegend malen. Nach einer halben Stunde guten Zuredens und Drohungen hat sie endlich versprochen, das Hotel nicht zu verlassen, aber sie seufzt immer noch, *je veux faire de la peinture*, mitten in diesem Schlamassel.«

»Ist es nicht unglaublich?« sagte ich. »Solche Leute – wie nennt man das? ›geistig hochstehende Menschen‹ – wandern mit einem Brett vor dem Kopf durch die Weltgeschichte. Manchmal scheint es, je höherstehend der Geist, desto größer das Brett.«

»Gerade für sie, die Exponenten deutscher Kultur, ist ihre Lage unfaßbar«, meinte Hans, »der Sprung ist zu groß. Unfaßbar, daß die Heimat das Land der Barbarei geworden ist und jetzt, mit Frankreichs Hilfe, nach ihnen fahndet. So spielen sie Vogel Strauß. *Das* sind unsere schwierigsten Fälle.«

Am nächsten Morgen nahm ich den Zug nach Marseille. Man mußte zum Reisen in der Grenzgegend außer der erforderlichen *carte d'identité* und dem *sauf-conduit* auch noch eine Sondererlaubnis haben; und ich hatte nicht einmal einen gültigen Personalausweis. Auf unserer Bahnstation gab es kein Problem: alle kannten mich, ich war aus dem Dorf, und weder den Gendarmen noch den Zöllnern wäre es eingefallen, mich nach Papieren zu fragen. Im Zug paßte ich auf, ob Gendarmen oder Polizei einstiegen, damit ich rechtzeitig verschwinden konnte; aber an diesem Tag gab es keine Inspektion. In Marseille mußte man an der Sperre die Papiere vorweisen; wer verdächtig war, wurde ins *Camp les Milles* für Männer, in das *Hôtel Bompard* für Frauen gebracht und wieder interniert; das war bekannt. Ich ging also in die Bahnhofstoilette, die, wie ich wußte, eine unbewachte Tür zum Foyer des Hotels Terminus hatte. Es klappte. Aber es war schon spät und das Büro des *Centre Américain de Secours* war geschlossen. Ich brauchte eine Unterkunft für die Nacht, ohne der Polizei in die Hände zu laufen, und in jedem Hotel mußte man gültige Papiere vorweisen. Ich suchte Freunde auf, die in einem kleinen Hotel am Boulevard d'Athènes wohnten; Hans Siemsen hatte zufällig den Schlüssel zum Zimmer eines Bekannten, der auf einige Tage verreist war, und so konnte ich in dessen Bett schlafen.

Als ich am nächsten Tag Varian Fry über die gefälschten Papiere berichtete, wollte er es zunächst nicht glauben. Seine Leute hatten ihm versichert, daß diese Visen echt seien, ausgestellt von den entsprechenden Konsulaten – die Konsularbeamten hatten recht hohe Bestechungsgelder dafür erhalten. Die Einzelheiten der Fälschungen, die ich ihm schilderte, überzeugten ihn endlich. Hatten noch andere Flüchtlinge diese ›echten‹ Papiere erhalten? Ja, sagte er ganz entsetzt, eine ganze Reihe von höchst gefährdeten Leuten. Sie mußten erreicht werden, bevor sie zur Grenze fuhren. Alle verfügbaren Leute des *Centre* machten sich sofort an die Arbeit.

Am Ende des Tages waren alle verständigt.

Ich versicherte Fry, daß wir einen Grenzübergang für die Bernhards finden würden, bei dem sie sich keiner Kontrolle auszusetzen hatten; wir hätten nun genügend Verbindungen dafür ausgebaut.

»Paul ist vor einigen Tagen an die Grenze gefahren, um zu sehen, ob die Route für die Bernhards geklappt hat«, sagte Fry.

Paul war einer seiner Mitarbeiter, der oft den Kontakt zwischen Marseille und uns herstellte. »Er ist jetzt wahrscheinlich bei Ihrem Mann. Sagen Sie ihm, er soll sofort hierher zurückkommen, ich muß mit ihm über diese Konsularstempel reden.«

Als ich zwei Tage später in Banyuls ankam, waren die Bernhards über die Berge. Eine Gruppe der *résistance*, deren Zuverlässigkeit wir wiederholt erprobt hatten, schmuggelte sie über die beiden Grenzen direkt nach Portugal.

Paul war bei uns, wie Fry angenommen hatte. Er habe auf meine Rückkehr gewartet, erklärte er mir. Ob Fry sehr aufgebracht gewesen sei? Ja, sicher, sagte ich, und er erwarte ihn schnellstens zurück.

Als ich in unser Wohnzimmer trat, spürte ich sofort, daß da irgend etwas nicht stimmte. Hans saß lesend an einem Ende des großen, schweren Eichentisches, der beinahe das Zimmer ausfüllte; Paul saß am anderen Ende und starrte vor sich hin. Als er nach einer Weile aus dem Zimmer ging, fragte ich Hans, was denn los sei: »Mir scheint, du redest überhaupt nicht mit ihm?«

»Stimmt. Ich habe nichts mit ihm zu reden.«

»Er sitzt hier seit drei Tagen bei uns, und du redest kein Wort mit ihm?«

»Stimmt. Mit ihm habe ich nichts zu reden.«

»Ist er es, der die ›echten‹ Visen beschafft hat?«

»Durch einen Gangster, den er am *vieux port* kennengelernt hat – das war seine ›Verbindung‹ zu den Konsulaten; er kann sich die Visen nicht einmal richtig angesehen haben, sonst hätte er gemerkt – –. Das ist kein Leichtsinn mehr, das ist Gewissenlosigkeit; wie kann man mit Abenteurern arbeiten, die das Leben der Flüchtlinge aufs Spiel setzen? Ich brauche jetzt keine liebenswürdige Plauderei.«

Paul fuhr am nächsten Morgen zurück nach Marseille.

Nach einigen Tagen kam die Nachricht, daß die Bernhards gut in Lissabon angekommen waren.

Mademoiselle Rosa sagte, sie freue sich so, daß ich von meinem Vater gehört habe und daß es ihm gutgehe. Ich war sehr stolz auf meine schauspielerischen Talente. Als ich sie zwanzig Jahre später besuchte, war eine ihrer ersten Fragen: »*Et votre ami?* Ist er gut durch Spanien und nach Amerika gekommen?«

2. März

Georg Bernhard war in der Tat ein schwieriger Fall. Aber was Maurice uns jetzt angeschleppt hat – –.

Wir kannten den Anwalt Arthur Wolff dem Namen nach; er hatte in Berlin oft Antifaschisten verteidigt. Nun haben wir ihn hier, mit seiner Frau Trude. Sein linkes Bein ist völlig gelähmt und steckt in einer Schiene; für kurze Strecken kann er sich auf einen Stock stützen, sonst braucht er Krücken. Er ist ein großer, massiger Mensch mit schneeweißem Haar und buschigen, schwarzen Augenbrauen, man kann ihn nicht übersehen. Bestimmt nicht in Banyuls.

Im vorigen Herbst war er mit Breitscheid und Hilferding nach Arles in *résidence forcée* geschickt worden. Am Tag nach der Auslieferung von Hilferding und Breitscheid hat das *Centre* Wolff und seine Frau nach Marseille geholt. Als Maurice mit den beiden dann hier ankam, zitterten Wolffs Hände und der Schweiß lief über sein dunkelrotes Gesicht. Es ist ja auch unglaublich, was mit den beiden in den letzten Wochen passiert ist. In Marseille hausten sie in einem Lagerraum hinter Kisten versteckt, bis man ihnen Papiere für die Flucht beschafft hatte.

Der Plan war, die Wolffs und die Bernhards zusammen auf dem absolut sicheren Weg mit der diplomatischen Limousine nach Portugal zu schaffen. Um Wolff mit seinem Bein aber erst einmal sicher an die Grenze zu bringen, haben Fry und Maurice ihn und Trude im Auto von Marseille nach Les Baux gefahren und dort in einen Zug nach Tarascon gesetzt, wo die Bernhards bereits warteten. In Tarascon warteten die vier eine Woche lang auf das Auto, das nie kam.

Neue Pläne, neue Verbindungen: Leute, die angeblich mit dem spanischen antifaschistischen Untergrund arbeiteten, sollen Wolff über die Berge tragen. Ja, tragen.

Sie gehen zum Treffpunkt, die Bernhards und die Wolffs, und warten auf die Träger. Niemand kommt. Diesmal warten sie nicht eine ganze Woche; es bietet sich ihnen ein Führer an, und sie gehen nachts mit ihm los. Wolff will es trotz seiner Lähmung versuchen. Sie beginnen, langsam in die Hügel zu steigen, links stützt sich Wolff auf eine Krücke, rechts auf seine Frau Trude. Es geht nicht, es ist unmöglich. Sie müssen umkehren. Der Führer geht mit ihnen zurück. Die Bernhards sind jetzt sich selbst überlassen – und durchgekommen –, die Wolffs werden uns von Maurice und einem der anderen Kuriere nach mehreren Irrfahrten hierher gebracht.

»Versteckt sie erst einmal«, sagt Maurice, »und versucht, irgendeinen Weg für sie zu finden. Übrigens habe ich Aussicht auf einen anderen diplomatischen Wagen, durch eine neue Verbindung«, bemerkt er noch beiläufig.

Eine Auseinandersetzung war unvermeidlich.

Wenn das so weitergeht, gibt es Katastrophen, sagten wir den beiden vom *Centre*. Was nützen euer Mut und eure guten Absichten, wenn durch leichtsinnige Aktionen unnötige Opfer gebracht werden müssen? Schwierige Fälle sind eben schwer zu lösen, und unbedachte Abenteuer haben noch nie die Lösung gebracht.

Ohne waghalsige Pläne könnten wir den Flüchtlingen überhaupt nicht helfen, beharrten Frys Mitarbeiter.

Sicher muß man Wagnisse und Risiken eingehen, aber eben nicht leichtfertig. Jeder neue Weg muß genau durchgedacht und untersucht werden, jeder Schritt berechnet sein.

Schließlich machten wir aus, daß wir hier versuchen würden, einen Fluchtweg für die Wolffs zu finden, während sich das *Centre* ernsthaft nach anderen Möglichkeiten umsehen wollte.

Was tun wir hier inzwischen mit den Wolffs?

Mir fiel ein, daß auf dem Weg zum Grand Hotel eine Villa zu vermieten ist. Die Wolffs sind gleich eingezogen, Geld scheint keine Rolle zu spielen. Wir dachten, jetzt haben wir eine kleine Atempause, aber der gute Herr Wolff hat sonderbare Vorstellungen darüber, wie man »dem Feind durch die Netze schlüpft«. Als wir zur Villa kamen, zeigte er stolz auf zehn Kisten Wein, die er sich von der Kooperative hatte schicken lassen.

»Die haben sich vielleicht gewundert!« berichtete er. »Als Illegaler muß man nämlich die Leute irreführen; es wird sich im Dorf herumsprechen und die Leute werden meinen, ich sei ein exzentrischer Millionär, der sich hier niederläßt.« Seine Panik war fürs erste überwunden, so befriedigt war er über seine Wendigkeit. »Ich werde hier ein großes Haus führen!«

»Wenn Sie durchkommen wollen, werden Sie nichts tun, was auffällt«, sagte Hans. »Zum Glück haben wir Sie hier unterbringen können, wo Sie nicht so viel gesehen werden. Sie fallen hier auf –.«

Wolff fiel ihm ins Wort. »Nein, nein, mein junger Freund, da verstehe ich als Rechtsgelehrter nun mehr davon«, belehrte er Hans. »Durch selbstsicheres Auftreten bewirke ich, daß niemand uns für lichtscheues Gesindel halten kann. Trude, schenk uns doch ein Gläschen Wein ein.«

»Trude«, sagte ich, »können Sie nicht mit ihm reden? Wir können ihn hier nicht halten, wenn er sich und uns alle in Gefahr bringt.«

»Mit dem kann keiner reden, das müssen Sie doch schon gemerkt haben«, sagte seine Frau gelassen. Wolff richtete sich würdevoll auf, eine Hand auf ihre Schulter gestützt, und begann salbungsvoll: »Ich will Ihnen beweisen, mein lieber Jean –.«

»Jetzt setz dich hin und sei ruhig«, sagte Trude. »Hier brauchen wir uns deine Plädoyers nicht anzuhören.«

6. März

Die Route, auf der die Bernhards ohne Papiere durch Spanien gebracht wurden, ist zeitweise unterbrochen, teilen uns unsere Freunde in Port-Vendres mit.

Es wäre sicher nicht leicht, Wolff mit seinem Bein in den Kahn zu laden (viel mehr als ein Kahn ist das Motorboot nicht). Aber immerhin, wenn man ihm anständige Papiere beschaffen könnte, wäre das vielleicht eine Möglichkeit. Unser Verbindungsmann meint, daß er, wenn jemand Benzin beschafft, zwei Leute finden würde, die *le canot* mit den Wolffs um das Kap nach Spanien bringen. Jedenfalls haben wir mit den Wolffs von der Möglichkeit gesprochen, und Herr Wolff war Feuer und Flamme. Aber kurz danach verlor er wieder die Nerven: Vielleicht würden die Leute die spanische Küste nicht finden. Vielleicht wüßten sie nicht, wie man um das Kap Cerbère herumsteuerte. Würde er Platz haben, um sein Bein auszustrecken? Konnte man den Leuten trauen?

In seiner Lage ist mir die Angst verständlich, doch auch er fängt jetzt an zu spinnen: »Ich habe eine großartige Idee – ich werde den beiden Seeleuten im Boot sagen, daß ich in der Schiene meines Beines eine Million Francs versteckt habe und daß ich sie reichlich belohnen werde, wenn sie uns sicher auf die andere Seite bringen.« Seine Frau sagte: »Ja, das mach nur, aber ohne mich, denn dann nehmen sie dir erst die Schiene ab und dann schmeißen sie dich ins Wasser.« Sein rotes Gesicht wurde so weiß wie seine Haare, und seine Hände fingen wieder an zu zittern.

Auch das Maultier wurde wieder auf die Tagesordnung gebracht. Wolff meinte, man müsse ihn nur gut festbinden. Doch selbst wenn sich inzwischen ein Maultier gefunden hätte, auf der spanischen Seite käme er ohne Hilfe nicht nach Port-Bou hinunter. Mit unserem Griechen und der Lokomotive war ebenfalls nichts zu machen, denn Wolff konnte die spanische Strecke im dunklen Tunnel nicht zu Fuß gehen. Jetzt mußten wir erst einmal sehen, was die Leute vom *Centre* tun konnten; im schlimmsten Fall blieb der Kahn.

10. März

Inzwischen haben wir noch andere Sorgenkinder, und es kommen immer mehr davon. Sie sind lang und blond – und passen überhaupt nicht hierher.

Fry schickt uns die Engländer, wie abgemacht, zu zweit oder zu dritt. Solange wir sie nicht leibhaftig vor uns sahen, konnten wir uns nicht richtig vorstellen, wie sehr sie hier auffallen würden. Das blonde Haar kann unter einer Baskenmütze verschwinden, aber diese wasserblauen Augen und die hellen Gesichter? Und vor allem sind die Leute zu groß. Sie müssen den Zug nehmen, der abends hier ankommt; ich hole sie ab (leider sind sie nicht zu übersehen); sie geben mir ihre Hälfte des durchgerissenen Stückes Papier und ich zeige ihnen die Unterkunft. Wir bringen sie in zwei verschiedenen Quartieren unter: eine Eisenbahner-Familie, die der Grieche uns vermittelt hat, und ein Fischer vermieten uns Zimmer, ohne viel zu fragen. Das Hotel benutzen wir in diesem Fall nicht, damit sie mit den Flüchtlingen gar nicht erst in Berührung kommen. Sie verlassen ihr Zimmer nicht mehr bis zu dem Morgen, an dem wir uns im Dunkeln treffen.

Die englischen Piloten und Soldaten, die in Frankreich hängengeblieben oder abgesprungen sind, dürfen sich hier nicht schnappen lassen. Wenn sie über die Berge sind, melden sie sich beim spanischen Grenzposten und erklären, daß sie in die Kategorie ›Kriegsgefangene‹ fallen (was angeblich stimmt). Sie verlangen, mit der britischen Gesandtschaft in Verbindung gebracht zu werden; meistens kommt dann schon nach einigen Tagen ein Vertreter des Konsulats in Barcelona und holt sie ab. Dann werden sie wohl nach Gibraltar expediert und von dort zurück nach England. Aus Marseille hören wir, daß es funktioniert. Da Spanien Reibungen mit England vermeiden will, sind unsere langen Kerle dort weniger gefährdet als die Flüchtlinge. Wir aber müssen doppelt vorsichtig sein mit ihnen, denn es könnte uns leicht den Kragen kosten.

Dabei beschäftigen uns noch andere Dinge: Wir dürfen nicht vergessen, wer wir sind und weshalb wir was hier tun. Man schlittert zu leicht auf die falsche Bahn. Sicher wollen wir den englischen Piloten zurückhelfen. Sicher betrachten wir jeden, der sich dem heutigen Deutschland entgegenstellt, als Verbündeten, und sicher gehen wir jetzt eine Strecke des Weges zusammen. Doch Weggenossen sind nicht immer Gesinnungsgenossen, und zusammenarbeiten heißt nicht, *für* jemanden arbeiten.

Im Grunde ist es dasselbe Problem wie bei Kriegsausbruch vor anderthalb Jahren, dieselben Diskussionen wie unter den politischen Emigranten in Paris. Frankreich und England stehen zwar im Krieg gegen Nazi-Deutschland, es wäre jedoch einfältig, sich vorzumachen, daß dies ein Krieg gegen den Faschismus sei. Wo ist der Platz der deutschen Linken? Keine gemeinsame Sache mit den Mächten, die sich so gerne mit Hitler vertragen hätten, wenn er sie nur gelassen hätte, sagten die einen. Wir gehören jetzt auf die Seite Frankreichs und Englands, sagten die anderen, jeder ist uns recht, der hilft, Deutschland vom Faschismus zu befreien. – Manche Strategen gingen in ihrem Eifer so weit zu behaupten, unser Platz sei jetzt in der Sahara auf der Seite der Fremdenlegion (wohin die französische Regierung unsere Männer zu schicken versuchte).

Die Vereinbarung mit Fry ist: Wir helfen den Engländern, die uns vom *Centre* geschickt werden. Wir nehmen an, daß sich diese Leute auf Vermittlung von Flüchtlingen, die das *Centre* betreut, an Fry gewandt haben; weiter wollen wir nichts wissen. Wir wollen mit keiner anderen Stelle in Verbindung gebracht werden. Es ist wichtig, daß wir uns sichern; es ist ebenso wichtig, daß wir unabhängig bleiben. (Falsch geraten, *monsieur le maire*: wir arbeiten für keine Regierung.)

Die Toms und Bobs und Charlies (können sie wirklicn alle so heißen?) haben ihre guten Seiten. Sie sind gesund, kräftig und regen sich nie auf; und das schönste ist ihre Disziplin. Gestern haben wir zwei expediert, diesmal hießen sie Fred und Jack. Nicht eine überflüssige Frage – allerdings hätte Fred auch nicht viel fragen können, er sprach nicht ein Wort Französisch. Jack habe ich mit meinem Schulenglisch auch nicht verstanden, aber es stellte sich dann heraus, daß er glaubte, französisch zu sprechen, während ich dachte, es sei englisch. Daß sich die Engländer überhaupt so weit durchschlagen können! Es wäre unmöglich, wenn nicht so viele Franzosen helfen würden.

Wir stellten uns zum Vergleich neben die beiden; sie versuchten, den Kopf einzuziehen und sich klein zu machen, sie waren immer noch mehr als einen Kopf zu lang. Auch im Dunkeln können die Zöllner diese Köpfe nicht übersehen, selbst wenn sie wollten. Wir müssen also die abgeänderte Methode gebrauchen, die ›Britannia-Spezialmethode‹.

Wir können uns ziemlich sicher darauf verlassen, daß zwischen drei und vier Uhr früh die Zöllner nicht auf ihren Posten sind, das haben wir schon vor längerer Zeit herausgefunden. Ich treffe die Engländer also um halb vier und führe sie vorsichtig aus dem Dorf (an die zwei Minuten Angst auf der Brücke habe ich mich jetzt gewöhnt) und weiter hinauf zu den Häusern und Bäumen von Puig del Mas. Dann kehre ich um, und sie gehen den Weg ein kurzes Stück weiter bis zu dem Punkt, wo Hans auf sie wartet; im Dunkeln kann man sie zwischen den Hügeln nicht mehr unterscheiden. Mit denen ist es ein Vergnügen, sagt Hans immer, wenn er, mit Holz auf dem Rücken, schon vor Mittag zurückkommt.

25. März

Erlaß der Pétain-Regierung: Grenzgebiete sind innerhalb von zehn Tagen von allen Fremden zu räumen. Banyuls liegt natürlich innerhalb der Grenzzone. Wir hatten uns schon so etwas gedacht, als man uns und die paar anderen Auswärtigen vor einigen Wochen auf die Gendarmerie bestellte, um unsere Papiere zu prüfen. Hans hatte wenigstens seine abgelaufene *carte d'identité*, aber mir blieb nichts anderes übrig, als meinen alten Zettel, das *refus de séjour*, die Aufenthaltsverweigerung, vorzuzeigen. Nachdem die zwei Gendarmen Hans und seinen Ausweis umständlich in das Registerbuch eingetragen hatten, nahm der *brigadier* meinen Schein. Ich hatte mich auf meine üblichen Erklärungen vorbereitet und fing gleich an zu reden; als er mir das Papier zurückreichte, ohne es richtig anzusehen, verschluckte ich mich. *»Merci, madame«*, lächelte er. Ich war wohl zu verblüfft, um gleich zuzugreifen, da sagte er noch: *»C'est tout, madame, c'est tout«*, und schob mir den Schein in die Hand.

Aber wie wird es diesmal gehen?

26. März

Ein Telegramm von meinem Bruder aus Marseille, oder vielmehr aus Cassis, wo er jetzt mit Eva und dem Kind wohnt: *Erwarte Euch umgehend stop Bringt Salami für Panama Visum.* Selbst in normalen Zeiten sind seine Telegramme manchmal rätselhaft. Jedenfalls muß es sich um einen neuen Fluchtweg handeln, den er ernst nimmt, sonst würde er nicht Alarm blasen. Wir werden bald sehen, was es ist, da wir nun doch in ein paar Tagen hier weg müssen.

Zum Glück ist inzwischen Maurice gekommen und hat uns von den Wolffs befreit. Es ist ihm gelungen, einen ausgezeichneten Paß für sie zu kaufen – es gibt nun keine Wolffs mehr, sie heißen jetzt Sanders – und Kuba-Visen. Jetzt kann er sie nach Cadiz verfrachten, von wo sie ein Schiff nehmen können, alles ganz legal, oder doch beinahe. Was für eine Erleichterung! Und recht viel Glück in Kuba, Herr Sanders.

1. April

Einer der Gendarmen ist gekommen, um uns abzuholen. Das Problem ist wieder einmal: um von hier weg zu können, müssen wir *sauf-conduits* haben, dafür brauchen wir aber gültige Ausweispapiere und eine Aufenthaltserlaubnis für den neuen Wohnort. Wir sollen mit ihm auf die Gendarmerie kommen, um das alles zu besprechen.

Also haben wir erst einmal zusammen ein Glas Wein getrunken und uns zu dritt auf den Weg gemacht – ganz ohne Aufhebens, dachten wir. Mit Mademoiselle Rosa freilich hatten wir nicht gerechnet. Als wir auf die Straße traten, in die blendende Sonne, kam sie gerade nach Hause, die Einkaufstasche hing an ihrem kurzen Ärmchen. Natürlich hatte sie schon von der neuen Verordnung gehört. Was das denn solle, wo wir denn hingingen, wollte sie von dem Gendarm wissen. Wie bitte, *étrangers*? Wer denn hier Ausländer sei? Zwei weitere Frauen mit Einkaufsnetzen blieben stehen, und der alte Mann mit der blauen Mütze, der immer an unserer Ecke steht, humpelte herbei. Unser Gendarm verteidigte sich: Wir wollen doch nur besprechen, wie sie ihre Reisepapiere bekommen – überhaupt diese Verordnung! Daß keine Ausländer hier sein dürfen, kommt doch von Vichy.

»Sie meinen *notre maréchal*?« sagte eine der Frauen, und Rosa rief wieder: »Ausländer? Das sind doch unsere Nachbarn – wer hat denn die halbe Nacht in der Kette gestanden und die Wassereimer weitergereicht während des Feuers? Das war Monsieur Jean aus Banyuls-sur-Mer, und jetzt nennen Sie ihn einen *étranger*?« Die anderen fanden: Da hat sie eigentlich recht. Die Frau im Haus gegenüber rief aus dem Fenster: »Es stimmt, ich habe es selber gesehen, *monsieur* hat geholfen, unser Feuer zu löschen; er gehört also hierher.«

»Meine Damen«, sagte der Gendarm und wischte sich den Schweiß vom Gesicht, »seien Sie doch bitte vernünftig, *monsieur* und *madame* werden gleich wieder zurück sein, wir wollen nur mit ihnen sprechen.« Und so zogen wir endlich ab.

Diesmal waren alle fünf Gendarmen in der kleinen Amtsstube versammelt, um unsere Papiere zu studieren. Vor allem meines. Wir erzählten ihnen, mein Bruder habe uns mitgeteilt, daß wir für Cassis-sur-Mer eine Aufenthaltsbewilligung hätten, nur sei die Zeit zu kurz gewesen, um sie uns rechtzeitig zu schicken. Der *brigadier* sah uns an, dann sagte er: »*Ça va, ça va.* Aber was machen wir mit dieser Aufenthaltsverweigerung. Auf dem *sauf-conduit* steht ›*Pièce d'Identité*: ______________ N°. ______‹, das muß ausgefüllt werden. Wenn wir *refus de séjour* hinschreiben, wird man Sie bei der ersten Kontrolle verhaften.«

Es wurde eine angeregte Debatte, jeder hatte etwas zu sagen, aber niemand wußte eine Lösung. »Für dieses Problem ist die Gendarmerie nicht zuständig«, entschied der *brigadier* nach einer Weile, »es ist eine administrative Angelegenheit, die der *mairie* unterliegt.«

Hans und ich gingen also hinüber und erklärten dem Sekretär den Fall. Der war ganz sicher, daß die ganze Sache in der Verantwortung der Gendarmerie liege, die *mairie* habe kein Recht, sich einzumischen. So gingen wir wieder zurück; wir beschlossen, uns zunächst passiv zu verhalten. Die Gendarmen fanden das Verhalten der *mairie* unerhört. »Die Herren wollen sich wohl wieder einmal drücken, aber wir werden ihnen das schon klarmachen. Gehen wir!«

Wieder die Straße hinunter zum Quai. Diesmal zogen alle fünf Gendarmen mit. Neuerlich allgemeine Beratschlagung mit dem Sekretär und seinem Adjutanten, meistens auf katalanisch; heftiges Gestikulieren. Nach einer Weile sagte ich: »Könnten Sie nicht einfach auf der Zeile nur die Nummer meines Ausweises hinschreiben, und wenn man mich fragt, werde ich es irgendwie erklären.«

»Ausgeschlossen«, rief der *brigadier*, »*impossible, madame, on va vous coffrer à Narbonne* – dort wird man Sie ins Kittchen stecken. Nein, die Zeile muß ausgefüllt werden.«

Der Adjutant sagte zum *brigadier*: »Wenn du nach dem gedruckten ›*Pièce d'Identité*‹ einfach mit der Hand schreibst: ›*Pièce d'Identité*‹, dann bleibst du bei der Wahrheit; und bei der Kontrolle werden sie sicher denken, daß du dich geirrt haben mußt und daß du in Wirklichkeit *Carte d'Identité* schreiben wolltest, zumal ihr Mann doch wirklich eine hat.«

Alle fanden das großartig. So zogen wir wieder zurück und sie stellten die *sauf-conduits* für uns aus; auf meinem steht: *Pièce d'Identité: Pièce d'Identité.* Dann schüttelten wir uns alle die Hände: *Au revoir, bonne chance!*

5. April

Der Zug fuhr aus dem Bahnhof und wir schauten aus dem Fenster. Zuerst fährt man an *les Elmes* vorbei. Hier ist das Häuschen am Strand. »Wenn das alles vorüber ist«, sagte Hans, »und wir sind einmal alt und wollen endlich Ruhe haben, dann können wir zurückkommen und dort wohnen.«

Auf Wiedersehen, Roussillon.

10. Kapitel

Was ist günstiger?
Cassis 1941

Der Wartesaal im Bahnhof Narbonne war groß, dunkel und schmutzig. Hans und ich hätten uns auf den leeren Bänken ausstrecken können, doch es war der gefürchtete Ort der Razzien, bei denen jedesmal viele Emigranten verhaftet wurden. Was hatte der Gendarm in Banyuls gesagt? *»On va vous coffrer à Narbonne, madame.«* Der Zug nach Marseille ging erst am nächsten Morgen, und es blieb uns nichts anderes übrig, als die Nacht hier zu verbringen.

Hans sah sich erst einmal um. Es gab einen Nebenausgang zu den Toiletten und einen leeren Gepäckraum, in dem man sich im Notfall verstecken konnte. Unser Gepäck verstauten wir hinter einer Theke. Dann lösten wir uns ab: während einer sich hinlegte, paßte der andere auf, damit wir nicht von der Polizei überrascht wurden.

Später stellte sich heraus, daß dies eine der wenigen Nächte gewesen war, in der es keine Razzia am Bahnhof gegeben hatte. Am nächsten Morgen nahmen wir den Zug nach Marseille, wo der Bahnhof noch gefährlicher war als in Narbonne. Darum gingen wir dort nicht durch die Sperre, sondern nahmen den nächsten Zug nach Cassis, wo es bis jetzt keine Kontrollen gegeben hatte. Es war nur eine kurze Strecke, weniger als eine Stunde. Wir standen am Fenster, unter uns die Märchenbucht von Cassis, dahinter das groteske Gebilde des *Cap Canaille* mit dem umgeknickten Horn.

An diesem Sonntagmittag wurde am Bahnhof Cassis zum ersten Mal kontrolliert. Die Gendarmen schüttelten den Kopf, als sie sich unsere Papiere ansahen, und der Chef sagte, er würde uns ausnahmsweise bei unseren Verwandten übernachten lassen; Montag früh müßten wir uns bei ihm melden.

Unsere Nichte Catherine, die bei den Leuten im Dorf Titi hieß, war inzwischen zweieinhalb Jahre alt. Sie wich ihrem Onkel Hans nicht von der Seite, und als wir uns am nächsten Morgen zur Gendarmerie aufmachten, nahm sie seine Hand und trippelte mit. Dort wartete der grimmige Chef schon auf uns. Er studierte nochmals die Papiere und zählte auf: »Eine seit einem Jahr abgelaufene *carte d'identité*. Eine Aufenthaltsverweigerung, ebenfalls seit einem Jahr nicht erneuert. Das *sauf-conduit*, das will ich nicht einmal gesehen haben. Sie wissen genau, daß Sie hier nicht bleiben können«, fuhr er fort. »Sie wissen auch, daß ich Sie den Behörden in Marseille übergeben müßte. Ich gebe Ihnen bis morgen Zeit, von hier zu verschwinden. *Je ne veux plus vous voir ici* – ich will Sie hier nie wieder sehen.«

Wir sagten, daß unsere Verwandten doch hier lebten, und wo wir denn sonst hinsollten? Die Präfektur in Marseille würde uns sicher die Papiere bald in Ordnung bringen, aber inzwischen, mit den ständigen *raffles*, den Straßenrazzien in Marseille – –.

»Kommen Sie zurück, wenn sie *en règle* sind«, donnerte der Gendarm, »bis dahin will ich Sie hier nicht sehen.«

Titi saß ganz artig auf ihrem Stuhl. Wir hatten ihr gesagt, daß sie ruhig sein mußte. Das Brüllen des Chefs schien sie nicht zu stören, aber ich merkte, daß sie gebannt auf seine rechte Hand schaute, mit der er in der Luft herumfuchtelte. Sie rutschte von ihrem Stuhl und ging zu ihm hinüber. Sie lehnte sich an ihn und zeigte auf seinen Mittelfinger, um den er einen dicken Verband hatte.

»*Tu as bobo, monsieur le gendarme?* Hast du Wehweh?« Ihr Stimmchen war voll Mitgefühl.

Der Chef unterbrach sich mitten im Wort, und seine Hand hing in der Luft. Er schien das Kind erst jetzt zu sehen. Er streichelte ihr Haar und sagte, nein, es tut wirklich nicht sehr weh, und er zog sie auf die Knie. Bildete ich es mir nur ein, oder wurden seine Augen wirklich feucht?

Mit der linken Hand nahm er einen Stempel und schlug ihn auf unsere Ausweise. Titi lachte, ihr machte das Knallen Spaß. Er schob uns die Papiere zu und sagte: »Passen Sie auf, wenn Sie sich auf der *mairie* melden, die werden nicht so sanft mit Ihnen umgehen.«

»Fragt auf der *mairie* nach Marie-Ange, der Sekretärin des Bürgermeisters«, hatte mein Bruder gesagt. »Ich habe sie schon auf euch vorbereitet.«

Die junge Frau mit dem kleinen goldenen Kreuz am Hals sah sich unsere Papiere an, schüttelte ihren dunklen Lockenkopf und seufzte. Nach einigem Überlegen stellte sie uns Scheine aus, auf denen stand, daß wir für Cassis ein *permis de séjour*, eine Aufenthaltserlaubnis, beantragt hatten. Dann gab sie uns zwei Scheine, mit denen wir im unteren Stockwerk Lebensmittel-Marken erhielten.

»Aber nehmen Sie sich in acht vor der Gendarmerie, die können Ihnen Schwierigkeiten machen«, warnte sie.

Aber was war das mit den Panama-Visen, von denen mein Bruder uns telegraphiert hatte? Und was hatte die ›Salami‹ damit zu tun – war das ein Schlüsselwort?

»Wir haben Verbindung zum Honorarkonsul von Panama in Marseille«, erklärte mein Bruder. »Er hat schon mehreren Leuten Visen verkauft, auch uns, ihr müßt euch gleich bei ihm melden. Natürlich ist er nicht autorisiert, die Visen auszugeben, und die dortige Regierung darf nichts davon erfahren. Statt Geld nimmt er Salami als Bezahlung. Ich habe einen Laden im *vieux port* gefunden, wo es noch alle möglichen Delikatessen gibt, auch Salami, natürlich zu unerhörten Preisen. Die Nutten und Zuhälter, die in der Straße leben, haben wahrscheinlich kaum das Geld dafür.«

Aber was tut man mit einem Panama-Visum, wenn man nicht nach Panama kann?

Man kann versuchen, damit nach Portugal zu kommen. Es ist schon einigen gelungen.

Während der Zeit, die wir an der spanischen Grenze verbracht hatten, waren unsere Reisepapiere natürlich ungültig geworden.

Die tschechischen Pässe wurden von Spanien nicht mehr anerkannt; die spanischen und portugiesischen Transitvisen waren verfallen, die Bestimmungen waren verschärft worden. Aber es gab auch eine günstige Änderung: die französischen Behörden gaben Scheine *au lieu de passeport* aus, auf die Visen gestempelt werden konnten. Die Gründe für eine solche Maßnahme waren wie immer unerklärlich. Vielleicht wollte man auf diese Weise lästige Ausländer loswerden?

Wir beschafften uns also die *»au lieu«*-Scheine und eine mittelgroße Salami und besuchten damit den Honorarkonsul, einen dicken Franzosen. Er ließ uns zunächst einen Schwur ablegen, daß wir den Boden Panamas nie betreten würden. Wir schworen mit reinem Gewissen. Dann nahm er die Salami entgegen, hielt sie an seine rötliche Nase und schnupperte lange. Ich sah ihm zu und fragte neugierig: »*Monsieur le Consul,* essen Sie eigentlich alle diese Salami-Würste selbst?« Hans trat mir unter dem Tisch auf den Fuß und ich fügte hinzu: »Ich meine, ist Salami nicht schwer verdaulich?« Aber der Honorarkonsul war nicht so feinfühlig. Er schien sich eher zu freuen, daß er sich mit jemandem über das Thema unterhalten konnte, und er versicherte uns, daß Salami einem nicht im Magen liege, wenn man nur genügend Knoblauch dazu esse. Während er die Visen auf unseren Papieren eintrug, lernte ich von ihm die Nuancen der verschiedenen Salami-Arten: ungarische, italienische – feinstes Esels- oder ordinäres Pferdefleisch.

»Wie ist es denn mit Rindfleisch?« erkundigte ich mich.

Sein Doppelkinn zitterte vor Empörung. *»Ah ça, non!«*

Nun hatten wir Visen für Panama.

Von Portugal aus gingen keine Schiffe nach Panama, deshalb konnte man das Transitvisum nur bekommen, wenn man ein Visum für ein Land hatte, von dem aus Panama per Schiff zu erreichen war. Dieses Land waren die USA.

Einige Besitzer von Panama-Visen hatten schon amerikanische Transitvisen erhalten. Sie kosteten 400 Francs pro Person. Das war nicht viel, doch wir hatten kein Geld. Ich ging zum

Centre Américain de Secours, und Varian Fry ließ mir die 800 Francs geben. Aber er war aufgebracht, daß man schon von dem ›Panama-Ausweg‹ wußte. »Das ist *meine* Quelle«, sagte er, »*wir* haben sie entdeckt. Es ist immer dasselbe. Sowie es eine neue Möglichkeit gibt, spricht es sich herum und alle stürzen sich darauf!«

»Was erwarten Sie denn sonst«, fragte ich, »wenn es doch allen an den Kragen geht.«

»Ich habe noch Schwergefährdete hier«, sagte Fry. »Die müssen zuerst gerettet werden.«

»Sie haben Hunderten geholfen«, sagte ich, »und viele hoffen noch auf Ihre Hilfe. Aber dann gibt es die anderen. Die Leute, die nicht berühmt sind und die keine Verbindungen haben, und von denen es zu viele gibt. Alle die Menschen, denen Sie nicht helfen können. Ein Monopol auf Lebensrettung kann es da nicht geben, nicht einmal für Ihr Komitee.«

Er rückte seine Hornbrille zurecht und sah mich einen Augenblick nachdenklich an. Dann wurde er wieder ungeduldig: »Es bleibt nicht viel Zeit. Wenn die Fluchtwege nicht geheimgehalten werden, kann ich meine Leute nicht mehr herausbringen, die Falle wird zuschnappen.«

Sicher gab es Dinge, die geheim bleiben mußten, da hatte er recht. Aber diese Geheimhalterei war zu einer Psychose geworden. Überall die panische Angst, oft grundlos, daß das Rettungsboot überfüllt sein wird. »Können Sie sich vorstellen«, fragte ich, »wie es ist, wenn man Freunden etwas verschweigen soll, das ihnen das Leben retten kann?«

Im Weggehen dachte ich noch: Ich möchte nicht in seiner Haut stecken. Ich möchte nicht die Macht haben zu entscheiden, wessen Leben gerettet werden soll.

Der amerikanische Vizekonsul sah sich die Papiere an, die ich ihm hinhielt, und sagte, er habe schon mehrere Anträge auf Transitvisen auf Grund von Visen nach Panama erledigt. »Haben Sie 800 Francs?«

Ich streckte ihm die Hand entgegen, in der ich das Geld bereithielt. Er nahm die Scheine und zählte sie. »Neue Anweisungen aus Washington seit heute«, erklärte er. »Transitvisen zur Ausreise nach Panama dürfen erst erteilt werden, nachdem die Regierung in Panama die Einreiseerlaubnis bestätigt. Das Telegramm nach Panama mit bezahlter Rückantwort kostet 800 Francs. Kommen Sie in fünf Tagen zurück.«

Meine Hand zuckte, ich wollte ihm das Geld wieder wegnehmen. Aber nein, ich mußte mich zurückhalten, ich mußte sogar ganz gleichgültig tun. Schließlich konnte ich ihm nicht sagen, schicken Sie das Telegramm nicht, ich habe es mir soeben überlegt, wir wollen nicht nach Panama, wir bleiben lieber hier. Wenn er die Antwort aus Panama bekam, sollte er zumindest annehmen können, daß wir die Visen für echt hielten.

Wieder mal etwas ins Wasser gefallen. Ich ging zurück zum *Centre*, um Fry zu benachrichtigen. »Jetzt sehen Sie wohl, was ich meine«, sagte er bitter.

Es war ein langer Sommer in dem bezaubernden Fischerdorf Cassis. Wir lagen am Strand in der Sonne, oder wir gingen zur *roche blanche*, dem weißen Felsen, wo es ruhig und einsam war. Ich lag viele Stunden auf dem Rücken im Wasser, denn ich hatte gemerkt, daß ich im Salzwasser die Leere im Magen und die Schwäche im Kopf und in den Beinen weniger spürte. So schaute ich in den blauen Himmel und dachte: Wenn wir nur Geld für falsche Brotkarten hätten. Eines Tages wurde mein Badeanzug gestohlen. Es war eine Katastrophe, denn es gab nichts mehr zu kaufen. Doch ich hatte ein großes provenzalisches Kopftuch. Unter den mißtrauischen Blicken von Hans schnitt ich mir daraus etwas zurecht, was man fünfzehn Jahre später Bikini nannte.

In Cassis waren jetzt Dutzende von Emigranten, die sich vor den ständigen Straßenrazzien und Verhaftungen in Marseille hierher geflüchtet hatten, wo die *mairie* und die Gendarmerie zwar weiter schimpften, aber gleichzeitig ein Auge zudrückten. Edmund war da und Heinrich, der seine Familie noch immer nicht gefunden hatte. Der nicht mehr ganz junge Mann mit dem Stoppelbart, den man in einer schmierigen Soldaten-

Cassis, Sommer 1941. 2. v. links Lisa Fittko.

uniform herumstreichen sah, war, wenn man sehr genau hinsah, der Berliner Kunstkritiker Paul Westheim; er hatte falsche Papiere und war in diesem Aufzug kaum wiederzuerkennen.

Gegen Mittag, wenn der Hunger am stärksten war, fing Claire an: »Jetzt möchte ich ein Schnitzel, das über den Teller hängt, saftig und –.« Weiter kam sie nie, denn wir hielten ihr den Mund zu oder schmissen sie vor Wut ins Wasser.

Abends gingen wir meistens in die *Bar de la Marine*. Wir waren etwa ein Dutzend Leute und saßen im Hinterzimmer, darunter drei junge Engländer, die auf dem Hügel oberhalb des Dorfes hausten. Die Wirtin, die dickste Frau von Cassis, brachte uns Wein aus ihrem geheimen Vorrat. Um nichts von den Nachrichten aus London zu versäumen, drehten wir das Radio ein paar Minuten früher an und hörten das Ende der deutschsprachigen Sendung, die der französischen voranging. Wenn die Wirtin genau in dem Moment mit ihren Gläsern kam, lief ihr Gesicht dunkelrot an und sie rief: »*Arrètez . . . je n'aime guère cette langue!* Ich liebe diese Sprache nicht besonders!« Unsere Beteuerung, daß es dieselbe Sendung aus London sei, interessierte sie nicht.

Das *Centre*, Varian Frys Komitee, bemühte sich, sein Versprechen einzuhalten und uns aus Frankreich herauszuhelfen. Doch es gab immer weniger Fluchtwege. Aus Lissabon kam ein Brief von Fritz Heine: »– Leider ist heute die Nachricht aus New York gekommen, daß das Emerescue (Emergency Rescue Committee – die Organisation, die Varian Fry nach Frankreich geschickt hatte) kein U.S.-Visum für Euch erhalten konnte. Sie wollen versuchen, ein Kuba-Visum zu bekommen und sind bereit, das Depot zu stellen. Ihr könnt sicher sein, daß ich alles tun werde, um Euch zu helfen.«

Von amerikanischen Freunden kam ein Brief: »Vielleicht können wir Euch helfen, in die jüdische Bauernkolonie nach San Domingo zu kommen (. . .), inzwischen schicken wir Euch einige Kleidungsstücke.«

Immer seltener gelang es jemandem, aus Frankreich wegzukommen. Es wurde hin und her überlegt: Wenn die Deutschen Südfrankreich besetzten, konnte man vielleicht versuchen, über die Alpen in die Schweiz zu entkommen, auch wenn die dortige Regierung seit Kriegsausbruch die Grenzen für Emigranten fast vollständig dichtgemacht hatte. Aber man war auch dort nicht sicher. Schon vor dem Krieg wurden wir, wenn man uns erwischte, regelmäßig nach Frankreich abgeschoben. Vielleicht war es doch leichter, sich in Frankreich zu verstecken, mit falschen Papieren unterzutauchen, bei gutgesinnten Franzosen unterzukommen? Vielleicht konnte man sich sogar in einem Ort wie Cassis halten?

Im Mai erhielt mein Bruder Hans ein Visum für die Vereinigten Staaten. Trotz des Widerstandes von Kongreß und Präsident Roosevelt hatte Eleanor Roosevelt durch Druck – um bei der Wahrheit zu bleiben, durch Erpressung – die Ausstellung von einigen hundert sogenannten ›emergency‹-Visen erwirkt; sie wurden auch ›danger‹-Visen genannt. Die Empfänger waren hauptsächlich bekannte Künstler, Autoren und Wissenschaftler. Mein Bruder, ein Physiker, war einer von denen, die auf diese Weise gerettet wurden. Frys *Centre* organisierte und zahlte die Überfahrt, und zwar meist auf Schiffen, die nach der französischen Insel Martinique gingen. Mein Bruder fuhr mit seiner Familie auf der ›SS Winnipeg‹.

Es war fast ein dazugehöriges Zwischenspiel, daß die ›Winnipeg‹ Martinique nie erreichte. Auf hoher See wurde sie von einem Schiff, das unter holländischer Flagge segelte, gekapert. Niemand auf der ›Winnipeg‹ wußte, wer sich hinter der ›neutralen‹ Flagge verbarg; manche der Emigranten warfen in Panik Papiere, Manuskripte und Bücher über Bord. Doch es war kein deutsches, sondern ein britisches Schiff. Die ›Winnipeg‹ wurde nach Trinidad dirigiert, wo die Emigranten, Männer, Frauen und Kinder, wieder einmal hinter Stacheldraht gesteckt wurden. Nach einiger Zeit ließ man die Leute, die amerikanische Visen hatten, weiterfahren.

Hans und ich waren an dem Tag, an dem die Nachricht kam, gerade in Marseille und wir gingen die Cannebière hinunter. Hans ging immer am Rand des Bürgersteigs. Das hatte er sich seit 1933 als Illegaler in Berlin angewöhnt und es war ein Instinkt geworden. Man hat eine bessere Übersicht, sagte er, und im Fall einer Razzia kann man sich leichter aus dem Staub machen. Manchmal überlegte ich: Wenn wir einmal in einem Land leben, wo wir legal sind – ob er dann aufhören kann, am Rand zu gehen und alles im Auge zu haben?

Auf der Cannebière trafen wir immer Bekannte. Heute blieben sie stehen: Wißt ihr schon? Habt ihr schon gehört? Deutschland hat die Sowjetunion überfallen.

Diesmal war es kein Gerücht.

Die Strategen der Emigration, die noch übriggeblieben waren, saßen in ihrem Stammcafé. Etwas war heute anders; die Leute an den verschiedenen Tischen waren nicht streng nach Gruppen, Parteien und Fraktionen geteilt. Menschen, die sich nicht mehr gegrüßt hatten, debattierten das Thema in allen Variationen. Doch es schien mir, daß jeder im Grunde nur sich selbst zuhörte.

»Es ist der Beginn der Niederlage der deutschen Wehrmacht, ich gebe Hitler zwei Monate.« Leider hatte der Stratege, der bekannt war als Verfasser zahlreicher Artikel, bisher meistens unrecht gehabt.

Maxim, der russische Emigrant, der als wütender Kommunistenfeind bekannt war, verkündete: »Jetzt ist es Zeit, mein südamerikanisches Visum zu benützen. Ich muß irgendwohin, wo ich mich als Freiwilliger melden kann.«

»Als Freiwilliger?« fragte ich. »Zu wem?«

»Zur Roten Armee natürlich.«

»Sie? Sie hassen doch die Sowjetunion!«

»Das hat damit nichts zu tun. Sie schmeißen alles durcheinander! Mütterchen Rußland wird angegriffen, und ich, Maxim, soll beiseite stehen? Wir Russen –.«

Ein grauhaariger Journalist, den jeder kannte, sprach dazwischen. »Ihr Narren! Seht ihr nicht – der Vormarsch der Barbaren ist unaufhaltbar. Adolf Hitler: Imperator Rex von Europa und Asien!«

»Bei dem piept's«, sagte eine Stimme in der Ecke.

»Die Werktätigen aller Länder werden sich zum Schutz der Sowjetunion erheben«, kam es von einem Tisch.

»Ach, jetzt ist es kein imperialistischer Krieg mehr?« Die beiden Streitenden waren aufgesprungen.

»Komm, gehen wir«, sagte Hans und schob mich zur Tür, »bevor die Polizei hier ist.«

Immer mehr Freunde kamen nach Cassis. Einige davon konnten in unserem Haus unterkommen, in der *rue de Jeune Anacharsis*. (Wir versuchten herauszubekommen, wer der junge Anacharsis war, aber wenn wir die Leute in der Straße fragten, sahen sie uns nur an und schüttelten den Kopf. Was soviel hieß wie: Wie kann man nur so ungebildet sein.)

Ich freute mich, als Erna mit ihrer kleinen Tochter kam und wir ihnen noch ein Zimmer in unserem Haus beschaffen konnten. Wir waren schon so lange befreundet. In Berlin, als wir noch ganz jung waren. Dann in Paris. Jetzt am Mittelmeer.

Auch Dörte kam, Arthur Koestlers erste Frau. Als es Koestler endlich gelang, ihr ein Visum zu beschaffen, fiel sie die Treppe hinunter, brach sich mehrere Knochen und konnte das Visum zunächst nicht benützen.

Wovon wir damals lebten? Ich glaube von einer winzigen Unterstützung, die das *Centre* seinen Schützlingen gab. Die Mieten waren billig, und fürs Essen konnte man beim besten Willen nicht viel ausgeben.

Es muß im Hochsommer gewesen sein, als es plötzlich keine Sardinen mehr gab. Cassis lebte hauptsächlich vom Sardinenfang. Morgens kaufte man am Quai die frischen Fische, und wenn es genug gab, machte ich für das ganze Haus gebratene Sardinen zum Frühstück, denn die Sardinen waren so fett, daß man sie ohne Öl braten konnte. Aber damit war es eines Tages aus. Es war unbegreiflich. Jede Nacht fuhren die Boote hinaus und verbrauchten das kostbare Benzin, und jeden Morgen kamen sie leer zurück. Man suchte nach der Ursache, man diskutierte viel und aufgeregt, es gab viele Meinungen. Es muß das Wetter sein. Nein, es ist der Mond. Oder die Deutschen sind dahinter. Als nichts half, beschloß man, eine Wallfahrt zu machen. Sie mußte an einem Sonnabend stattfinden, und man mußte genau um Mitternacht auf dem Berg ankommen, wo die Kapelle stand, in der die Schutzheilige der Sardinen hauste. Das ganze Dorf zog aus, und Erna und ich gingen mit, aus Neugierde. Ich erinnere mich, daß uns ganz schwach war vor Hunger.

Die Boote kamen am nächsten Morgen leer zurück, und auch am nächsten, und am nächsten.

Ein dreizehnjähriger Junge dachte: Ich werde einmal untersuchen, was da los ist, und herausfinden, was da nicht stimmt. Während sein Vater schlief, nahm er das Boot und fuhr hinaus und spionierte herum. Er fuhr weiter als erlaubt, durch den Ausgang der Bucht, und kreuzte hin und her.

Wir lagen am Strand, als das Boot zurückkam. Von weitem sahen wir den Jungen mit seinen aufgekrempelten Hosen herausspringen, er rannte zum Quai und rief etwas. Man umringte ihn, die Leute liefen zusammen, einige machten sich an ihren Booten zu schaffen. Wir gingen hinüber zum Quai.

»Ich habe es selbst gesehen!«

Der Junge mußte seine Entdeckung immer wieder für die Neuankömmlinge erzählen.

»*Une dauphine!* – ein Delphin, groß und fett, und ein Junges. Sie liegen vor der Bucht und fressen die Sardinen! Alle!«

Es gelang erst am nächsten Tag, den Riesenfisch hereinzubringen. Das Junge war davongekommen. Ein unvergeßlicher Triumphzug, mit dem dreizehnjährigen Helden an der Spitze. Die Festlichkeiten dauerten mehrere Tage. Der Fischhändler mit der großen Schürze zerlegte die Beute Tag und Nacht, und wir standen mit den anderen Schlange, um ein Stück zu kaufen. Über der Ladentür hing der Kopf des Delphins. Das ganze Dorf aß sich satt.

Dann kamen auch die Sardinen wieder zurück nach Cassis.

Erna und ich fuhren oft zusammen im Autobus nach Marseille, um unseren verschiedenen Angelegenheiten auf Komitees und Ämtern nachzugehen. Manchmal trafen wir uns mit Paulette, die nach einer Intervention Varian Frys endlich aus dem *Hôtel Bompard* entlassen worden war. Man hatte sie vor Monaten bei einer Razzia verhaftet.

In Marseille wurde die Präsenz der Deutschen immer sichtbarer. Fast, als wäre der Süden schon besetzt. In dem großen Hotel am Ende der Cannebière saß die Waffenstillstands-Kommission. Es fiel uns auf, wie viele Leute im Vorbeigehen auf die Straße spuckten. Wenn wir auf dem Weg zum *vieux port* dort vorbei mußten, gingen wir untergehakt auf der anderen Straßenseite.

Erna und ich waren den ganzen Tag herumgelaufen und hatten, wie gewöhnlich, nicht viel erreicht. Wir gingen müde die große Freitreppe zum Bahnhof St. Charles hinauf. Es war ein sonniger Tag, doch der tückische Mistral war eiskalt und blies durch einen hindurch.

Wir gingen den Bahnsteig entlang. Der Zug nach Cassis war überfüllt wie noch nie, Menschen hingen aus den Fenstern heraus und standen gegen die Türen gedrängt. Man ließ uns nirgendwo hinein. Der Zug fuhr langsam an, wir begannen zu rennen, um noch ein Abteil zu finden, in das wir uns hineindrängen konnten. Da flog eine Tür vor uns auf, Arme streckten sich uns entgegen und man zog uns die Stufen hinauf. *»Merci, merci«*, sagten wir außer Atem, der Zug fuhr schneller und wir ließen uns auf eine freie Bank fallen. Im selben Moment sahen wir, daß das Abteil voll von deutschen Uniformen war.

Die einzige Zivilperson war eine junge Französin in der Ecke neben uns, die den Kopf zum Fenster gedreht hatte. Ein Offizier wandte sich mit einer Verbeugung an sie, lächelte und bat um Erlaubnis, zu rauchen. Sein gestelztes Französisch erinnerte mich an den verhaßten Ploetz-Geschichtsatlas meiner Schulzeit. Die junge Frau warf den Kopf zurück und blickte ihn mit eisigen Augen an. Sie sagte *je vous en prie, monsieur*, und es klang kälter als der Mistral. Nach einer Weile sprach derselbe Offizier uns an, und Erna und ich begannen, uns lebhaft miteinander über häusliche Angelegenheiten zu unterhalten, natürlich auf französisch, und hörten ihn nicht. Er ging sichtlich gekränkt auf den Korridor. Er hätte den Soldaten sicher gerne mit seinen Sprachkenntnissen und seinen weltmännischen Manieren imponiert.

Nun saßen wir auf unserer Bank, gegenüber und neben uns deutsche Soldaten, die deutsch redeten.

»Sieh dir doch mal den kleenen schwarzen Deibel an«, sagte ein Soldat. Das war ich. »Ne echte rassige Französin«, erklärte sein Nebenmann.

Der Soldat uns gegenüber meinte: »Mir jefällt die Blonde besser, die mit die langen Beene.« Das war Erna.

Die Lage wurde kritisch. Ein Dutzend deutsche Augen waren auf uns gerichtet, und wir durften das Gesicht nicht verziehen. Wir durften auch nichts Falsches sagen, falls der eine oder andere Französisch verstehen sollte. Wie verbeißt man sich nur das Lachen? Mir fiel ein Witz ein, und ich erzählte ihn eilig und wir lachten und lachten und konnten uns gar nicht beruhigen. Die Soldaten sahen uns überrascht an.

Die nächsten vierzig Minuten haben wir nie vergessen. Die Soldaten unterhielten sich auf Soldatenart über unsere Anatomie und sezierten uns mit den Augen. Wir erzählten uns Witze und lachten. Und als uns keine Witze mehr einfielen, fingen wir wieder beim ersten an und lachten noch mehr.

Endlich. Cassis.

Ich stieg zuerst aus. Erna hinter mir. Als sie die erste Stufe hinunterstieg, verfing sich ihr Haken und sie stolperte. Der Soldat an der Tür griff ihr unter den Arm. »Halt dir senkrecht, Kleene«, sagte er. Erna war wieder im Gleichgewicht und stieg hinunter. Der Stationsvorsteher pfiff, der Zug machte einen Ruck. Bevor Erna die Tür zuschlug, rief sie nach hinten: »Keine Angst, ich schaff's schon –.«

Was war im Moment günstiger? Ein jüdischer Emigrant zu sein, oder ein ›arischer‹ Deutscher? Als was sollte man sich ausgeben? Wie sollte man sich melden?

Hans und ich fanden das eine so ungünstig wie das andere. Das beste war, sich überhaupt nicht auszugeben und sich nicht zu melden.

Als wir die Scheine *au lieu de passeport* für die Panama-Visen beantragten, wurde mir meines sofort ausgefertigt, aber Hans hatte Schwierigkeiten. »Sind Sie Jüdin?« wurde ich gefragt.

»Ja.«

Man schrieb auf meinen Schein: *Réfugiée provenant d'Allemagne.*

»Religion?« fragte man Hans.

»Protestantisch.«

Das junge Mädchen hinter dem Schalter sagte kurz: »Dann können Sie keinen Schein erhalten.«

»Warum nicht?«

»Diese Reisepapiere sind nur für Flüchtlinge.«

»Ich bin ein Flüchtling aus Deutschland.«

»Nein«, sagte die junge Beamtin autoritativ, »Sie sind kein Flüchtling, denn Protestanten werden in Deutschland nicht verfolgt.«

»Wie bitte?«

Aber sie ließ sich auf keine Debatte ein. Offensichtlich gab es, auf deutschen Wunsch, entsprechende Richtlinien aus Vichy, und offensichtlich war es im Moment in Ordnung, die Juden loszuwerden. Die anderen Flüchtlinge mußten zur Verfügung der deutschen Behörden gehalten werden. Hans konnte seinen Schein nur durch Intervention eines Bekannten mit Verbindungen bekommen.

Dann kam auf Verordnung der Pétain-Regierung die Juden-Registrierung. Wir sahen, daß dies ein Schritt zur Judenverfolgung in der unbesetzten Zone war, nach deutschem Muster. Was tun? Viele jüdische Emigranten fragten sich: Was ist besser, melden oder nicht melden? Ist es nicht günstiger, innerhalb des Gesetzes zu bleiben? Wenn man sich nicht meldet und sie erwischen einen – –.

Ich meldete mich nicht. Wir waren uns einig, daß es nicht ›günstig‹ sein konnte, sich zur Verfolgung zu melden. Sollte es möglich sein, davonzukommen, dann nur, wenn man solche Gesetze nicht befolgte.

Ungefähr zur gleichen Zeit forderte das »Dritte Reich« alle arischen Deutschen in Frankreich auf, in die Heimat zurückzukehren. Kostenloser Transport. Wer freiwillig zurückgehe, brauche keine Repressalien zu fürchten. Selbst politische Flüchtlinge würden unbehelligt wieder ein friedliches Leben im Kreise ihrer Lieben führen können.

»Die sind ja wahnsinnig«, sagte Edmund, »als wenn jemand darauf reinfallen würde.«

»Vielleicht meinen sie, daß der, der freiwillig zurückgeht, ihnen nicht mehr gefährlich wird«, sagte Heinrich. »Wer sich meldet, denken sie, hat die Schnauze voll.«

Es war kaum zwei Wochen später, als Edmund aus Marseille mit der Nachricht kam: »Der Heinrich hat sich zum Rücktransport gemeldet.«

Der Heinrich? *Unser* Heinrich? Unmöglich.

Langsam stückelten wir aus Gesprächen, die er mit Freunden gehabt hatte, zusammen:

Seine Frau und das Kind, die er in Paris hatte zurücklassen müssen, waren unauffindbar. Es konnte nur eine Erklärung geben: sie mußten bei der Besetzung ins Rheinland zurückgekehrt sein. Worauf also warten, wozu am Mittelmeer sitzen? Keine Papiere. Kein Geld. Wenn die Deutschen den Süden besetzten, würde die Gestapo ihn hier finden. Da war es vielleicht günstiger, sich freiwillig zurückzumelden. Das Verstecken, das ewige Flüchten, seit 1935, als er aus dem KZ herausgekommen war – er konnte nicht mehr.

Sie hatten ihn weichgekriegt. Ob er noch lebte?

Später erfuhren wir, daß er schon damals, als wir von ihm sprachen, nicht mehr am Leben war. Seine Frau und die kleine Tochter hat er nie wiedergesehen.

Es waren wohl nicht viele, die sich ›heim ins Reich‹ meldeten, aber Heinrich war nicht der einzige. Und es wurde berichtet, daß jene, die nicht gleich ermordet wurden, ins KZ kamen.

Man könnte annehmen, daß Hans mit seiner *carte d'identité*, selbst wenn sie abgelaufen war, besser dran war als ich mit meiner Aufenthaltsverweigerung. Doch nichts war so, wie man es sich dachte.

Wir hatten zwar die provisorischen Scheine von der *mairie*, doch die Gendarmerie mußte auf die Verlängerung der *carte d'identité* bestehen. Derartige Anträge wurden laufend abgelehnt und die Emigranten laut Regierungsverordnung in ein Konzentrationslager gebracht – die einzige Ausnahme waren Personen, die innerhalb von drei Wochen ausreisen würden. Meine Papiere waren wohl so miserabel, daß die Gendarmerie von Cassis es vorzog, meine Existenz zu ignorieren. Hans hingegen mußte die begrenzte Verlängerung beantragen und erhielt sie auf Grund des unbrauchbaren Panama-Visums, das damit zumindest einen Zweck erfüllte.

»Die drei Wochen sind um und Sie sind immer noch nicht weg«, sagte der Brigadier, wenn er Hans auf der Straße sah. Sein Gesicht lief rot an. »Es ist gegen die Vorschriften, ich müßte Sie –«, er verschluckte sich. »*Je ne veux plus vous voir, plus jamais!*«

Den ganzen Sommer über schaute Hans nun vorsichtig um die Ecke, wenn er von unserem Haus die steile *rue du Jeune Anacharsis* herunterkam, und wenn der Brigadier am Quai in Sicht war, zog er sich wieder zurück. Wenn der Gendarm aber unverhofft aus dem *tabac* oder einer Bar heraustrat und ein Aufeinandertreffen unvermeidlich schien, drehte er den Kopf und sah Hans nicht. Da das Dorf so klein war, kam es auch vor, daß die beiden sich plötzlich gegenüberstanden, und dann beruhigte Hans ihn: »In drei Wochen bestimmt.«

Wir saßen mit einigen anderen Emigranten um einen Tisch in der *Bar de la Marine* und warteten, bis es Zeit war, im Hinterzimmer die BBC-Nachrichten zu hören. Wir tranken ›Kaffee‹ und ich hatte wieder einen Teller mit *oursins* vor mir. *Oursins* sind Seeigel, stachelige Kugeln, die man kunstvoll aufknacken muß, um das kleine eßbare Innere zu erreichen. Die anderen lachten über mich und meine ewigen Igel, aber ich fand, daß für einen leeren Magen das Igel-Innere besser war als nichts.

Plötzlich wurde es still. Fünf Polizisten kamen herein, begleitet von unserem Brigadier. Es war die Marseiller Polizei, die eine ihrer Razzien in der Region durchführte. Zu dumm, daß wir gerade jetzt hier sitzen mußten, wo es keinen Ausweg gab. Wenn wir jetzt versuchten, uns ins Hinterzimmer zu verdrücken, würden wir die Polizei nur zu dem Radioapparat führen.

Die Polizisten gingen in dem halbdunklen Raum von Tisch zu Tisch und prüften die Papiere. Zuletzt kamen sie zu uns. Die beiden Paare, die bei uns saßen, hatten zum Glück gültige Papiere. »Melden Sie sich morgen früh auf der Präfektur in Marseille«, sagte der Polizist. Jetzt waren nur noch Hans und ich übrig. Ich drückte mich in die Ecke und machte mich ganz klein. *»Vos papiers, monsieur.«* Der Polizist hielt die Hand hin.

Hans wies auf unseren Gendarm, der am anderen Ende des Raumes an die Theke gelehnt stand, mit dem Rücken zu uns. *»Monsieur le brigadier connait mon cas«*, sagte er mit ruhiger Sicherheit, »der Herr Wachtmeister ist vertraut mit meinem Fall.«

»Eh, brigadier«, rief der Polizist durch den Saal, »dieser Herr sagt, du kennst seinen Fall?«

Unser Gendarm drehte sich um und fragte: »Welcher Herr –?« Er erblickte Hans und der Mund blieb ihm offenstehen.

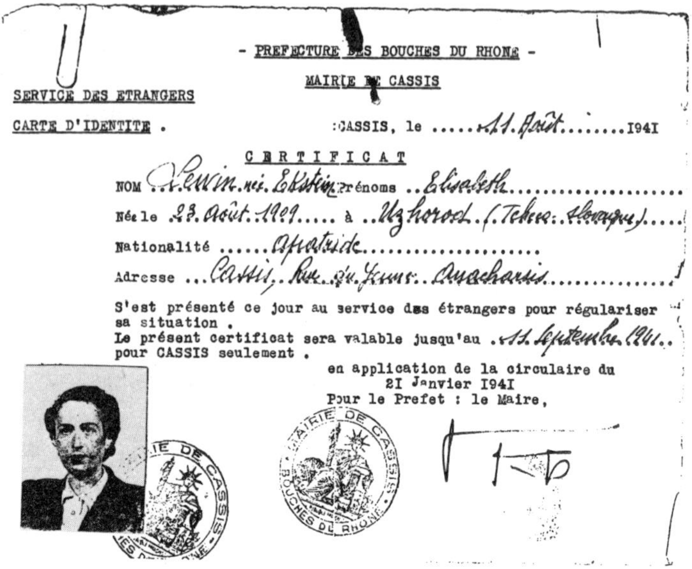

- PREFECTURE DES BOUCHES DU RHONE -

MAIRIE DE CASSIS

SERVICE DES ETRANGERS

CARTE D'IDENTITE .

CASSIS, le ....11. Août........1941

CERTIFICAT

NOM ...Lewin née Ekstein Prénoms ..Elisabeth..................

Née le 23. Août 1909..... à ..Uzhorod (Tchéco-slovaque).....

Nationalité ......Apatride....................

Adresse ...Cassis, Rue du Jeune Anacharsis..............

S'est présenté ce jour au service des étrangers pour régulariser sa situation .
Le présent certificat sera valable jusqu'au ..11. Septembre 1941..
pour CASSIS seulement .

en application de la circulaire du
21 Janvier 1941
Pour le Prefet : le Maire,

Ein provisorisches Ausweispapier der Gemeinde von Cassis. Aus Sicherheitsgründen nannte sich Lisa Fittko ›Lewin‹, da der Name ›Fittko‹ auf der Auslieferungsliste der Gestapo stand.

»Stimmt es?« rief der Polizist ungeduldig. »Ja«, sagte der Brigadier langsam, »ja, es stimmt, daß ich seinen Fall kenne, und ob ich ihn kenne, ja.« Der Polizist hatte es eilig. »*Merci, monsieur*«, sagte er zu Hans, »verzeihen Sie die Störung – *bon soir*.«

Das war wieder einmal Glück, aber wie lange würden wir dieses Spiel noch weitertreiben können, »innerhalb von drei Wochen«? Der Boden wurde immer heißer. Fritz Heine hatte Kuba-Visen erwähnt. Herr R., der mit seiner Familie in Cassis wohnte, hatte Visen nach Kuba gekauft und war kurz vor der Abreise. Als wir sagten, daß das Emerescue sich für uns um diese Visen bemühte, lachte er. »Wissen Sie, was Kuba-Visen kosten? Kein Komitee kann das bezahlen. 500 Dollar Gebühr pro Visum, 2000 Dollar

Depot pro Kopf, die Überfahrt pro Person 500 Dollar.« Er hatte wohl recht, daraus konnte nichts werden.

Kurz darauf kam Paul Westheim in seiner alten Uniform dahergetrottet und zeigte uns ein Papier: ein Visum für Mexiko. Für ihn, den bekannten Kritiker, den Polemiker gegen die ›Kunstpolitik‹ der Nazis, war es wohl leichter möglich gewesen, die Einreisegenehmigung zu bekommen. Wieder einer gerettet! Wir feierten mit einer letzten Flasche Wein, und Westheim, der sich meistens abseits hielt, redete viel und wurde immer lebhafter. Er sprach von der Zukunft – vielleicht ist mir das Gespräch im Gedächtnis geblieben, weil man in jenen Tagen manchmal vergaß, daß es eine Zukunft gab. Er sprach von den Kadern, die gerettet werden mußten für die Kultur des künftigen Deutschland.

Für uns bemühte sich mein Bruder von New York, uns herauszubringen; einige der Freunde, die wir über die Grenze gebracht hatten, halfen mit. Man sprach von Ecuador, Peru, Argentinien. Aber es klappte nicht.

Es war Herbst geworden, das Jahr 1941 ging dem Ende zu. Wir mußten es eben anders versuchen. Da kam wieder ein Telegramm.

11. Kapitel

Zweiundzwanzig alte Juden

Kuba-Visen für F erhalten. Stop. Höchste Eile, hieß es in dem Telegramm aus New York, das Mitte Oktober 1941 im Marseiller Büro des *Centre Américain de Secours* angekommen war – ein Jahr, nachdem das Komitee uns die Versicherung gegeben hatte, es würde uns bei unserer eigenen Flucht helfen, wenn es an der Zeit war. Wir hatten dieses Versprechen immer als einen blassen Hoffnungsschimmer betrachtet; je mehr Zeit verrann, je näher der Torschluß rückte, desto blasser erschien es. Es war nicht einmal wie in einem Traum, wo man hinter etwas herläuft, ohne es je zu erreichen. Denn im Traum glaubt man an Erfüllung, bis man aufwacht. Doch hier gab es nichts zu glauben.

»Unsere verschiedenen Transitvisen müssen erneuert werden«, sagte Hans, »und wir brauchen den Reiseausweis für die kubanischen Visen. Dann müssen wir die Schiffskarte besorgen, aber dafür brauchen wir zuerst die Devisenerlaubnis, du mußt also –.«

»Wo ist Kuba eigentlich?« unterbrach ich ihn.

»Ich weiß auch nicht genau, irgendwo zwischen Nord- und Zentralamerika. Warum mußt du das jetzt wissen?«

»Weil es sich mir nicht wie ein wirkliches Land anhört – Kuba. So wie diese Visen nach China oder Panama, ein Stück Papier, aber kein Ort, wo man hinfahren kann. Weißt du, was für eine Sprache man dort spricht?«

»Ist doch egal – Spanisch wahrscheinlich. Zuallererst müssen wir deine Eltern aus der besetzten Zone herausbekommen; das wird nicht leicht sein. Meinst du, daß sie jetzt endlich einverstanden sein werden?«

»Edmund ist überzeugt davon. Der Vater hat ihm das letzte Mal gesagt, daß sie jetzt fest entschlossen sind, nach diesem Zwischenfall auf der Straße.«

In der Gartenstadt *la Butte Rouge* südlich von Paris, wo wir gelebt hatten und meine Eltern hatten zurücklassen müssen, war jetzt ein deutscher Truppenteil stationiert. Unsere Flucht war nun schon über ein Jahr her. Als der Norden besetzt wurde, blieben nicht mehr viele Menschen in dem Ort. Die jungen Männer waren eingezogen worden und ein großer Teil der übrigen Bevölkerung hatte sich den Millionen angeschlossen, die von überall mit Fahrzeugen, per Bahn und zu Fuß versuchten, in den Süden zu fliehen. Einige Stunden vor Ankunft der Deutschen begannen die Leute, die zurückgeblieben waren, zu Fuß in südlicher Richtung zu fliehen. Es waren meistens Frauen mit kleinen Kindern und ältere Leute. Als alle Bewohner der *rue Robert Hertz* auszogen, warfen auch meine Eltern einige Sachen in einen Kinderwagen und zogen mit, so schnell ihre Füße sie trugen. Nach etwa zwei Stunden wurden sie von deutschen Truppen überholt, drehten um und kehrten wieder in die *rue Robert Hertz* zurück.

Nun lebten die Leute also in der besetzten Gartenstadt. Die deutschen Soldaten verhielten sich einigermaßen höflich zur Bevölkerung, als wollten sie zeigen: Seht ihr, wir sind keine *sauvages*, wir sind nicht Wilde, auch wir sind zivilisiert. Es hatte seine Wirkung. *»Ils sont corrects, ils sont polis, quand même«*, war zu Beginn der Besetzung oft zu hören. Man klammerte sich daran, denn es half, sich mit dem Leben unter feindlicher Besatzung abzufinden. Doch betäubte das Angst und Schrecken nur kurz, sie waren sofort wieder da, wenn man erfuhr: André, der auf dem nahen Militärflugplatz in Villacoublay arbeitete, war verhaftet und als Spion erschossen worden. Man konnte sich nicht taub und blind stellen, man mußte daran denken, wenn man seine Witwe mit der zweijährigen Nicole am Markt sah. Und Jeannot, der in Paris arbeitete, war während einer Straßenrazzia als Geisel verhaftet und erschossen worden; es waren im ganzen hundert.

Meine Eltern fanden, daß die Umwelt in der *Butte Rouge*, die ihnen während der letzten Jahre vertraut geworden war, nicht gefährlicher war als irgendein anderer Ort in Frankreich. Hier kannte man sie, man half ihnen; der Vater konnte Deutschstunden geben – danach war jetzt viel Nachfrage –, und die Mutter nähte ab und zu etwas für Nachbarn, im Austausch gegen Lebensmittel. Sie wollten nicht wieder Hals über Kopf davon; sie waren jetzt älter, ihre Gesundheit hatte gelitten, sie hatten kein Geld – und sie waren müde.

Eines Morgens ging Vater auf seinen täglichen Spaziergang. Wie immer verließ er das Haus genau um halb elf, mit seinem *béret basque* auf dem Kopf und dem Stock in der Hand. Wie immer ging er die leicht ansteigende *rue Robert Hertz* hinauf, die in den Wald führte, und seine Haltung war immer noch aufrecht und sein Gang sicher. Auf der anderen Seite kamen zwei deutsche Offiziere, sonst war die Straße leer. Vater hörte den einen, der der Kommandant der Garnison war, sagen: »Sehen Sie den alten französischen Juden da drüben? Das ist der nächste, den ich mir hole.« Vater dachte: Jetzt nur ruhig weitergehen, nicht merken lassen, daß ich sie verstehe. Wenigstens glauben sie, daß ich Franzose bin. Als er nach Hause kam, wie immer genau um elf Uhr fünfzehn, sagte er zur Mutter: »Vielleicht sollten wir uns doch noch einmal überlegen, ob wir nicht zu den Kindern in den Süden gehen sollen.«

»Mein Bruder hat aus New York geschrieben«, sagte ich zu Hans, »hier, lies doch mal den Brief.«

»Ich hatte zwei Stellungsangebote«, schrieb mein Bruder Hans, »und habe das von der Universität von Kansas City angenommen, obzwar mich das weniger reizt. Doch man hat sich bereit erklärt zu einem Vorschuß, um damit Visen für die Eltern nach Peru zu kaufen.«

»Visen für die Eltern nach Peru«, las mein Mann laut. – »Sollte das möglich sein, so müssen wir sie um so mehr hierherholen, denn die Visen können sie nur hier in der unbesetzten Zone erhalten. Es bleibt uns nicht mehr viel Zeit, wir müssen den Übergang für sie gleich organisieren. Ich meine heute.«

»Vielleicht sollte ich hinüber und sie holen?«

Hans schüttelte den Kopf. »Nicht du. Du kannst nicht in die Wohnung, wo die Gestapo uns am Tag der Besetzung von Paris gesucht hat. Und dann noch mit deinen Papieren, diesem verfallenen *refus de séjour* – der Aufenthaltsverweigerung.«

»Vielleicht Edmund?«

Seit der Besetzung war Edmund schon mehrmals illegal über die *ligne de démarcation* und nach Paris, um wichtige Angelegenheiten für andere Emigranten zu erledigen, und er hatte dabei immer unsere Eltern besucht. Er und einige wenige andere Freunde waren die einzige Verbindung, die wir mit ihnen hatten, da der Briefverkehr zwischen den Zonen auf Postkarten beschränkt war, Karten einer ganz besonderen Art: sie enthielten vorgedruckte Sätze, die man entweder ankreuzen oder ausstreichen durfte, wie zum Beispiel: ›Es geht uns gut‹ – ›Großmutter läßt grüßen‹ – ›Wir haben schönes Wetter‹ – ›Die Kinder sind gesund‹. Schreiben durfte man nur seinen Namen und die Adresse.

»Edmund?« sagte Hans und überlegte, »nein, das wäre auch nicht das Richtige. Ich weiß, er würde sofort gehen wollen, und er hat die nötige Erfahrung – aber es wäre unverantwortlich, wir Emigranten sind doppelt gefährdet.«

Wir saßen noch immer im Büro des *Centre Américain de Secours*. »Wir werden den Autobus nach Hause versäumen«, sagte ich. Zu Hause war immer noch Cassis-sur-mer.

»Vielleicht solltest du zuerst mit Mademoiselle Bertrand sprechen«, schlug Hans vor. »Frag sie, ob sie die Eltern herüberbringen kann und wieviel es kosten würde. Sicher wird man uns helfen, das Geld irgendwie aufzutreiben.«

Ich ging hinüber zu dem alten Haus nicht weit vom Büro, wo sie in einem Zimmer im vierten Stock wohnte. Sie war zu Hause.

Mademoiselle Bertrand war Französin, Mitte Dreißig; eine kleine, aber kräftige, energische Person. Sie hatte Freunde unter den Emigranten, sie verstand ihre Situation und hatte Sympathie für sie. Da sie sich in manchen Gebieten der Demarkationslinie gut auskannte, brachte sie Leute aus der besetzten Zone über die *ligne*. Es war für sie eine Aufbesserung ihres Einkommens, und sie wollte gerne helfen.

Ich erklärte ihr, warum es große Eile hatte mit meinen Eltern und wollte wissen, wann sie nach Paris fahren könnte.

Es tue ihr wirklich leid, daß sie nicht helfen könne, sagte sie, aber sie habe sich gerade jetzt entschlossen, niemanden mehr herüberzubringen. Sicher wüßten wir doch, daß die Bewachung jetzt doppelt so scharf sei; es gebe ständig Schießereien, Schüsse auf Menschen, die versuchten, illegal herüberzukommen. Und ob wir denn jetzt meine Eltern wirklich dieser Gefahr aussetzen wollten? Nein, das sei die Sache nicht wert, für ein bißchen Geld sein Leben zu riskieren.

Ja, wir wüßten, daß es viel gefährlicher geworden sei, sagte ich. Aber es bliebe uns nichts anderes übrig, die alten Leute würden die Besetzung kaum überleben, und jetzt gebe es vielleicht doch noch die Möglichkeit, sie aus Frankreich herauszubringen. Ich könne ja wohl schlecht nach Kuba, solange meine Eltern in der besetzten Zone festsaßen? Ich sah den Kummer und das Mitgefühl in ihren Augen, aber sie schüttelte weiter bedauernd den Kopf.

Wir sprachen lange. Wir überlegten, welche anderen Möglichkeiten es gab, doch wir fanden keine Lösung. »Es stimmt, ich kenne die ganze Gegend«, sagte sie nach einiger Zeit, »ich habe Helfer unter den Einwohnern auf beiden Seiten der *ligne*.« Sie dachte wieder nach. »Wenn ich eine andere Übergangsstelle benützen würde – lassen Sie mich überlegen, vielleicht etwas westlich –, aber das wäre das letzte Mal, und dann nie wieder.«

Wir waren uns einig, daß sie diesmal nur Vater und Mutter hinübernehmen sollte und nicht, wie bisher, Gruppen von vier oder fünf Leuten. Das wäre jetzt zu gefährlich. Und sie würde mehr verlangen müssen. Sicher, sagte ich, natürlich verstehe ich das, wir würden das Geld schon aufbringen. Heute war Donnerstag. Vielleicht könne sie schon am Montag fahren.

Montagnachmittag. Mademoiselle Bertrand war unterwegs nach Paris. Morgen früh würde sie zur *Butte Rouge* fahren, wo Vater und Mutter wohnten. Wir hatten inzwischen Gelegenheit gehabt, die beiden durch den Pariser Geschäftsfreund eines Bekannten verständigen zu lassen. Sie durften kein Gepäck mitnehmen; Mademoiselle Bertrand hatte uns zwar versichert, daß der Übergang der *ligne* an der Stelle, die sie diesmal wählen würde, nicht sehr beschwerlich sei, aber bei dem Alter meiner Eltern –. So mußten sie also wieder einmal alles zurücklassen – das wievielte Mal während der letzten acht Jahre? Ich dachte: Das wird nicht das Schlimmste für sie sein, denn es gibt jedesmal weniger zu verlieren.

Wir rechneten damit, daß Mademoiselle Bertrand am Dienstag oder vielleicht am Mittwoch mit ihnen zurückkommen würde. Nach der Überkreuzung der *ligne* würden sie erst einmal in einem Hotel in der ›freien‹ oder, richtiger gesagt, der unbesetzten Zone, übernachten (wie konnte man von ›frei‹ sprechen, wenn die Pétain-Regierung versuchte, die Deutschen bei der Verfolgung der Juden und Antifaschisten zu übertreffen?) Spätestens am Donnerstag würden sie dann den Zug nach Marseille nehmen, und Mademoiselle Bertrand würde sie noch am selben Abend direkt zu uns nach Cassis bringen.

Auch am Donnerstag kamen sie nicht.

Am Freitag sagte Hans: »Du weißt, daß wir uns die Zeit nur ungefähr ausrechnen konnten. Wir kennen das doch, es gibt immer unvorhergesehene Verzögerungen.«

Am Samstag gingen wir bei jeder Zugankunft zum Bahnhof und morgens und abends zur Autobus-Haltestelle. Benzin gab es schon lange nicht mehr, doch der Marseiller Bus fuhr mit *gazogène*. Er fuhr und blieb stecken und schnaufte dann langsam weiter, die strahlende Küste entlang, doch bergauf ging ihm jedesmal die Puste aus. Man stieg aus und stocherte in der Holzkohle herum und schob an, man schimpfte und jemand sagte gewöhnlich: »*Voilà l'essence de notre maréchal* – da habt ihr das Benzin, das uns unser Marschall gibt.«

Aber die Eltern kamen und kamen nicht. Hans sagte wieder, sicher hätten sie die Abreise aus irgendeinem Grund wieder verschieben müssen, und benachrichtigen könnten sie uns ja nicht. Wir müßten einfach Geduld haben. Aber ich merkte, daß auch er jetzt nervös war.

Am Sonntag sah ich eine kurze Mitteilung in der Zeitung: ›*Schießerei an der Demarkationslinie*‹. Vier Leute hatten versucht, in die unbesetzte Zone zu gelangen; einer war dabei getötet worden. Der Ort war nicht angegeben.

»Diese Zwischenfälle gibt es dauernd«, sagte Hans, »Mademoiselle Bertrand ist doch eine geschickte, erfahrene Führerin.« Das stimmte alles. »Kein Grund anzunehmen, daß es etwas mit den Eltern zu tun hat.« Vielleicht nicht, aber vielleicht doch.

Am Montag fuhr ich nach Marseille. Es schien nicht viel Sinn zu haben, aber ich ging trotzdem zu Mademoiselle Bertrands Wohnung. Ich klopfte, es öffnete niemand, deshalb schob ich einen Zettel unter ihre Tür mit der Telefonnummer des Papiergeschäfts von Mademoiselle Jeanne in Cassis, über die sie uns erreichen konnte.

Am Montag kamen sie nicht, und sie kamen auch nicht am Dienstag. Ich suchte nach Bekannten, die vielleicht etwas wußten. Gab es etwas Neues an der *ligne*? Hatte jemand von Mademoiselle Bertrand gehört? Niemand konnte mir helfen.

Dienstagabend, auf dem Weg zum Autobus, sah ich Franz, einen jungen österreichischen Emigranten. Wir standen auf der Straße, und ich erzählte ihm die Geschichte mit meinen Eltern, daß wir seit Donnerstag warteten und nicht ein Wort von ihnen gehört hätten. Und Mademoiselle Bertrand sei verschwunden.

»Verschwunden?« sagte Franz, »sie ist doch hier in Marseille.«

»Unmöglich. Sie sollte mit meinen Eltern direkt nach Cassis kommen. Das ist jetzt beinahe eine Woche her!«

»Ich sage dir doch«, wiederholte Franz, »sie sitzt in ihrer Wohnung, ich komme gerade von dort.«

Einige Minuten später war ich in ihrem Haus oben im vierten Stock; die Tür zu ihrem Zimmer war angelehnt. Ich stieß sie auf.

Meine Augen mußten sich nach dem Sonnenlicht auf der Straße erst an das Halbdunkel gewöhnen. Erst sah ich nur ihr blasses Gesicht mit dem dunklen Haar, das ihr in die Stirn fiel. Sie saß an einem kleinen alten Schreibtisch, und als sie aufblickte, riß sie ihre Augen weit auf und sah mich erschreckt an. Dann schlug sie die Hände vors Gesicht und weinte. Ich ging die paar Schritte hinüber zu ihr, ich schüttelte sie bei den Schultern und sagte: »Was ist geschehen? So reden Sie doch, was ist geschehen?«

»Ich konnte nichts tun – ich konnte ihnen nicht helfen –«, schluchzte sie.

»Leben meine Eltern? Sagen Sie doch, ob sie leben!«

»Ja, sie leben. Aber –.«

»Wo? Sagen Sie, wo sie sind!«

»In Mâcon – im Gefängnis.«

Mir war ein wenig schwindlig, und ich mußte mich hinsetzen. Sie weinte.

»Wann hat man sie verhaftet?« fragte ich nach einem Augenblick.

»Donnerstag.«

»Seit wann sind Sie denn zurück?«

»Seit Sonnabend.«

»Und warum haben Sie uns nicht –.«

»Ich konnte nicht«, unterbrach sie mich, »ich hatte einfach nicht die Kraft, es Ihnen zu sagen.«

Mein Gott, und wir hatten solches Vertrauen zu dieser Frau, dachte ich, zwei Wochen bleiben uns jetzt noch, dann müssen wir weg.

Ich hielt mich zurück und schwieg eine Weile, ich mußte ihr Zeit geben, sich zu fassen, wenn ich alles erfahren wollte. Sie beruhigte sich langsam und begann zu erzählen:

»Auf der Reise nach Paris ging alles gut, ich ging zu Ihren Eltern und wir machten aus, am nächsten Tag, Mittwoch, zu fahren. Sie waren vorbereitet und recht ruhig. Am Dienstag sprach ich noch mit einigen Freunden in Paris. Darunter war ein älteres Ehepaar, das seit fast einem Jahr vorgehabt hatte, die *ligne* zu überqueren und in den unbesetzten Teil zu gehen, aber sie hatten es immer wieder verschoben – die üblichen Zweifel: Wohin gehen wir? Wovon werden wir leben? Wird der Süden nicht sowieso bald besetzt werden? Als sie jetzt erfuhren, daß dies meine letzte Reise nach Paris war, waren sie bestürzt. Nach einer Stunde erschienen sie in meinem Hotel: sie hätten sich entschlossen, ob ich sie mitnehmen würde? Ich zögerte, denn ich hatte versprochen, nur Ihre Eltern mitzunehmen, wegen der Gefahr bei größeren Gruppen – aber dann konnte ich einfach nicht nein sagen zu diesen Freunden, denn ich wußte doch, daß es die letzte Möglichkeit für sie war.

An diesem Nachmittag kamen sie noch zweimal auf mein Hotelzimmer; jedesmal sprachen sie von anderen Leuten, die verzweifelt waren und herauswollten. Ob ich sie mitnehmen könnte. Sie brachten sogar Geld mit und sagten immer wieder: Helfen Sie uns doch! Helfen Sie! Ich weiß selber nicht, wieso ich schließlich einwilligte, weshalb ich meine strikten Sicherheitsregeln beiseite schob. Das Geld war es bestimmt nicht. Es war eine Art Panik, die mich ergriff, ja, das war es, Torschlußpanik. Erst hatte ich zugesagt, vier Leute zu nehmen, dann sechs, dann – es schien schon keine Rolle mehr zu spielen. Als wir uns am Mittwoch morgens trafen, um die letzten Vorbereitungen zu treffen, waren es zweiundzwanzig.

Ja, natürlich sind Sie entsetzt«, fuhr sie fort, »ich weiß, es war ein furchtbarer Fehler. Zweiundzwanzig, alles ältere Leute. Ich glaube, daß sie alle Juden waren. Lauter Frauen, außer Ihrem Vater und einem anderen Mann. Ich erklärte ihnen, daß wir alle denselben Zug nehmen würden, uns aber auf verschiedene Abteile verteilen müßten, immer nur zwei Leute zusammen. Daß sie nie als Gruppe erkennbar sein dürften und sich unauffällig benehmen müßten.

Auf der Reise ging alles gut. Wir stiegen nicht weit von der Demarkationslinie aus. Außer uns verließen nur noch zwei Frauen den Zug; offensichtlich Einheimische, sie starrten uns an, doch dann gingen sie ihrer Wege. Meine Leute standen alle dicht aneinander gedrängt auf dem Bahnsteig und flüsterten aufgeregt miteinander.

›Stehen Sie nicht zusammen, gehen Sie auseinander!‹ sagte ich leise. Dann führte ich sie aus dem Bahnhof, setzte sie in kleinen Gruppen in verschiedenen Bistros ab und sagte, ich würde sie bald wieder holen. Ich ging zu einer Bekannten, die schon seit Monaten mit mir gearbeitet hatte. Die Lage habe sich während der letzten Tage noch verschärft, sagte sie, man habe die Wachen verstärkt und es sei wiederholt zu Schießereien gekommen. Ich würde die Gruppe über einen anderen Umweg führen müssen, als ich geplant hatte; er war allerdings weiter und beschwerlicher.

Ich ging zurück in die verschiedenen Bistros und schickte die

Leute zu einem Sammelpunkt außerhalb des Ortes. Es hatte geregnet, und der Weg zur *ligne* war durchweicht. Streckenweise mußten wir auf den Knien durch den Schlamm kriechen, manchmal mitten durchs Gebüsch. Die alten Leute folgten mir schweigend. Wir überquerten die Linie unbemerkt.

Als wir Mâcon in der unbesetzten Zone erreichten, begann es dunkel zu werden. Die Leute gingen jetzt wieder in einem Haufen, ich konnte sie nicht auseinanderhalten und dachte, es wäre ein Wunder, wenn die Polizei uns nicht bemerken würde. Ich führte sie zu dem kleinen Hotel, wo ich immer mit den Leuten, die ich herüberbrachte, übernachtete. Die Besitzerin war zuverlässig und verlangte keine Papiere. Auf so viele Leute war sie nicht vorbereitet, aber wir legten Matratzen auf die Erde und brachten alle in den verschiedenen freien Zimmern unter.

Ungefähr um drei Uhr früh klopfte es laut an die Tür des Zimmers, in dem ich zusammen mit drei anderen Frauen schlief.

Polizei. ›Nehmen Sie Ihre Sachen und kommen Sie hinunter.‹ In der schlecht beleuchteten Vorhalle warteten mehrere Polizisten auf uns. Langsam kamen meine Leute die steilen, dunklen Treppen herunter. Der Polizeichef teilte ihnen mit, daß sie alle wegen illegalen Übertritts der Demarkationslinie verhaftet seien.

Ich ging zu ihm und sagte, ich möchte ihn gerne einen Moment allein sprechen. In dem kleinen Nebenzimmer erklärte ich ihm, daß diese Leute während des deutschen Vormarsches alle von ihren Kindern getrennt worden waren und ich ihnen nur half, zu ihren Familien in der unbesetzten Zone zu gelangen.

›Wie sind die Leute herübergekommen?‹ fragte er. ›Haben sie Papiere?‹

Ich sagte, ja, die Papiere seien in Ordnung, ich hätte sie alle an mich genommen.

›Zeigen Sie sie mir‹, sagte er und streckte die Hand aus. Ich öffnete meine Handtasche und suchte eine Weile darin herum; schließlich nahm ich eine Handvoll Geldscheine heraus und reichte sie ihm. Er schob langsam meine Hand zurück und ging wieder in die Vorhalle. ›Die Papiere der Leute sind *en règle* – in Ordnung‹, sagte er zu den anderen Polizisten. Im Weggehen wandte er sich zu mir um und sagte leise: ›Sie sollten sich vorsehen, Mademoiselle.‹

Als wir uns am nächsten Morgen zum Bahnhof aufmachten, schärfte ich meinen Leuten nochmals ein, nicht zusammenzustecken. Der Zug nach dem Süden hatte Verspätung, und ich ging mich erkundigen, wann er erwartet wurde. Als ich in die Bahnhofshalle zurückkam, sah ich die Gruppe zusammengedrängt in einer Ecke stehen – zweiundzwanzig ältliche, etwas fremdartig aussehende, verängstigte Leute. Gleichzeitig sah ich mehrere Polizisten auf sie zugehen; es waren nicht dieselben, die nachts ins Hotel gekommen waren. Der Chef war ein brutal aussehender Kerl – später stellte sich heraus, daß er der *commissaire de police* von Mâcon in Person war –, der meine Leute anbrüllte: ›Sie sind alle verhaftet.‹ Ich stand abseits, und als man sie abführte, folgte ich ihnen in einiger Entfernung, um nicht selbst mitverhaftet zu werden.«

Mademoiselle Bertrand schwieg. In ihren Augen waren wieder Tränen. Ich sah sie an und es fiel mir auf, wie anders sie heute aussah. Ich hatte sie bisher noch nie ohne Schminke gesehen.

»Erzählen Sie doch bitte weiter«, sagte ich. »Man hat sie ins Gefängnis gesteckt, wissen Sie wo? Haben Sie versucht, mit ihnen Verbindung aufzunehmen?«

Sie ging unruhig in dem kleinen Zimmer hin und her. »Nein«, sagte sie mit zittriger Stimme, »nein, damals hat man sie nicht ins Gefängnis gesteckt.« Sie setzte sich wieder und starrte vor sich hin. Endlich fuhr sie fort:

»Man sperrte sie erst einmal in eine Halle am Bahnhof. Der Kommissar ging fort, und seine Leute bewachten die Gefangenen. Ich ging einige Male langsam an der Glastür der Halle vorbei; einige der Gefangenen sahen mich, aber sie gaben kein Zeichen des Erkennens. Nach einiger Zeit kehrte der Kommissar zurück, und die Gruppe wurde herausgeführt, auf einen anderen Bahnsteig, wo eine Lokomotive mit einem Waggon stand. Plötzlich schoß es mir durch den Kopf: Was hat er vor mit ihnen?

Ich war ihnen gefolgt, ohne daß man mich bemerkte. Jetzt begann ich zu rennen, bis ich den Kommissar eingeholt hatte, und rief: ›*Monsieur, attendez monsieur!* Die Leute, die Sie verhaftet haben, das sind Freunde von mir; ich übernehme die Verantwortung für sie – wohin führen Sie sie? Doch nicht – doch nicht zurück ins besetzte Gebiet – das können Sie nicht tun, Sie werden sie doch nicht den Deutschen ausliefern?«

›*Mais oui, madame*‹, sagte er, ›genau das werden wir tun. Es sind ausländische Juden; sagten Sie, daß das Ihre Freunde sind? Sie täten besser, sich fernzuhalten.‹

Inzwischen hatte man die Leute in den Waggon geladen, und der Zug setzte sich langsam in Bewegung. Ich lief mit und redete weiter auf den Kommissar ein; er packte mich und rief: ›Weg mit Ihnen, sonst verhafte ich auch Sie.‹ Dann sprang er auf den Zug.

Ich ging zum Wartesaal, ich zitterte so sehr, daß ich mich erst einmal hinsetzen mußte. Was könnte ich noch tun? überlegte ich. Vielleicht in die besetzte Zone zurückgehen – immerhin bin ich Französin und habe eine Reiseerlaubnis für beide Zonen. Ich könnte versuchen, mit einem deutschen Offizier zu sprechen; schließlich ist das Militär nicht die Gestapo.

Ein Zug fuhr ein. Es war eine Lokomotive mit einem einzigen Waggon – war das nicht –? Der Kommissar stieg aus, er gab irgendein Kommando, die Türen öffneten sich. Meine Leute begannen, langsam die Stufen herunterzusteigen. Ich zählte: zweiundzwanzig.

Ich habe keine Ahnung, was sich da abgespielt hat. Ihre Eltern würden es wissen. Aber jetzt sind sie eingesperrt.«

»In Mâcon?«

»Es gab keinen Platz für sie im Gefängnis von Mâcon. Man sperrte die Frauen in das Dachgeschoß eines katholischen Hospizes. Ihr Vater wurde in eine Holzhütte am Bahnsteig eingesperrt; es ist eine Gerätekammer, die von der Bahnhofstoilette abgeteilt ist. Die Hütte hat kein Fenster, und natürlich kein Wasser und keine Heizung. Wo der andere Mann ist, weiß ich nicht.«

Sie gab mir die Adresse des Hospizes und den Namen des *commissaire special de police* von Mâcon. »Hoffentlich sind das nur Gerüchte«, fügte sie hinzu, »aber es heißt, daß jetzt Menschen nach dem Osten deportiert werden.« (Wie wir viel später erfuhren, fanden die ersten Deportationen tatsächlich in jener Woche statt.)

»Haben Sie die Familien der anderen Leute verständigt? Nein. Haben Sie Adressen von den Angehörigen? Bitte, tun Sie es gleich – Sie müssen sich jetzt fassen, vielleicht kann man diese Menschen noch retten.«

Ich eilte die Treppen hinunter. In zwei Wochen mußten wir nach Portugal abreisen, um das Schiff nicht zu versäumen, das vielleicht das letzte war.

Ich ging direkt ins Büro des *Centre Américain de Secours*. Die Arbeit des Komitees war durch die wachsende Behinderung seitens der Behörden während der letzten Monate beträchtlich eingeschränkt worden. Eine Reihe von Mitarbeitern war verhaftet worden; einige, unter ihnen auch Varian Fry, hatten Frankreich verlassen müssen.

»Können Sie uns helfen, kennen Sie irgendwelche Wege, wie man meine Eltern herausbekommen kann?«

Niemand wußte Rat. Alle Verbindungen, die das Komitee zu höheren Stellen gehabt hatte, waren eingetrocknet. Man war sich einig, daß wir das Schiff auf keinen Fall verpassen durften, nach all der Mühe, die es gekostet hatte, die Visen für uns zu besorgen. Jemand schlug vor, daß wir sofort abreisen sollten, in Portugal hätten wir sicher eine bessere Chance, meine Eltern durch Verbindungen freizubekommen. »Das glauben Sie doch wohl selber nicht«, sagte ich aufgebracht, »wollen Sie uns was vormachen?«

Abends setzten wir uns mit einigen unserer Freunde in Cassis zusammen und überlegten, was man tun konnte. Edmund war auch dabei.

Einen Fluchtversuch zu organisieren kam nicht in Frage, darüber waren wir uns einig. Mit Ausnahme von Edmund. Er teilte uns mit, daß er morgen nach Mâcon fahren und sich nach den Fluchtmöglichkeiten umsehen würde.

»Nein«, sagte Hans, »die Idee mußt du aufgeben. Unter diesen Umständen wären Fluchtpläne unverantwortlich.« Ohne Verbindungen mit Einheimischen würde jede Unternehmung mit einer Katastrophe enden, für meine Eltern und für Edmund selbst.

Selbst wenn es möglich wäre, Vater aus dem Schuppen herauszubekommen – vielleicht mit Hilfe von Eisenbahnern –, was sollte dann mit der Mutter geschehen? Nein, unmöglich.

Edmund bestand auf seiner Absicht. Alle redeten auf ihn ein, es war eine hitzige Diskussion. Ich erinnere mich, wie Hans mit der Faust auf den Tisch schlug, als Argumente nicht halfen. Und endlich gab Edmund nach, »vorläufig«, wie er sagte.

Der einzige Weg war, den *commissaire* zur Freilassung zu zwingen. Wie konnte man das anstellen? Auf wen würde er hören? Wer konnte Druck auf ihn ausüben, und wie?

Man mußte alles versuchen. Morgen würde ich in Marseille zu den Organisationen gehen, die mit Hilfsaktionen für die Emigranten zu tun hatten. Hans mußte noch einige zeitraubende Formalitäten für unsere Abreise erledigen; doch würde er sich mit einflußreichen Leuten, die er kannte, in Verbindung setzen. Die anderen würden mit Freunden sprechen, die möglicherweise einen Ausweg wußten.

Es gab in Marseille ungefähr fünfzehn Hilfsorganisationen für Emigranten. Da war die HICEM, die jüdische Flüchtlinge betreute; Dr. Joy von der amerikanischen Unitarian Church; das Ehepaar Field, das die Quäker vertrat und hauptsächlich Nahrung für die Emigranten in den französischen Konzentrationslagern beschaffte; eine protestantische Gruppe, die ihre eigenen Helfer in mehreren dieser Lager hatte – ich erinnere mich nicht an alle die Hilfsorganisationen, aber ich sprach mit allen. Alle nahmen an der tragischen Situation Anteil, aber niemand wußte einen Ausweg. Und es gab so viele andere dringende Fälle, denen sie sich widmen mußten.

Ich erzählte die Geschichte jedem, der mir zuhören wollte. Vielleicht würde jemand eine Idee haben, oder jemanden kennen, der helfen konnte. Ich sah Marie-Ange morgens auf dem Weg zum Autobus und ich erzählte sogar ihr davon. Marie-Ange war die Sekretärin des Bürgermeisters von Cassis; sie zeigte sich uns Emigranten gegenüber immer hilfsbereit, sie war uns zur Freundin geworden. Natürlich konnte sie mir nicht helfen, doch ich mußte ihr einfach erzählen, was mit meinen Eltern passiert war.

Als wir nach zwei Tagen nichts erreicht hatten, überlegten wir, ob ich nicht nach Mâcon fahren und versuchen sollte, mit dem Kommissar zu sprechen, obwohl er offenbar ein Nazi-Freund und Kollaborateur war. Ich rief ihn erst einmal an, um zu sehen, wie er reagierte. Ich sei die Tochter von Monsieur und Madame Ekstein und würde morgen dort ankommen, um meine Eltern zu besuchen; er möge freundlicherweise dafür sorgen, daß ich sie sehen könne. Er begann, durchs Telefon zu schreien und ich hörte etwas von *ces juifs-là*. Ich könne sie nicht sehen, und wenn ich nach Mâcon käme, würde ich sofort verhaftet werden.

Das hatte also keinen Sinn. Ich fuhr wieder nach Marseille, um mit Leuten zu sprechen.

Im Autobus ließ ich mir nochmals alles durch den Kopf gehen, es ging im Kreis herum: Wir *mußten* einen Ausweg finden. Ich konnte nicht einfach Frankreich – und Europa – verlassen, während meine Eltern gefangengehalten wurden von diesem Faschisten. Andererseits, mein Mann *mußte* heraus aus dieser Falle. Ich konnte ihn nicht verlassen, und ich konnte meine Eltern nicht verlassen; ich konnte nicht zwischen ihnen wählen – es *mußte* also einen Ausweg geben.

Gegen Ende des Tages, an dem ich wieder nichts erreicht hatte, sah ich Fritz, einen jungen Emigranten, mit dem wir uns in Marseille angefreundet hatten.

»Hast du es beim schwedischen Konsulat versucht?« fragte er, als er meine Geschichte hörte.

»Das schwedische Konsulat? Nein. Ich war bei den Amerikanern, aber man ließ mich nicht einmal hinein. Wie kommst du auf die Schweden?«

»Hör mal«, sagte Fritz, »es ist nur so eine Idee von mir und vielleicht kommt nichts dabei heraus, aber schaden kann es nicht. Man hat mir gesagt, daß Herr Berglund, der Konsul, der Bruder eines sozialistischen Journalisten ist. Das ist alles, was ich weiß, und auch das nur vom Hörensagen. Auf mich kannst du dich natürlich nicht beziehen, denn er kennt mich überhaupt nicht.«

Sehr hoffnungsvoll klang das nicht. Aber ich wußte wirklich nicht mehr, wohin ich mich noch wenden konnte. Schweden, fiel mir ein, hatte die diplomatische Vertretung von Deutschland bei der Pétain-Regierung im unbesetzten Frankreich übernommen. Wer weiß, vielleicht würde das helfen?

Es war schon am späten Nachmittag, und der schwedische Konsul saß allein in seinem kleinen Büro. Herr Berglund war ein großer, schlanker Mann, zurückhaltend höflich. Er hörte mir zu, als ich ihm erzählte, was mit meinen Eltern geschehen war, und er sagte, es tue ihm aufrichtig leid, aber was mich zu ihm geführt habe? Ich sei mir doch sicher im klaren darüber, daß sein Konsulat mir nicht helfen könne.

Ich sagte, ich hätte irgendwie das Gefühl, daß er als der Vertreter Schwedens Verständnis für meine Lage haben würde. »Ein Gefühl?« sagte er erstaunt, doch es kam mir vor, als wenn seine Augen ein wenig lächelten, und so fuhr ich fort: »Ich dachte, daß Sie mir vielleicht einen Rat geben können. Sehen Sie, wir müssen weg, und es bleibt nicht mehr viel Zeit.«

Er wurde steif. »Von mir können Sie keine Hilfe erwarten. Persönlich bedaure ich den Fall sehr, doch als Vertreter meiner Regierung kann ich mich nicht einmischen.«

»Ich kenne mich natürlich auf dem diplomatischen Parkett nicht aus«, sagte ich vorsichtig, »und sicher folgen Sie den bestehenden Regeln, die sicher alle ihre Berechtigung haben. Doch die Zeiten, in denen wir leben, sind aus den Fugen, und was mit meinen Eltern geschieht, ist doch wohl ganz und gar anomal. Könnte es nicht sein, daß die bestehenden Regeln ihren Sinn verlieren in einer Welt, in der alle Werte auf dem Kopf stehen?«

»Sie sprechen von moralischen Werten, wenn ich Sie richtig verstehe«, sagte der Konsul. »Meine Rolle hier beschränkt sich auf konsulare Pflichten, und leider besteht kein Zusammenhang zwischen diesen Aufgaben und Ihrem Fall.«

»Ihre Regierung vertritt doch die Interessen Deutschlands in Frankreich«, versuchte ich einzuwenden.

»Vielleicht beziehen Sie sich darauf, daß das Königreich Schweden die *konsularische* Vertretung für das Deutsche Reich in Frankreich übernommen hat«, korrigierte er mich.

»Ach so, ja. Das meine ich. Jedenfalls glaube ich, daß der

Kommissar von Mâcon Sie als den Vertreter Deutschlands betrachten würde, und für ihn ist das die höchste Autorität.«

»Ist das eine Andeutung, daß ich mein Amt mißbrauchen soll?«

»Mißbrauchen? – *Abuser?* – Ich bin zu Ihnen gekommen mit der Bitte, mir gegen einen schamlosen Mißbrauch zu helfen – *pour arrêter un abus honteux*!«

Ich mache das ganz falsch, sagte ich mir im selben Augenblick. Ich sollte ihn nicht herausfordern; ich sollte versuchen, ihn freundlich zu stimmen, anstatt ihn zu verärgern, ach, es war ohnehin egal, er reagierte überhaupt nicht.

Nach einer kleinen Pause fiel mir ein: »Vielleicht könnten Sie meine Eltern in ihr Konsulat vorladen? *Une convocation?* Einfach eine Aufforderung, Sie zu besuchen. Sicher würde der Kommissar sie damit nach Marseille kommen lassen; er würde ein Schreiben von Ihnen nicht ignorieren.«

»Madame, ich kenne Ihre Eltern überhaupt nicht, und ich kann nichts mit ihnen zu tun haben. Ich fürchte, es hätte keinen Zweck, diese Angelegenheit noch weiter zu diskutieren.«

Also wieder nichts. Jetzt müßte ich sicher aufstehen und mich verabschieden. Doch ich zögerte einen Moment und dachte: Dieser Mann hier könnte mir helfen. Ich weiß niemand anderen mehr, an den ich mich wenden kann. Und ich beschloß: Ich gehe nicht weg. Ich bleibe hier sitzen, bis er mir hilft. Wohin sollte ich denn auch gehen?

Ich wunderte mich, daß er selbst nicht aufgestanden war. Er saß einfach stillschweigend an seinem Schreibtisch, ohne sich zu rühren. Auch mir fiel nichts ein, ich hatte alles gesagt. So saßen wir uns wortlos gegenüber, eine lange Zeit, schien mir. Es gab nichts mehr zu reden.

Aber dann sprach er doch wieder. »Ist Ihr Vater ein Jude?«

»Ja.«

»Von wo stammen Ihre Eltern?«

»Aus Wien.«

»Was hat Ihr Vater dort gemacht?«

»Er war der Herausgeber einer Zeitschrift.«

»Was für eine Art Zeitschrift?«

»Eine literarische Zeitschrift. Pazifistisch.«

Eine Weile war es wieder still. Dann sagte er:

»Ich könnte Ihnen eine *convocation* für Ihre Eltern nur geben, wenn Sie mir schwören, daß sie nie hier im Konsulat erscheinen werden. Ich muß Ihr Versprechen haben, daß das Schreiben nur zur Vorlage beim Kommissar von Mâcon benutzt werden wird.«

Ich versprach und ich schwor.

Er ging ins andere Zimmer, und ich hörte die Schreibmaschine klappern. Auf seinem Schreibtisch sah ich einige Konsulats-Briefumschläge liegen, und ich ließ einen davon in meiner Handtasche verschwinden. Man konnte nie wissen, vielleicht würde ich einen brauchen.

Ich erinnere mich an den Wortlaut des Schreibens, das er mir gab, nicht nur wegen des Inhalts, sondern auch wegen des Stils:

Nous, Consul Général du Royaume de Suède, représentant le Deutsches Reich en France, convoquons M. et Mme. I. Ekstein à se présenter sans défaut au consulat . . . (Wir, Generalkonsul des Königreichs Schweden, Vertreter des Deutschen Reiches in Frankreich, richten hiermit eine Vorladung an Herrn und Frau I. Ekstein, sich unverzüglich in unserem Konsulat einzufinden . . .)

Konsul Berglund hatte an alles gedacht; er hatte den Brief einige Wochen rückdatiert, und er gab mir das Original und eine Kopie, beide mit seiner Unterschrift und dem Konsulatsstempel versehen.

Zehn Minuten später war ich am Hauptpostamt, steckte die Kopie in den Briefumschlag des Konsulats, adressierte ihn an den *Commissaire Spécial de Police de la Ville de Mâcon* und warf ihn in den Briefkasten.

»Monsieur Ekstein«, sagte der Kommissar, »ich habe Sie hierher holen lassen, weil ich eine Vorladung für Sie und Ihre Frau vom schwedischen Konsulat in Marseille erhalten habe. Es scheint, daß dort irgendeine Angelegenheit erledigt werden muß.«

»Das stimmt. Es handelt sich um eine Sache von ziemlicher Wichtigkeit«, sagte mein Vater. Seine Reflexe waren immer schon erstaunlich schnell.

»Ich wollte, Sie hätten mir das sofort mitgeteilt.«

»Dazu hatte ich kaum Gelegenheit.«

»Ich will Sie keinesfalls davon abhalten, dieser Vorladung Folge zu leisten«, sagte der Kommissar. Er war jetzt höflich, beinahe liebenswürdig. »Aber wir haben hier ein Problem. Um Ihnen und Ihrer Frau die Reise nach Marseille zu ermöglichen, muß ich Ihnen ein *sauf-conduit*, eine Reiseerlaubnis, ausstellen. Wie Sie wissen, müssen Sie dafür ein *permis de séjour*, eine Aufenthaltserlaubnis, für den Bestimmungsort haben.«

»Nun, das wäre kein Problem«, sagte mein Vater ohne zu zögern. »Man hat uns eine Aufenthaltserlaubnis für die Gemeinde von Cassis-sur-mer gegeben.«

»Haben Sie das schriftlich?«

»Da es keinen normalen Postverkehr zwischen den Zonen gibt, ist das unmöglich gewesen. Unsere Kinder in Cassis haben die Erlaubnis. Nehmen Sie doch bitte mit ihnen Verbindung auf.«

Der Bürgermeister von Cassis saß in seinem Büro und unterhielt sich mit einem Besucher. Marie-Ange, die Sekretärin, arbeitete an ihrem Schreibtisch im Nebenzimmer. Das Telefon klingelte.

»Hier spricht der Polizei-Kommissar von Mâcon«, sagte die Stimme am anderen Ende. »Ich möchte mit dem Bürgermeister sprechen.«

Nach einigen Sekunden sagte Marie-Ange: »*Monsieur le maire* ist leider nicht hier; er mußte auf einige Tage verreisen. Könnte ich Ihnen vielleicht helfen?«

»Das ist wohl kaum möglich. Es handelt sich um ein Ehepaar namens Ekstein, die hier in Mâcon sind und erklären, daß sie eine Aufenthaltsbewilligung für Cassis haben. Ich kann ihnen aber kein *sauf-conduit* geben ohne die Bestätigung Ihres Bürgermeisters.«

»Monsieur und Madame Ekstein?« sagte Marie-Ange zögernd. »Ja, jetzt erinnere ich mich. Einen Moment bitte, hier, ich habe es gefunden. *Monsieur le maire* gab mir das *permis de séjour* vor seiner Abreise, für den Fall, daß es benötigt würde.«

»Das sollte ja wohl genügen«, sagte die Stimme aus Mâcon, »ich werde ihnen also daraufhin das *sauf-conduit* ausstellen. *Merci, mademoiselle.*«

»Il n'y a pas de quoi, monsieur«, antwortete Marie-Ange, »nichts zu danken, es war mir ein Vergnügen.«

Das war am Morgen. Mutter und Vater kamen mit dem Abendzug in Cassis an.

Es blieben uns fünf gemeinsame Tage in Cassis. Wir hatten so viel zu erzählen, zu besprechen, zu fragen, zu erledigen. Und was konnte getan werden für die anderen Leute, die man in Mâcon festhielt? Zwei von ihnen waren ebenfalls durch Intervention ihrer Familien entlassen worden. Aber die anderen saßen noch. Auch sie hatten die Gerüchte von Deportationen nach dem Osten gehört. Mutter hatte Namen und Adressen von Angehörigen der Frauen; man mußte sich mit ihnen in Verbindung setzen.

Es war spät, wir mußten schlafen gehen. Doch wir wußten immer noch nicht, was es mit dem Zug auf sich hatte, in den man sie in Mâcon geladen hatte, und was dann geschehen war, als man sie ins besetzte Gebiet transportierte? Gut, sagte Vater, laßt mich noch schnell erzählen.

»Da waren wir also alle in dem Zug. Wir wußten natürlich, daß man uns zurück in die besetzte Zone brachte. Wir fuhren nur eine kurze Strecke, dann hielt der Zug wieder. Ich stand am Fenster und sah, daß der Bahnhof voll von deutschen Uniformen war. Ich ließ das Fenster vorsichtig hinunter, um zu hören. Der Kommissar stieg aus und ging auf jemanden in schwarzer Uniform zu. Es muß wohl ein hoher SS-Offizier gewesen sein. Der Kommissar schlug die Hacken zusammen. Wäre er nicht in französischer Polizei-Uniform gewesen, hätte ich geschworen, daß er ein deutscher Nazi war. Er sprach zu dem SS-Mann in einem Gemisch aus Französisch und Deutsch. Er meldete, er habe *vingt-deux juifs allemands* gefangen – zweiundzwanzig alte Juden, wiederholte er auf deutsch, die illegal die Demarkationslinie überquert hätten; er habe sie zurückgebracht, um sie den deutschen Behörden zu übergeben; er schlug wieder die Hacken zusammen.

Der Nazi-Offizier starrte den Franzosen an. Dann hörte ich ihn sagen: ›Sie bringen uns was? Zweiundzwanzig alte Juden? Der

Kerl ist wohl wahnsinnig! Als wenn wir hier nicht schon genug Juden hätten!‹ Und dann brüllte er: ›Raus mit Ihnen und Ihren Juden, Sie Idiot!‹

Der Zug fuhr zurück nach Mâcon, und wir wurden eingesperrt.«

(Zwanzig Jahre später hörte ich im Radio einen Bericht über den Eichmann-Prozeß in Jerusalem. Es hieß, daß Eichmann versucht habe zu beweisen, daß er Juden gelegentlich sogar geholfen habe. Er führte unter anderem an, daß man ihm einmal eine Gruppe von deutschen Juden übergeben habe, die illegal die französische Demarkationslinie überschritten hatten. Er, Eichmann, habe dem französischen Offizier befohlen, die Leute wieder in die unbesetzte Zone zurückzuschicken, mit der Begründung, daß Deutschland die Juden loswerden wolle.)

Nach fünf Tagen nahmen wir den Autobus nach Marseille, zum letzten Mal.

Ich schaute mich um; meine Eltern standen da und winkten uns nach und wir winkten zurück. Wie oft in den letzten acht Jahren hatten wir uns zum Abschied zugewinkt?

Wir setzten uns hin, und ich spürte die Anspannung der letzten Wochen von mir abgleiten, bis ich ganz schlaff war. Und ich wunderte mich:

Wir fahren auf eine Insel, die heißt Kuba. Vater und Mutter sind frei, aber sie können nicht mit. Ich aber sitze hier und nichts rührt sich in mir. Ich habe keine Angst, ich freue mich nicht, ich bin nicht einmal traurig. Ich fühle nichts, gar nichts.

12. Kapitel

Reisevorbereitungen. Herbst 1941

Vor unserer Ausreise mußten wir noch die Visaanträge für die Vereinigten Staaten nach Kuba überweisen lassen. Es hatte sich zwar herumgesprochen, daß man dadurch in dem neuen Wohnort hinsichtlich der Einreise in die USA bevorzugt abgefertigt wurde, aber wir rechneten nicht damit, daß das bei der Erteilung der Visen eine Rolle spielte. Wir hatten auch wirklich keine Ahnung, ob wir überhaupt von Kuba in die Staaten wollten. Es würde davon abhängen, wie man sich in Kuba halten konnte, und vor allem, wie lange der Krieg dauern würde, und wann wir in die Heimat zurückkehren konnten, und ... und ... Aber weil wir eben nicht planen konnten, wollten wir nichts unversucht lassen.

Da ich jeden Tag in Marseille war, um etwas für meine Eltern zu erreichen, ging ich auch zum amerikanischen Konsulat. Damals gab es dort nicht mehr die langen Menschenschlangen, denn der Haufen der Hoffnungsvollen war zusammengeschmolzen.

Ich erklärte den Grund meines Besuches und wurde nach kurzem Warten vorgelassen. Der Konsulatsbeamte hatte unser Dossier bereits vor sich auf dem Schreibtisch und blätterte darin herum.

»Sie sagten doch, es handelt sich um ein Einreisevisum, *an immigration visa?*« Ich nickte.

»Man hat mir wohl irrtümlich ein falsches Dossier gebracht«, sagte er und stand auf. »Entschuldigen Sie einen Moment, ich werde selbst nachsehen.«

Seine Schritte entfernten sich. Ich lehnte mich über den Schreibtisch und öffnete den Aktendeckel. Obenauf lag ein Telegramm. Es lautete ungefähr:

EINREISEERLAUBNIS FITTKO BESTÄTIGT
AUSWÄRTIGES AMT PANAMA

Ich klappte den Deckel zu und fiel auf meinen Stuhl zurück. Hatte ich auch richtig gesehen? Ich stand schnell wieder auf und las das Telegramm nochmals ganz genau. Es war kein Irrtum, da stand deutlich: BESTÄTIGT.

Die Schritte des Beamten kamen näher, und ich setzte mich zurecht und versuchte, ein gelassenes Gesicht zu machen. Er hatte ein anderes Bündel Papiere unter dem Arm. »Hier sind die Akten mit dem Gesuch für die Einwanderungsvisen«, sagte er. »Wir werden sie nach Havanna überweisen lassen.« Er sah sich nochmals das Dossier auf dem Schreibtisch an. »Dies ist ein Antrag auf Transitvisen für die Auswanderung nach Panama. Inzwischen haben Sie sich wohl anders entschieden. *Have a nice trip*.«

Wir hätten also im Mai nach Panama fahren können. Jetzt war November und wir gingen nach Kuba.

Es gab noch einige Reisevorbereitungen, die schnell erledigt werden mußten. Die Bescheinigungen des Justizministeriums, daß wir keine Verbrecher waren, hatten wir uns vorsichtshalber schon vorher beschafft. Jetzt mußten wir noch die Devisenerlaubnis einreichen.

Der Kurs des französischen Franc war inzwischen derart gefallen, daß man im Ausland nichts damit anfangen konnte. Übersee-Schiffskarten und bestimmte Visa mußten in Dollars bezahlt werden. Die Pétain-Regierung erlaubte den jüdischen Auswanderern auf einmal, 500 Dollar pro Person zum offiziellen Kurs zu kaufen. Man war an widersprüchliche Maßnahmen gewöhnt, und im Grunde war diese auch gar nicht so verwunderlich, denn Darlan hatte vor kurzem bekanntgegeben, daß Vichys Ziel die Auswanderung der Juden sei.

Hans mußte mir mehrmals erklären, wie das eigentlich war mit dieser Devisenerlaubnis. Wie konnte man überhaupt Dollars kaufen, wenn man kein Geld hatte? Das sei es ja eben, sagte er, die Differenz zwischen offiziellem und schwarzem Kurs: wenn man die Dollars erst kaufte und dann wieder verkaufte, was natürlich verboten war, hatte man ungefähr sechsmal soviel Francs, wie die Summe, die man für die Dollars bezahlt hatte. Das hört sich ziemlich verworren an, sagte ich.

Es mußte noch andere Emigranten geben, die die Gesetze der Devisenschieberei nicht verstanden hatten, sonst wäre das Geschäft der Macher nicht so gut gegangen. Plötzlich waren sie überall aufgetaucht, jeder sprach von ihnen, aber was es wirklich mit ihnen auf sich hatte, was sie machten, die Macher, wußten nur wenige. Sie beantragten und beschafften die Devisenerlaubnis, kauften die Dollars, verkauften sie wieder und gaben einem dann das Geld, das nach Verrechnung ihres Honorars und der Unkosten übrigblieb. Die Macher konnte man an ihrer hocheleganten Kleidung erkennen, die sie auf dem schwarzen Markt gekauft haben mußten.

Man ist doch berechtigt zu der Devisenerlaubnis, meinte ich, da sollte man eigentlich keine Macher brauchen. Doch die einen sagten, das sei alles zu kompliziert, und die anderen wandten ein, daß gewöhnliche Privatpersonen gar nicht zugelassen würden, der Antrag müsse durch einen Macher eingereicht werden. Es wurde von Fällen erzählt, wo Macher die Lage so ausnutzten, daß die ›Kunden‹ fast nichts herausbekamen.

»Uns wird kein Macher hereinlegen«, erklärte Hans kurz entschlossen, »wir werden es selbst tun.«

Ich sah ihn an. Wir? Er, der Nichtjude, mit seinem Berliner *accent boche*, wollte mit Vichy verhandeln, um eine für Juden bestimmte Erlaubnis zu bekommen?

Er bemerkte meinen Blick. »Frauen kommen hier besser durch«, fügte er hinzu. »Du kannst es machen.«

Die Devisenerlaubnis wurde in Châtel-Guyon, in der Nähe von Vichy, von der *Banque de Change* erteilt. Zunächst aber brauchte ich ein *sauf-conduit* für die Fahrt dorthin. Dafür war die *préfecture* in Marseille zuständig, aber erstens war die Zeit zu kurz, um darauf zu warten, und zweitens riskierte man dort, verhaftet zu werden. So ging ich zur *sous-préfecture* in Aubagne. Die Dienststube war leer, der Chef hielt wohl sein Mittagsschläfchen. Ein kleines Mädchen kam hereingekrochen. Ich setzte mich zu ihr auf den Fußboden und wir spielten mit der Puppe, die sie hinter sich herzog. Unser Kichern weckte den Papa und er kam herein und knöpfte sich die Uniform zu, und als er uns sah, lachte auch er. Ich sagte, ich sei gekommen, um mir ein *sauf-conduit* zu holen.

»Da sind Sie hier am falschen Ort, ich kann Ihnen leider nicht helfen«, sagte er. »Sie müssen sich an die Präfektur in Marseille wenden.«

Ich war sehr unglücklich. Wie hatte ich mich nur so irren können? Ich mußte den Zug in zwei Stunden nehmen, konnte das gar nicht mehr schaffen. Das Kind kroch auf mir herum und zupfte an meinen Haaren. Wir lachten alle und der Chef gab mir das *sauf-conduit* und sagte, er dürfte das eigentlich gar nicht tun, er mache nur eine Ausnahme.

Der Zug ging nur bis Clermont-Ferrand; von dort mußte man den Autobus nehmen. Unter den Fahrgästen waren außer den Einheimischen mehrere Emigranten, die leicht zu erkennen waren. Einige sahen mir wie die Macher aus, die ich in Marseille gesehen hatte.

Der Bus fuhr durch das dunkle Land und niemand sprach. Mitten in der Nacht hielten wir in einem kleinen Nest außerhalb von Clermont-Ferrand. Der Fahrer sagte: »Endstation, alles aussteigen.« In der Nähe der Haltestelle stand ein einziges Haus, ein kleiner Gasthof; die acht oder zehn Emigranten gingen hinüber.

Die Wirtin kam heraus und sagte, sie habe nicht genug Platz für alle und wir müßten uns die Zimmer teilen. Als ich mit den anderen durch die Tür gehen wollte, stieß mich ein großer, dicker Mann zur Seite. Es war G., der ungarische Journalist, den wir aus Paris kannten, wo er für antifaschistische Zeitungen geschrieben hatte – wie ist denn das möglich, dachte ich, der benimmt sich ja jetzt wie ein Faschist.

Die Wirtin nahm mich beim Arm. »Es ist kein Platz mehr in den Zimmern. Kommen Sie mit, ich rücke Ihnen zwei Tische in der Gaststube zusammen, da können Sie sich wenigstens ausstrecken.«

Ich kam auf den Platz mit dem Gebäude, in dem die *Banque de Change* untergebracht war. Ich begann, die Freitreppe hinaufzusteigen. Weit und breit kein Mensch, ich war ganz allein. Meine Absätze schallten auf den Marmorstufen. Ich schaute hinauf zu dem Gebäude und sah an einem der Fenster zwei grauhaarige Männer in schwarzen Anzügen, die auf mich starrten. Dann kamen andere Männer und schauten aus anderen Fenstern auf mich. Sie schienen sich alle ähnlich. Ich dachte, von oben muß ich sicher klein aussehen auf dieser breiten Treppe.

Ein grauer Mann öffnete die Tür und sah mich neugierig an. Er schob mir einen staubigen Stuhl zu und ließ mich einen Schein ausfüllen, mit dem er verschwand. Dann schickte er mich in ein Büro, wo ein anderer Mann mich empfing – oder war es derselbe?

»Sie wollen also eine Devisenerlaubnis«, sagte der Beamte. »Vielleicht wissen Sie nicht, daß es dafür Agenten gibt. Wie sind Sie denn auf den Gedanken gekommen, selbst hierher zu fahren, ganz allein? Wir erledigen keine individuellen Anträge, es geht alles über die Agenten.«

Ich fragte, ob es nicht erlaubt sei, die Bewilligung selbst zu beantragen. Verboten sei es nicht gerade, antwortete er, nur würde es ein großes Durcheinander geben, wenn jeder selbst käme. »Wegen der komplizierten Vorschriften braucht man einen Fachmann«, fügte er hinzu. »So gerne ich Ihnen helfen möchte –.«

»Das ist schön, daß Sie mir helfen möchten«, sagte ich. »Könnten Sie mir bitte erklären, wie man den Antrag stellt?«

»Also erstens einmal«, sagte der Beamte, »kann das nur durch eine Bank gemacht werden, weil nur die Banken die Berechtigung zum Besitz von Dollars haben. Bei welcher Bank hatten wir denn ein Konto?«

Der *Crédit Lyonnais,* fiel mir ein, war eine große Bank in Marseille. »Beim *Crédit Lyonnais*«, sagte ich.

Der Grauhaarige meinte, wenn ich es wirklich versuchen wolle, könne ich zur hiesigen Zweigstelle dieser Bank gehen, vielleicht würde man von dort nach Marseille telefonieren und den Antrag für mich einreichen.

Beim *Crédit Lyonnais* wurde ich von Monsieur Duval empfangen, einem jungen Mann, der verwundert, aber hilfsbereit schien. Versprechen könne er nichts, aber er werde versuchen –. »Vielleicht setzen wir uns in ein Café«, sagte er, »da können wir die Sache weiter besprechen.«

Duval war neu in der Zweigstelle. Er war Pariser und hatte sich die Versetzung gewünscht, erzählte er mir, wegen Luftveränderung. Dabei warf er mir einen forschenden Blick zu, als wolle er sagen: Verstehen wir uns? Da ich nicht sicher war, was er meinte, lächelte ich verständnisvoll und sagte: *»Ah, oui.«*

Er wollte wissen, wann ich Paris verlassen hätte. »Vor der Besetzung? Da machen Sie sich keine Vorstellung, wie verändert alles ist.« Er sprach vom Leben unter der Besatzungsmacht, von Angst und von Empörung, und von dem wachsenden Widerstand. Hier, in der unbesetzten Zone, sei man in einer anderen Welt.

»Hoffentlich bleibt der Süden noch einige Zeit unbesetzt«, sagte ich.

Der junge Mann schüttelte den Kopf. »Auf der anderen Seite haben wir die umgekehrte Perspektive. Ich bin nur zeitweise hier, in ein paar Monaten gehe ich zurück. Es gibt hier einiges für mich zu erledigen.« Er beobachtete mich.

Würde er mir erklären, was er mit der umgekehrten Perspektive meinte? Er konnte doch nicht wünschen, daß die Deutschen ganz Frankreich besetzten?

Er spielte eine Weile mit seinem Kaffeelöffel herum. Dann sah er mich wieder an: »Je eher, desto besser.«

»Besser – für wen? Für was?«

»Ein geteiltes Frankreich ist auch innerlich gespalten«, sagte er. »Die Bevölkerung hier versucht, sich anzupassen – das Leben ist noch erträglich. Wenn der Süden erst besetzt ist, wenn jeder den Terror spürt, wenn Geiseln erschossen werden, das wird Frankreich vereinigen. Wir warten drüben darauf.«

Ich sah mir Monsieur Duval näher an. Vor einer halben Stunde dachte ich, einen netten, etwas schüchternen Jüngling vor mir zu haben. Jetzt sah ich kalte Augen in einem harten Gesicht.

»Hat die unbesetzte Zone nicht auch Vorteile«, fragte ich, »wäre es nicht leichter, den Widerstand von hier aus zu organisieren?« Ich wunderte mich, daß ich jede Vorsicht aufgegeben hatte; ich traute dem Mann instinktiv.

»Die Menschen hier sind nicht bereit, Opfer zu bringen«, erwiderte er. »Wenn erst einmal die Jungen hier eingefangen und zum Arbeitsdienst nach Deutschland verschickt werden, wird sich das ändern – aber kommen wir auf Ihre Angelegenheit zurück. Sie haben ein Konto bei unserer Bank in Marseille?«

»Ja.«

Er studierte mich wieder. »Kennen Sie dort *monsieur le directeur Marius*?«

»Ja, ein guter alter Freund«, sagte ich, ohne zu überlegen. Warum auch nicht? Jeder zweite Mann in Marseille hieß Marius.

»Das könnte Ihre Bewilligung erleichtern. Ich kann den Herrn Direktor vom Büro aus anrufen.«

Wie sollte ich mich da herausreden? Ich könnte einfach sagen, es sei eine Personenverwechslung. »Gut, gehen wir zurück«, sagte ich.

»Einen Moment noch«, sagte Duval, »ich möchte Sie etwas fragen. Vielleicht können auch Sie mir helfen, in einer Angelegenheit, die von großer Bedeutung ist. Sie sind eine Freundin von meinem Freund Marius – ich habe Vertrauen zu Ihnen.«

Ach du lieber Gott, dachte ich.

»Es hätte sich nicht besser ergeben können«, fuhr er fort. »Es handelt sich um eine Botschaft – um eine Nachricht, eine verschlüsselte Nachricht, auf die er wartet. Der Post kann ich das nicht anvertrauen. Würden Sie –?«

»Gerne. Ich freue mich, daß ich helfen kann.«

Ich weiß nicht, ob er wirklich telefonierte. Jedenfalls wurde unser Antrag noch am gleichen Tag bewilligt, und ich fuhr am nächsten Morgen zurück, mit einem großen Kuvert und einer Visitenkarte von Monsieur Duval, auf deren Rückseite etwas stand von *»notre chère amie, Mme. Fittko«*.

In dem großen Foyer des *Crédit Lyonnais* in Marseille standen Gruppen von Emigranten, die darauf warteten, ihre Francs in Dollars umzuwechseln. Es waren auch Macher darunter, man erkannte sie an ihrer Aufmachung. »Wir kommen seit Tagen hierher«, erzählte man uns, »und zum Schluß gehen der Bank jedesmal die Dollars aus.« Es waren meistens Leute, denen das jüdische Komitee HICEM zur Ausreise verhalf. Wenigstens gab es noch Menschen, die Frankreich verlassen konnten.

Der offizielle Dollar-Kurs war 32 Francs. Das *Centre* hatte uns morgens 32 000 Francs geliehen, damit wir 1000 Dollars kaufen konnten. Wir wollten erst einmal das Geld wechseln, um das geborgte Geld so schnell wie möglich zurückzubringen. Dann würde ich Direktor Marius aufsuchen und ihm das Kuvert übergeben. Wir warteten. Ab und zu wurde jemand aufgerufen. Nach einigen Stunden kam die gefürchtete Ankündigung: »Die Dollar-Reserve ist für heute ausgegangen, kommen Sie morgen früh wieder.« Die Emigranten drängten sich um den Ansager; man bat ihn, eine Ausnahme zu machen, man würde das Schiff versäumen. Er zuckte nur die Achseln.

Ich sagte zu Hans: »Warte hier auf mich, ich muß den Brief abgeben, bevor sie schließen. Und vielleicht hat der Herr Direktor doch noch irgendwo ein paar Dollars versteckt?«

»Paß auf, wenn du mit ihm sprichst«, sagte Hans. »Was ist dir nur eingefallen, dich als eine Freundin von ihm auszugeben?«

»Dazu braucht einem doch nichts einzufallen. Auf so eine Frage kann man nur mit Ja antworten, da denkt man nicht nach.«

Ich ging auf einen uniformierten Beamten zu. Als er mich kommen sah, drehte er sich um. Sein Rücken schien zu sagen: Kommen Sie nicht zu mir, ich kann Ihnen nicht helfen. Ich trat dicht an ihn heran und sagte laut, so daß er mich nicht überhören konnte: »Führen Sie mich bitte zu *monsieur le directeur Marius*.« Er drehte mir den Kopf zu und musterte mich von oben bis unten. Ich dachte, so arrogant wie du kann ich auch sein. »Der Herr Direktor erwartet mich. Überreichen Sie ihm diese Karte.«

Es war eine Freude, das verblüffte Gesicht des Mannes zu sehen. Er zögerte einen Moment, dann verschwand er. Kurz darauf kam er eiligen Schrittes zurück, verbeugte sich und bat mich, ihm zu folgen, *monsieur le directeur* wünsche mich zu sehen. Mein Herz klopfte doch ein wenig – was sollte ich tun, wenn er mich zur Rede stellte?

Die Tür zu dem Prachtbüro öffnete sich. Monsieur Marius kam mit offenen Armen auf mich zu.

»Ich habe gerade mit Monsieur Duval telefoniert, er hat mir von Ihnen erzählt. Welches Glück, daß ich Sie kennenlernen darf! Monsieur Duvals Freunde sind auch meine Freunde.«

Hoffentlich merkt er meine Verwirrung nicht, dachte ich und sagte, das Glück sei ganz meinerseits und Monsieur Duvals Freunde seien natürlich auch die meinen, und ich reichte ihm das große Kuvert. Er sagte etwas von den unschätzbaren Diensten, die ich Frankreich leistete, und fragte, ob es irgend etwas auf Erden gäbe, das er für mich tun könne? Ich erwähnte die Schwierigkeiten mit den Dollars und sagte, daß wir möglicherweise dadurch das Boot verpassen würden. Er machte einige Telefonanrufe, dann erklärte er, daß die Bank tatsächlich nicht einen Dollar mehr übrig habe, aber ein Panzerwagen fahre sofort zum Fort, um die 1000 Dollars für uns zu holen, in einer halben Stunde würden wir das Geld wechseln können. So kamen wir noch am selben Tag zu unseren 1000 Dollars.

Ich sagte zu Hans, eigentlich geniere ich mich, da schimpfen wir immer auf die Emigranten, die sich vordrängen, und jetzt tun wir dasselbe. Wir haben niemandem etwas weggenommen, beruhigte er mich.

Der Dollar stand auf dem schwarzen Markt bei etwa 180 Francs. Wir gingen zum alten Claude, den Hans für den ehrlichsten unter den Devisenschiebern hielt, und verkauften ihm die Hälfte unserer Dollars. Mir schien, daß ich nun, da ich die Transaktion mit eigenen Augen sah, zum ersten Mal an die Devisen-Zauberei wirklich glaubte. Gestern hatten wir nichts, heute verstaute Hans 500 Dollars für die Grenzkontrolle in seiner Brieftasche, und für die restlichen 500 Dollars bekamen wir 90 000 Francs. Davon gaben wir dem *Centre* die geborgten 32 000 Francs zurück. Wir ließen meinen Eltern 40 000 Francs, um ihnen bis zur Ausreise durchzuhelfen, den Rest verteilten wir unter einigen Freunden. An der Grenze würde es sicher Schwierigkeiten geben, wenn wir nur die Hälfte der eingewechselten Dollars vorweisen konnten. Aber wir würden uns schon irgendwie herausreden.

Bekannte gaben uns zwei alte Koffer für die Reise. Das Packen ging schnell. Aber es gab noch viel zu erledigen in diesen letzten Tagen. Hans beschaffte sich ein winziges Notizbuch, das leicht vernichtet werden konnte, und trug in Kürzeln ein, was drüben in Kuba erledigt werden sollte für unsere Freunde. Sie kamen und wir saßen zusammen und redeten bis spät in die Nacht, und sie freuten sich, daß wieder einigen von uns die Flucht gelang. Ich wunderte mich über mich, denn ich freute mich nicht mit ihnen. Es war, als hätte das alles nichts mit mir zu tun. Was war nur mit mir geschehen? Endlich, endlich entkommen wir aus der Falle, machten eine Reise über den Ozean und fuhren zu einer Insel, die Kuba hieß – und mir war es gleichgültig. Als sei ich innen hohl. Leergepumpt.

Wir holten uns unsere Ausreisevisen. Den neuen Bestimmungen zufolge liefen die Anträge nicht mehr über die Vichy-Regierung, die Erlaubnis wurde direkt von der zuständigen Präfektur erteilt. Nun konnten wir, die wir einen Winter lang Leute über die Berge geschmuggelt hatten, mit einem echten *visa de sortie* über die Grenze gehen.

Damit waren unsere Reisevorbereitungen abgeschlossen.

Allerdings gab es noch etwas, eine Entscheidung, die wir treffen mußten.

Seit wir die Kuba-Visen hatten, machten verschiedene Leute sich an uns heran. Wir sollten Material durch Spanien nach Portugal mitnehmen. Man redete ein wenig um den heißen Brei, aber es war klar, daß die Anlaufstellen in Lissabon, wo die Sachen abzuliefern waren, etwas mit den Engländern zu tun hatten. Es wurde auch angedeutet, daß Leute, die bei dieser Arbeit halfen, ihrerseits im gegebenen Fall auf Hilfe rechnen konnten. Hans sagte nein. Spionageverbindungen kommen nicht in Frage – unsere Arbeit liegt anderswo.

Man ließ nicht locker: Es handele sich um Hilfe für die Alliierten, gegen die Nazis, da dürfe es keine Rolle spielen, um welche Art von Arbeit es sich handele.

Hans war unbeirrbar: Für diese Art seien wir nicht die richtigen

Leute, es sei nicht unser Fach. Zu mir wiederholte er, was er schon oft gesagt hatte: »Wenn man einmal damit in Berührung gekommen ist, sitzt man in der Falle, sie haben einen in der Hand. Man schlittert da in etwas hinein, plötzlich rutscht man aus und ist auf der falschen Bahn. Die Spionage richtet sich jetzt gegen Feinde, aber beim nächsten Mal – –? Lieber die Hände weg davon.«

Auch Leoni, der Grieche, den wir schon lange kannten, trat an uns heran. Wir hatten munkeln hören, daß er Verbindung mit den Engländern hatte.

»Mit euch kann ich offen reden«, sagte er, »es handelt sich um Nachrichten, die den Alliierten dringend übermittelt werden müssen. Ihr nehmt die Sachen mit und in Lissabon setzt ihr euch in Verbindung mit –.«

»Nein«, sagte Hans, »ihr müßt euch jemand anderen suchen.«

»Leoni«, sagte ich, »mir ist es ein Rätsel, wie jemand wie du sich so umpolen kann. Du bist doch ein politischer Nazi-Gegner – siehst du keinen Unterschied zwischen der Widerstandsarbeit und der Arbeit für den *Intelligence Service*?«

»Gerade als Politische können wir nicht einfach beiseite stehen. Im Kampf gegen die Nazis ist jeder Weg richtig.«

»Unser Weg ist es nicht.«

Am nächsten Tag kam Leoni zurück. »Ich muß über etwas anderes mit euch sprechen. Es geht um die Führung der spanischen Republikaner, die sich in Frankreich versteckt hält. Man könnte ihnen vielleicht heraushelfen – die Listen mit den Namen und anderen Angaben müssen nach Lissabon gebracht werden.«

»Und damit sollen wir durch Spanien reisen?« fragte ich.

Sie hätten Fachleute, sagte Leoni, die die chiffrierten Listen auf hauchdünnes Papier schrieben, das dann zusammengerollt, verkapselt und von unten in Zahnpasta- oder Creme-Tuben eingeführt werde. In Lissabon würden wir gar nicht mit den Engländern in Berührung kommen, sondern das Material bei spanischen Verbindungsleuten abliefern.

Das klang mysteriös. Wer würde helfen, diese Leute herauszubringen? Die Engländer – warum sollten die sich plötzlich um spanische Republikaner kümmern?

»Es handelt sich nicht um politische Sympathien«, erklärte Leoni, »sondern um Zweckmäßigkeit. Manchmal braucht man sich gegenseitig. Diese Spanier in Frankreich haben die Verbindung mit Grenzführern. Die Engländer wollen ihre Hilfe, um einen Fluchtweg für ihre abgeschossenen Flieger zu bauen; dafür haben sie versprochen, ihrerseits diesen Leuten, die natürlich nicht durch Spanien reisen können, auf andere Weise herauszuhelfen. Hier in Frankreich würden sie umkommen. Die Pétain-Regierung würde sie an Franco ausliefern. – Wollt ihr es euch überlegen?« fragte Leoni. »Würdet ihr es riskieren, die Listen durch Spanien zu nehmen?«

Hans sah mich an. »Gebt uns die Tuben«, sagte er.

»Nicht zuviel Zahnpasta«, sagte ich, »das fällt auf. Nehmt auch Rasiercreme.«

Ich wachte auf, als der Zug hielt, und sah die kleine Grenzstation und die Berge, die uns einkreisten. »Du hast die ganze Strecke geschlafen«, sagte Hans, »ich möchte mich so entspannen können. Ich bin zu nervös.«

Ich lachte. »Jetzt, wo alles ganz legal geht, wo wir mit echten Papieren reisen, mit einem gültigen Übersee-Visum und allem drum und dran, ausgerechnet jetzt bist du nervös, wo wir schon fast mit einem Fuß in Spanien stehen.« Spanien – da fielen mir die Tuben wieder ein, die Mengen von Zahnpasta und Rasiercreme, die wir in unseren zwei Koffern unter den anderen Sachen verstreut hatten. Eine Schönheitscreme-Tube hatte ich auch in meiner Handtasche.

In dem kahlen Raum standen schon einige Emigranten an einem langen Tisch, hinter dem einen die Grenzkontroll-Beamten abfertigten. Auf der anderen Seite des Raumes sah man durch die offene Tür auf einen Bahnsteig. Auf dem Geleise stand ein Zug mit einer Tafel: ZARAGOZA. Dort draußen war Spanien – Franco-Spanien –, und das war unser Zug.

Hans nahm unsere Papiere und die amerikanischen Dollars aus der Brieftasche. Erst jetzt dachte ich wieder daran, daß wir von den tausend Dollars, die in den Reisepapieren zur Ausfuhr vermerkt waren, nur mehr fünfhundert hatten. Daß ich das vergessen konnte – ich hatte mich viel zu früh entspannt.

Hinter dem Tisch standen die französischen und spanischen Zöllner. Ein Franzose kramte in unseren Koffern herum. Jetzt war auch ich nervös – diese verfluchten Tuben. Viel zuviel! Fünfmal Zahnpasta, dreimal Rasiercreme. Das mußte auffallen.

Aber der Zöllner schien nach anderen Dingen zu suchen. Da kamen seine Hände heraus aus den durcheinandergeschmissenen Kleidern und Wäschestücken. In jeder Hand hielt er – ein Paket Zigaretten. Er ließ sie wortlos unter dem Tisch verschwinden. Es waren die Päckchen, die wir am Strand von Cassis von Kolonial-Soldaten zu unglaublichen Preisen für die Reise gekauft hatten. Ein großer Verlust. Aber die Tuben waren zunächst sicher.

Die offenen Koffer wurden zu spanischen Zöllnern hinübergeschoben. Das Wühlen ging wieder los. Der Spanier fischte meine Parfumflasche heraus – Chanel No. 5, das Abschiedsgeschenk einer lieben Freundin – unter den Tisch damit. Dann nahm er noch das Stück Brot, das Edmund für uns aufgetrieben hatte, weil es in Spanien überhaupt kein Brot gab. Wir stopften die Sachen samt Tuben zurück in die Koffer.

»Leeren Sie Ihre Handtasche aus!«

Mir wurde heiß. Der Spanier, der Parfum-Liebhaber, würde vielleicht die Tube mit der Hautcreme für seine Frau nehmen. Die Frau würde zum Schluß sicher die Listen entdecken – ich begann zu schwitzen. Jetzt hielt er die Creme in der Hand; er betrachtete sie und legte sie vor sich auf den Tisch. In der anderen Hand hatte er meine Zigaretten – sie verschwanden blitzschnell unter dem Tisch.

Ich mußte ihn ablenken. »Behalten Sie die Zigaretten, aber geben Sie mir mein Etui zurück!« rief ich und streckte meine Hand aus. Dabei schob ich wie zufällig die Creme näher an die Handtasche. »Mein schönes Lederetui. Mein Mann hat es mir zum Geburtstag geschenkt.« Ich fing an, leise zu schluchzen.

»Sie müssen sich irren, Señora, ich habe kein Etui gesehen«, sagte der Mann und sah an mir vorbei. »Weitergehen!« Er schob mir die Tasche zu, samt ausgeleertem Inhalt. Ich zog mit meinem Arm alles an mich und schmiß es in die Tasche – die Tube war dabei.

Hans war inzwischen an der französischen Paßkontrolle und ich hörte mit einem Ohr hin. Der Beamte sagte: »Das sind fünfhundert Dollars. Wo sind die anderen fünfhundert? In Ihren Papieren steht, daß Sie tausend Dollars zur Ausfuhr erworben haben. Was haben Sie mit der Hälfte des Geldes getan?«

»Ich kann es Ihnen erklären«, sagte Hans, »wir hatten Ausgaben für die Reise –.«

»Das ist ungesetzlich!« schrie ihn der Zollbeamte an, »ich lasse Sie verhaften! Was haben Sie damit getan? Wahrscheinlich verkauft. Oder vielleicht verschenkt? Wem? Wem haben Sie die Devisen gegeben?« Er blätterte in den Reisepapieren herum. »Hier, hier steht es: ›*Nationalité: provenant d'Allemagne.*‹ Sie sind Deutscher – die fünfhundert Dollars haben Sie wohl Ihrem Freund geschenkt, dem Herrn Hitler?«

Hans lief rot an. Ich packte meine Handtasche und lief hinüber. »Das ist ja sinnlos«, unterbrach ich das Geschrei des Beamten, »sehen Sie denn nicht, was da steht: ›*Réfugié provenant d'Allemagne*‹ – *réfugié* – verstehen Sie?«

»Dem Herrn Hitler?« sagte Hans langsam, »*Monsieur Hitler?* Wessen Freund ist Herr Hitler?« Der Beamte glotzte ihn an. »Ich will Ihnen sagen, wessen Freund Hitler ist.«

Ich nahm seinen Arm. »Paß auf, was du sagst«, flüsterte ich.

Hans sagte lauter: »Wer hat sieben Jahre um Hitlers Freundschaft geworben? Während wir gegen die Mörderbanden kämpften, wer hat mit den Mördern –.«

Ich schüttelte seinen Arm.

»*Ça va, ça va*«, sagte der verdatterte Beamte und klopfte Hans auf die Schulter.

»– mit den Mördern Verträge geschlossen? *La France glorieuse!*«

So fließend hat er noch nie französisch gesprochen, dachte ich.

»Und jetzt, jetzt stehen Sie Herrn Hitler wieder gehorsam zu Diensten –.«

Man stand um uns herum: die französischen Zollbeamten und die spanischen; Eisenbahner; Reisende. Man versuchte, Hans zu beruhigen: *ça va, ça va!*

»– und wir müssen weiter fliehen. Wollen Sie hören, warum? Wollen Sie wissen, wer Monsieur Hitler Geschenke macht?«

Der Franzose streckte ihm die Hand mit unseren Papieren entgegen. Ich griff schnell danach. »*Vous êtes en règle*«, sagte er zu Hans – Sie sind in Ordnung!

Aber Hans hörte nicht. Es hatte mit einer Gegenoffensive angefangen, um die Situation zu retten. Aber jetzt, ging es mir durch den Kopf, sind die Schleusen geöffnet, der Strom ist nicht aufzuhalten.

»Es ist Frankreich, das Hitler Geschenke macht. Das Geschenk sind wir, die Flüchtlinge, die wieder weiter fliehen müssen. *La France généreuse* schenkt uns den Bestien.«

»Sie können durchgehen«, rief der französische Beamte aufgeregt, fuchtelte mit den Armen und wies auf den Durchgang zum spanischen Zug, »gehen Sie doch, *tout va bien*!«

»*Votre maréchal* hat uns verkauft –.«

»Komm hinüber!« rief ich und schüttelte wieder seinen Arm, wie ich es manchmal tat, um ihn aus einem Alptraum zu wecken. Hier standen wir – beinahe – mit einem Fuß ›draußen‹. Da war der erfahrene Widerstandskämpfer, der im Schweigen Geschulte, für den es jahrelang keine Entspannung gegeben hatte. Jetzt, hier, mußten die angestauten Worte sich entladen.

Vom spanischen Zug kam grelles Pfeifen. Die Lokomotive machte einen teuflischen Lärm. Hans versuchte, das Getöse zu übertönen, aber ich konnte ihn kaum hören.

»– ich bin ein *boche*, aber einer von denen, die gegen die Nazis kämpfen, verstehen Sie das?«

»Der Zug fährt ab!« rief man. Der Zugführer sprang von der Lokomotive und packte Hans am Arm und zog ihn, der spanische Zöllner zog an seinem anderen Arm, der französische Beamte klopfte ihm dauernd auf die Schulter und schob dabei ein wenig nach. Noch ein Schritt, Hans stand nun wirklich mit einem Fuß auf spanischem Boden. Er rief zurück: »Das Freundespaar, *c'est le führer et votre maréchal*.«

Wir stiegen ein, und der Zug fuhr durch die Felsenlandschaft. Wir waren in Franco-Spanien.

Auf den Stationen bettelten Kinder um Brot. Wir hatten keines für sie, denn der Zollbeamte hatte unseres gestohlen. Im Abteil war eine Fensterscheibe zerbrochen, und die Tür schloß nicht. Ich drückte mich in meine Ecke; der leichte Mantel von Hans, den er mir übergeworfen hatte, half nicht viel, und ab und zu schimpfte ich: »So habe ich noch nie gefroren.«

Etwas später sagte ich zu Hans: »Wir sind auf dem Boden, auf dem so viel Blut für die Freiheit geflossen ist.«

13. Kapitel

Die nächsten vierzig Jahre
(Aus verschiedenen Aufzeichnungen)

Spanien.

Drei unbehagliche Tage. Die Zahnpasta- und Rasiercreme-Tuben mit den Listen scheinen hier einen Zentner zu wiegen. Trotzdem gingen wir in Madrid auf ein paar Stunden in den Prado.

In unserer Pension ist eine Gruppe von jüdischen Jungens, die direkt aus Berlin kommen. Wir wollten uns mit ihnen unterhalten und hören, was dort vor sich geht. Sie waren aufgeregt und ein wenig durcheinander, und sie erzählten von einem Gerücht: Man habe Juden in einen Zug gesteckt, vorgeblich zur Umsiedlung in Polen, doch dann wurde Gas in die Wagen gepumpt. Ich sagte nachher zu Hans: Hast du das gehört? Grauenhaft, wie die Nazis die Juden verängstigen – diese Jungens scheinen wirklich zu glauben, daß so etwas möglich ist.

Portugiesische Grenze.

Unser Abteil ist voll von Emigranten. Der Zug hält, wir sind an der Grenze, wir sind nun wirklich in Portugal. Vertreter des jüdischen Flüchtlingskomitees HICEM stehen am Bahnsteig und warten auf uns. Jemand wartet auf uns! Jemand kümmert sich um uns.

Wir steigen aus und stehen auf neutralem Boden. Eine Mitreisende sagt zu mir: »Auf der Toilette ist ein Stück echte Seife.« Ich gehe schneller, und dann fühle ich die glatte Seife in meinen Händen und lasse sie hin- und hergleiten, auch über Gesicht und Arme, ich spüre den Schaum zwischen den Fingern und wie wohl das tut. Weiße, weiche Seife – nicht die graue, klebrige Masse mit Schotter, der einem die Haut aufreißt.

Lissabon.

Maurice und seine Frau holten uns vom Bahnhof ab und schleppten uns direkt in die Schweizer Konditorei, ich aß Schokoladentorte mit Schlagsahne und bin immer noch krank.

Tuben mit Listen reibungslos abgeliefert, an einen Spanier in einer Privatwohnung.

Wir treffen Bekannte, darunter Spanienkämpfer, die auf Schiffe nach Mexiko warten. Unser Schiff ist ohne uns abgefahren, kein Platz mehr. Das Komitee verspricht, uns auf dem nächsten Boot unterzubringen. Paul Westheim ist noch hier, auch er wartet auf einen Schiffsplatz nach Mexiko. Inzwischen wandern wir mit ihm durch die Stadt, und er zeigt uns die geheimen Wunder von Lissabon, die Ecken und Winkel, die kleinen Kirchen und Bauten und Mosaiken, die sich sonst vor den Besuchern verstecken.

Berthold Jacob, immer wieder Berthold Jacob! Er wurde im Hausflur des Büros der Unitarier von Gestapo-Agenten entführt, hier, im neutralen Portugal. Wie damals, 1936, als wir zusammen in Basel waren und er aus der neutralen Schweiz entführt wurde. Nochmals werden die Bestien ihn nicht davonkommen lassen.

Auf der ›SS Colonial‹.

Kleines Schiffchen, sieht gar nicht wie ein Ozeandampfer aus, hat angeblich früher Kaiser Wilhelm gehört. Unglaubliches Gedränge. Wir liegen noch in der Bucht, und schon geht das Kotzen los.

So viele Menschen, man kann sich kaum rühren. Darunter viele alte Leute und kleine Kinder. Die meisten sind jüdisch, nur eine Handvoll ›Arier‹ dazwischen. Wir schlafen tief unten in einem dunklen Riesenraum ohne Luken, wo man sonst das Gepäck verstaut. Männer auf einer Seite des Schiffes, Frauen und Kinder auf der anderen. Fast alle sind seekrank; uns anderen wird vom Gestank übel.

Beim Aufwachen sehe ich die fette Ratte auf dem Balken direkt über meinem Kopf hin- und herrennen. Die blonde Russin neben mir greift nach meiner Hand und drückt sie und flüstert: *»Ne bougez pas, ne bougez pas.«*

Manche Emigranten in der ersten und zweiten Klasse wollen uns Drittklassige nicht auf ›ihr‹ Deck und in die Salons lassen. Sie hätten doch mehr bezahlt. Hans machte auf einem Sofa zweiter Klasse eine Art Bett zurecht für eine ältere Frau mit *Scheitel* (der Perücke, die von jüdisch-orthodoxen Frauen getragen wird). Ein Passagier – er sagt, daß er Vorsitzender des jüdischen Komitees in einer süddeutschen Stadt war – kam wütend angerannt. »Das ist *mein* Schlafplatz«, schrie er die Frau an, »weg, oder ich schmeiße Sie herunter!«, und er begann, an ihrem Arm zu zerren. Die Frau sperrte ihren Mund erschreckt auf und fing an, leise zu weinen. Ihr jüngster Sohn, der etwa zehn Jahre alt ist, stand neben ihr und sagte: »Mammele, Mammele –.« Hans ging hinüber, hielt die Hand des Mannes fest und sagte: »Hier wird nicht runtergeschmissen, Freundchen. Wenn ich Sie noch einmal erwische –.« Der Vorsitzende riß sich los und rannte davon. An der Tür drehte er sich um und rief Hans zu: »Ihr Ostjuden, euch kenne ich!«

Es hat sich hier eine Gruppe von jungen Leuten zusammengefunden, die sich die Zeit mit albernen Streichen vertreibt, unter Führung des Aga Khan, wie sich der dicke Hansel Kohn jetzt nennt. Oft bringen sie mich zum Lachen, aber manchmal ärgere ich mich, wie sie mit ihren lächerlichen *bobards* die ohnehin verängstigten Leute noch mehr verwirren. Ein lautes Geflüster: ›Der Kapitän sagt, daß die Gefahr vorläufig vorüber ist‹, verursacht Panik. Gestern gaben sie die Parole aus: ›Um Mitternacht müssen wir umsteigen‹, einige Leute fingen tatsächlich an, ihr Gepäck die steile Treppe hinaufzuschleppen.

Einige der größten ›Witzbolde‹ kamen, einer nach dem anderen, und wollten im Vertrauen mit uns reden.

Es muß sich herumgesprochen haben, daß Hans und ich uns mit Papieren auskennen. Man spürte die Angst, als sie uns ihre Visen zeigten. »Sieht es echt genug aus? Kann ich damit in Kuba durchkommen?« Es sind recht gute Fälschungen, wirklich geschickt gemacht, und mit etwas Glück wird es gutgehen.

Darum wohl die dummen Späße. Sie versuchen, sich die eigene Angst zu vertreiben.

Wir unterhalten uns mit Frau Levy, die sich oft zu uns setzt. Herr Levy ist ein Großkaufmann aus Bremen und sie kommen direkt von dort. Das Geschäft hat man ihnen natürlich weggenommen. Die Kinder sind alle in Amerika verheiratet. »Sie haben uns schon seit Jahren gedrängt, zu kommen«, erzählt sie uns.

Wieso haben sie dann bis jetzt gewartet?

»Mein Mann meinte immer, wer nichts Unrechtes tut, dem geschieht nichts.«

Wir schwimmen schon seit zehn Tagen auf dem Atlantischen Ozean.

Eine Frau ist gestorben. Der alte orthodoxe Jude, der sich mit Hans angefreundet hat, fragt ihn, ob er *Schive* sitzen kann. »Ich bin doch ein Goi«, sagt Hans. »Macht nischt, Ihr sind a giete Goi«, sagt der Alte und zieht Hans mit sich.

Seitdem es wärmer ist, schlafe ich auf Deck.

Am vierzehnten Tag wecken uns Rufe:

»Die Küste! Kuba!«

Havanna am grünblauen Meer, die Morgensonne schüttet helles Gold auf die weißen Bauten, am Quai betteln braune Kinder um Pennies und tauchen ins Wasser, um sie herauszufischen. Menschen stehen am Dock und spähen auf der ›SS Colonial‹ nach Angehörigen. Manche lachen und winken, sie werfen ihre Strohhüte in die Luft und rufen ihren Leuten an Bord etwas zu, doch in dem Lärm kann man nichts verstehen. Ich sehe auch Leute, die weinen; wie oft sind sie wohl schon umsonst zum Hafen gekommen?

Nach vielen Stunden des Wartens in der jetzt glühenden Sonne werden wir alle abtransportiert und in das Lager Tiscornia gesperrt.

Kuba. (Aus den ersten Blättern des kubanischen Tagebuchs.)

Freunde, die vor uns angekommen sind, nehmen Verbindung mit uns im Lager auf und geben uns eine Einführung: Der Präsident heißt Fulgencio Batista, er ist ein Bandit; die Regierung, das ganze Land ist korrupt. Nicht einmal einen Totenschein kann man ohne Bestechungsgeld bekommen.

Im Lager Tiscornia sind Hunderte von Emigranten. Ein zweites Schiff kommt an – vielleicht das letzte? –, rein mit den Leuten ins Lager. Man versucht, uns zu erpressen: wir sollen mehr Geld zahlen. Da wir keines haben, läßt man uns nach etwa zehn Tagen heraus. Auch die meisten anderen werden nach und nach entlassen – die Echtheit der Visen spielt keine große Rolle, Bestechungsgeld ist wichtiger.

Wir kommen erst einmal in Máximos Hotel unter – es ist ein großes, sonderbares Gebäude mit drei Stockwerken; innen wie in einem Zuchthaus runde, offene Gänge, von denen unzählige Türen in die Zimmer führen. Der kleine, graumelierte Máximo ist einer der vielen Juden, die vor Jahren aus Polen hier eingewandert sind. Sein Hotel beherbergt Hunderte von Emigranten zu billigen Preisen. Hans unterhält sich oft mit ihm. Es ist Ende November 1941.

Anfang Dezember. Japan bombardiert Pearl Harbor. Amerika tritt in den Krieg ein. Endlich! Kuba schließt sich den Vereinigten Staaten an.

Meine Eltern. Jetzt sind sie in Frankreich steckengeblieben, sie und alle die anderen. Die Verbindungen sind abgebrochen.

In Kuba werden nichtjüdische Deutsche zu feindlichen Ausländern erklärt und verhaftet. Man hat einen Deutschen gefangen, der angeblich allein in einem Kahn Radiospionage an der Küste getrieben hat. Nach den Zeitungsberichten ist nichts Näheres bekannt, aber vorsichtshalber wird er geköpft, und die Jagd nach feindlichen Ausländern geht los.

Die Polizei kommt ins Hotel. Máximo, der mit der Polizei auf gutem Fuß steht, schwört, daß Hans Fittko ein Jude ist; was da in seinen Papieren steht, ist eben ein Irrtum. »Ich weiß wer is a Jid, *claro que sí es hebreo*«, sagt er in seinem Jiddisch-Kubanisch und drückt dem Polizisten etwas in die Hand. Hans wird freigelassen.

Auch eine Reihe von anderen ›arischen‹ politischen Flüchtlingen werden durch Mithilfe des Emerescue-Komitees in New York und durch die Solidarität unter uns Politischen vor der Internierung bewahrt. Aber es gelingt nicht allen. Die Verhafteten werden, zusammen mit den in Kuba lebenden Nazis, nach der *Isla de Pinos* gebracht und auf der Insel eingesperrt.

Die kubanischen Behörden überlassen die Lagerverwaltung den Nazis.

Das Jahr 1941 geht dem Ende zu. Zu Weihnachten haben wir 32° im Schatten.

1942. Aus dem kubanischen Tagebuch.

». . . verkündete die Ausrottung aller europäischen Juden . . .«, schreiben die Zeitungen, sagt das Radio.

Ausrottung? Nein, es kann nicht wahr sein.

Sicher sind die Nazis zu jedem Verbrechen fähig. Aber diese Ungeheuerlichkeit ist unfaßbar – – nein.

Ich weiß, daß die Bilder, die ich mir ausmale, einfach Fieberphantasien sind. Die schwarzen Uniformen mit den Totenschädeln rotten Millionen von Menschen aus, so wie ich die *cucarachas*, die Schaben in unserer Küche ausrotte. Ich spritze etwas auf sie und sehe, wie sie sich grotesk krümmen und dann zusammensacken – – ach, das ist ja Wahnsinn, ich muß an etwas anderes denken. Aber ich kann nicht. Ich muß mich aufraffen – aber es geht nicht.

Die jüdischen Organisationen haben zu einer Protestdemonstration aufgerufen. Der Zug der Tausende, deren Angehörige ausgerottet werden sollen, strömt durch die breiten, sonnigen Avenidas von Havanna.

Wer hört uns?

Lisa Fittko in einem Ausbildungszentrum für deutsche jüdische Flüchtlinge, Havanna 1943.

1943. Aus dem Tagebuch.

Seit Hans an seinem Buch arbeitet, scheint er den Betrieb bei uns nicht zu merken. Freunde kommen und gehen, Kubaner und Deutsche, das kleine Zimmer ist wie immer voll, es gibt hitzige Debatten, doch jetzt ohne ihn. Er sitzt an dem Tischchen in der Ecke, mit dem Rücken zu uns, und schreibt und füllt ein Heft nach dem anderen, als wäre er in einem schalldichten Raum. Abends gibt er mir das Manuskript und sagt: »Wenn dir etwas nicht gefällt, ändere es.«

Aus dem Manuskript:

. . . denn eines Tages wird den Nazis alles tausendfach zurückgezahlt.

Nicht mit ihren Methoden. Niemals werden wir dazu hinabsinken, andere zu foltern. Doch die Schuldigen müssen vernichtet werden, mit Stumpf und Stiel. Wenn die Gelegenheit wiederum verpaßt wird, ist alles umsonst gewesen.

War es human, 1918 die deutsche Reaktion zu schonen – die Kriegstreiber, die Freikorpsführer? Heute rotten sie ganze Völker aus.

Die Nazi-Mörder müssen von Deutschland selbst abgeurteilt werden. In jedem Dorf, in jeder Stadt sind sie bekannt . . . zu Gericht sitzen müssen die Besten des deutschen Volkes, die Widerstandskämpfer

In Geburts- und Todesfällen vermittelt das Rote Kreuz Telegramme mit Rückantwort in das besetzte Europa. Im November 1943 konnte mein Bruder die Geburt einer Tochter an unsere Eltern telegrafieren. Im Februar 1944 kam endlich die Antwort durch:

CASSIS, FRANCE

GRATULIEREN ZUR GEBURT VON LILI STOP UNSERE BALDIGE VERSCHICKUNG WAHRSCHEINLICH

VATER MUTTER

Kann wirklich niemand auf der Welt etwas tun?

Vater ist jetzt wohl 74, die Mutter 68.

Sommer 1944. Aus dem Tagebuch.

Die neue Regierung hier hat uns die kubanische Staatsbürgerschaft angetragen. Damit hätten wir richtige Reisepässe! Wie lange sind wir jetzt schon staatenlos? Elf Jahre. Hans hat so oft gesagt: Wenn man nur einen Paß hätte.

Endlich ist es möglich, und nun sagt er plötzlich: Nein, es geht nicht. Darauf war ich nicht gefaßt.

»Vielleicht willst du glauben, daß du dann deine Familie endlich wiedersehen könntest«, sagt er zu mir.

»Und du? Was hält dich ab? Der Krieg geht dem Ende zu und du willst zurück. Mit einem Paß wird es leichter und schneller gehen.«

»Zurück, natürlich, aber nicht als Kubaner«, sagt Hans.

»Ein Paß ist nur ein Stück Papier, das einem das Leben leichter macht. Es hat nichts damit zu tun, daß du nach wie vor ein deutscher Antifaschist bist«, sage ich.

»Es ist ein Stück Papier, das mir Protektion gibt, die das deutsche Volk nicht hat. Wir Antifaschisten können in der zukünftigen Entwicklung Deutschlands nur eine Rolle spielen als Deutsche unter Deutschen. Nicht mit dem Paß einer der Siegermächte.«

September 1944, Tagebuch.

Langsam sickern jetzt hier Nachrichten durch über Angehörige in Europa. Verschickt – deportiert – letzte Nachricht von einem Transport – verschollen. Bekannte aus Ungarn und Jugoslawien erfahren, daß in ihrer Heimat *alle* Juden deportiert wurden ... also auch ihre Familien. Ganz selten nur hört man, daß jemand überlebt hat: Meine Tochter ist durchgekommen! Mein Onkel war noch in Theresienstadt.

Ende September 1944.

Man schickt uns eine kleine Anzeige, die unter ›*Gesucht wird*‹ in einer amerikanischen jüdischen Zeitung erschienen ist:

EHEPAAR I. EKSTEIN IN CASSIS SUCHT KINDER IN USA UND KUBA

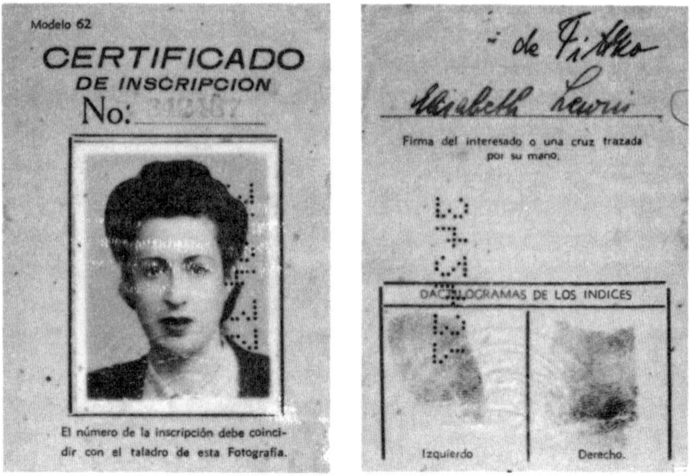

Kubanischer Ausländerausweis 1943.

Unsere Eltern leben. Sie haben die deutsche Besetzung in Cassis überlebt. (Die Gendarmen, die Dorf-Verwaltung und die *résistance* von Cassis hatten einige hundert Flüchtlinge vor der Deportation bewahrt.) Sie wurden nicht vergast.

1945.

Die erste Verbindung mit der Familie Fittko in Berlin – aus einem Brief an Hans von seiner Schwester Marta.

». . . Wenn die Mutter das noch hätte erleben können. Am Tag, bevor sie starb, zeigten wir ihr ein Foto von Dir, das wir versteckt hatten. ›Ja, ja, das ist er, mein Hans‹, sagte sie, und dann noch: ›Er war immer ein guter Junge, und das ist er auch geblieben.‹

Leicht haben wir es auch nicht gehabt. Die Kinder durften nicht auf den Buddelplatz, weil ihr Onkel ein ›Verbrecher‹ war . . . Mitte Juni 1940 holten sie mich wieder einmal zur Gestapo. ›Wo ist Ihr Bruder?‹ ging es gleich los. Ich antwortete, sie wüßten doch, daß wir seit 1933 nichts mehr von Dir gehört hatten. Der eine Bulle brüllte: ›Er war in Paris, der Lump, aber er ist uns wieder entkommen!‹ Ich stand auf und sagte: ›Meine Herren, ich danke Ihnen aus tiefstem Herzen. Jetzt weiß ich, daß mein Bruder noch lebt.‹ Da ließen sie mich gehen.«

Aus einem Brief meines Bruders in Kansas City:

»... Endlich haben wir eine Antwort von den Eltern. Sie warten auf unsere Rückkehr ... es sollte bald möglich sein.

A bientôt, au revoir à Paris.«

Ende 1945. Aus einem Brief von Franz Pfemfert aus Mexiko:

»Euer Brief hat uns diesmal besonders gefreut. Vor allem, weil Ihr Eure Absicht, in das Land der Massenmörder zurückzukehren, bisher nicht ausgeführt habt ...«

Hans Fittko an Franz Pfemfert:

»Jede Diskussion über Rückkehr ist zur Zeit gegenstandslos, da das amerikanische State Department uns politischen Flüchtlingen keine Durchreisevisen gibt, und andere Reisemöglichkeiten von hier existieren nicht ...«

Auf der Terrasse des Cafés *Aire Libre* an der Ecke des Paseo kam abends immer eine leichte Brise vom Meer, und wir kühlten uns ab nach der Hitze des Tages und vor der schwülen Nacht. Hans hatte inzwischen, wie viele Emigranten, das Diamanten-Schneiden gelernt, und ich hatte eine Stellung in einem Büro gefunden. So war das Leben etwas leichter geworden, und wir konnten uns abends ein *Cuba Libre* oder ein Fruchteis leisten. Mit diesen tropischen Früchten, dachte ich, ist es wie mit allem anderen hier: zuerst ist der Geschmack fremd, gar nicht wie Obst, warum können sie denn nicht wie Erdbeeren schmecken, oder wie Kirschen? Eines Tages merkt man dann aber, daß Mango und Fruta Bomba zu unserem täglichen Leben gehören; man kann sich gar nicht vorstellen, wie man ohne sie gelebt hat, und es gelingt mir nicht mehr recht, mich an den Geschmack von Pflaumen oder Birnen zu erinnern. Und so ist es mit allem anderen hier. Am Anfang ist es schwer, die

Lisa (M.) und Hans Fittko (r.) im ›Aire Libre‹, Havanna 1946.

Menschen zu begreifen – es ist nicht nur die Sprache (die vierte seit unserer Emigration), man versteht nicht, *wie* sie es meinen. Doch jetzt sagen wir, wie alle anderen, *mañana*, wenn wir meinen: vielleicht bald.

Am Abend saßen wir mit kubanischen Freunden im *Aire Libre*. Herr Gruber, der ein Geschäft in der Stadt hat, kam und wollte etwas mit Hans besprechen, und wir setzten uns mit ihm an einen anderen Tisch.

»Ich hatte heute einen merkwürdigen Besucher«, erzählte er, »und ich möchte mich mit Ihnen beraten, denn die Sache ist mir nicht geheuer. Aber ich kenne mich nicht aus und bin mir nicht sicher, was dahintersteckt. Ich denke, Sie haben doch Erfahrung . . .

Also heute früh, kurz nachdem ich das Geschäft öffnete, kam ein Mann herein und fragte nach Herrn Gruber, auf deutsch. Er sah erschöpft aus, als hätte er lange nicht geschlafen. Sein Anzug war verschmutzt und alles an ihm schien in Unordnung. Er trug europäische Kleidung, wie man sie hier nicht sieht, das fiel mir sofort auf.

Er sagte, er sei gerade hier in Kuba angekommen; er erklärte nicht, wie, und ich stellte keine Fragen, denn ich will mich nicht in eine Sache verwickeln lassen, die mich nichts angeht. Der Mann – er nennt sich Herr Schuster – kennt niemanden hier. Er erklärte, daß er den Namen Gruber an meinem Schild gesehen habe und hereingekommen sei, um mit einem Landsmann zu sprechen. Er brauche Hilfe und da habe er sich an den ersten deutschen Namen gewandt, den er gesehen habe.

Das Geld sei ihm ausgegangen und er müsse sich dringend etwas leihen. Ich sagte gleich, daß ich ihm leider nicht helfen könne. Aber damit war die Sache nicht zu Ende. Er zog ein Beutelchen aus einer Innentasche seiner Jacke und nahm etwas heraus und legte es vor mir auf den Tisch. Es waren Diamanten. Natürlich habe ich keine Ahnung, ob sie echt sind – da dachte ich zuerst an Sie. Nun, Herr Schuster möchte die Diamanten verpfänden oder verkaufen und ich soll jemanden finden, der ihm dazu verhelfen kann. Er kann nicht einfach in ein Pfandhaus gehen, sagt er, denn er muß vorsichtig sein. Ich denke, er ist wohl ohne Papiere hier gelandet, er benimmt sich wie ein gehetzter Mensch. Es muß doch hier Deutsche geben, meint er, die ihm mit den Diamanten helfen würden, und überhaupt könnten nur Deutsche Verständnis für seine Lage haben.

Wie gesagt, mir ist die ganze Sache unheimlich. Was halten Sie davon, Herr Fittko? Der Mann kommt morgen zurück. Soll ich ihn hinausschmeißen? Oder die Polizei holen? Oder . . . würden Sie mit ihm reden?«

Hans überlegte. »Der Bursche interessiert mich«, sagte er, »ich möchte ihn mir mal ansehen.« Er werde sich, natürlich unter anderem Namen, am nächsten Abend mit ihm treffen, in einem abgelegenen Café, wo man nicht sofort auf Bekannte stoße. »Ich werde allein gehen«, sagte Hans zu mir, »je weniger Leute er kennenlernt, desto besser.«

Hans nahm die Straßenbahn nach dem Vorort Marianao, und

ich wartete mit Gruber auf ihn im *Aire Libre*. Es war nach Mitternacht, als er zurückkam.

»Man erkennt ihn auch ohne Beschreibung, diesen Deutschen«, erzählte er, »wie er da allein an seinem Tisch sitzt, steif, ein dunkler Anzug zwischen den weißen, beige und rosa Leinenhemden, den *guayaberas*. Nur seine Augen flitzen hin und her. Wie ich an seinen Tisch trete, zuckt er leicht zusammen. Ich spreche ihn auf deutsch an, und das starre Gesicht löst sich, er sagt ›Ach, ein Berliner!‹ und ist plötzlich von Kopf bis Fuß entspannt. Zu meiner Verblüffung ist er gleich zutraulich und wird immer offener.

Der Herr Schuster fängt an, vom Ende des Krieges zu erzählen: die Angst vor den Russen, die Vorbereitungen zur Flucht, die Diamanten – ausführlich, mit allen Einzelheiten. Er sagt: ›Soweit hatte alles geklappt, ich bin mit meiner Familie auf die Balearen. Aber da fingen die Schwierigkeiten erst an. Bleiben konnte man dort natürlich nicht auf die Dauer. Die hohen Tiere sind alle schnell weiterbefördert worden, aber um Leute wie uns hat man sich einen Dreck gekümmert – das können Sie sich überhaupt nicht vorstellen, wie da jeder versucht hat, dem anderen ein Bein zu stellen, die Herren Volksgenossen, diese Helden –.‹ Er fragt mich, ob ich mir seine schreckliche Situation vorstellen könne, so auf der Flucht und in ständiger Gefahr, und ich sage: Ja, das kann ich mir gut vorstellen. Dann erzählt er weiter, wie er sich in seiner Verzweiflung allein nach Spanien durchgeschlagen hat; in Cadiz hat er sich auf einen Frachter geschmuggelt. Nun muß er durch die Staaten weiterreisen, da es keinen anderen Weg aus Kuba gibt. Ich frage: ›Ist Ihnen da nicht etwas mulmig zumute? Könnte es nicht leicht schiefgehen in Amerika?‹ Der Mann zögert zum ersten Mal und stottert etwas von ›Verbindungen . . . ich meine Freunde in den USA, bei denen ich unterkommen kann . . . man wird mir weiterhelfen.‹ Dann sagt er noch: ›Wenn ich erst einmal am Ziel bin, kann ich meine Familie dorthin nachkommen lassen.‹ Ich frage: ›Dorthin? Wohin?‹, und er sagt: ›Na ja, Sie wissen doch, irgendwo in Südamerika.‹ Aber erst einmal muß er sich dringend Geld beschaffen. Dabei schiebt er mir mit etwas zittrigen Fingern das graue Säckchen über den Tisch zu. Ich nehme meine Lupe aus der Tasche und sehe mir die Diamanten an. Sie sind echt, es sind gute Steine, leicht bläulich, soweit ich in dem Licht sehen kann. Der Mann sagt: ›Ich habe noch mehr, auch größere. Was immer Sie dafür bekommen können.‹

Ich verspreche, mich um einen Käufer umzusehen. Morgen abend um neun Uhr wird er im selben Lokal auf mich warten.«

Gruber brauchte einen Moment, um sich zu fassen. »Also ein Nazi-Führer«, sagte er schließlich und schnappte nach Luft, »ich hatte doch gleich so ein merkwürdiges Gefühl. Was tun wir nun?«

»Er ist nicht einer der bekanntesten Nazis, dieser Mann, der sich Schuster nennt«, meinte Hans, »aber eine wichtige Rolle muß er schon gespielt haben, sonst hätte man ihn nicht mit den anderen nach den Balearen verfrachtet.«

Gruber sagte: »Jetzt muß man also gleich die Behörden benachrichtigen. Das ist doch wohl der Sinn des Rendezvous für morgen abend?«

»Ja, das ist der Sinn«, antwortete Hans, »aber ich bin nicht so sicher, wie es ausgehen wird. Ich möchte schon gerne alles, was ich aus dem Hund herausgeholt habe, weiterleiten. Aber an wen? Die kubanische Polizei? Lächerlich – korrupt, wie die sind, wird der Nazi sich da leicht loskaufen mit seinen Diamanten. Die Amerikaner? Auf der Botschaft traut man uns Emigranten nicht; die Militärbehörden schon gar nicht. Der Geheimdienst? Die haben doch nichts Wichtigeres zu tun, als die Emigranten-Klubs mit Spitzeln zu durchsetzen.«

»Aber man kann ihn doch nicht einfach laufenlassen!« rief Gruber aufgeregt und rückte immerzu an seiner Brille herum.

»Stimmt. Aber ich selbst kann weiter nichts tun«, sagte Hans. »Von jetzt ab muß ich aus dem Spiel bleiben.«

»Warum denn?« wollte Gruber wissen. »Wieso denn?«

»Ich bin Deutscher, Nichtjude, politischer Emigrant. Hier wäre ich in eine Geschichte verwickelt mit einem Nazi-Führer, der auf illegale Weise gelandet ist. . . Diamantenschmuggel. . . alles sehr verdächtig. Nein, das kann ich mir nicht leisten.«

Hans Fittko arbeitete in Kuba meist als Diamanten-Schneider.

Gruber schienen die Bedenken von Hans übertrieben. Er selbst war kubanischer Staatsbürger. Am nächsten Morgen ging er zum Innenministerium, berichtete den Fall und gab an, wo der Mann abends zu finden sein würde. Einige Stunden später wurde Gruber in seinem Geschäft verhaftet. Er wurde tagelang verhört, dann freigelassen, dann wiederum verhört. ›Herr Schuster‹ sei inzwischen verschwunden, sagte man ihm.

Aus einem Artikel von Hans in einer deutschsprachigen Emigranten-Zeitschrift (herausgegeben von Fritz Lamm und Hans Fittko):

Manche unserer Freunde hier fragen uns: Wie könnt ihr nur nach Deutschland zurückwollen? Nach allem, was sie uns angetan haben?

Was sie – die Nazis – uns angetan haben, verpflichtet uns zur Rückkehr. Auf diesen Augenblick haben wir während der Jahre des

Exils gewartet. Gemeinsam mit den Kämpfern des Widerstandes müssen die Wurzeln des Faschismus ausgetilgt, die Schuldigen gerichtet werden.

Die Alliierten haben Deutschland besiegt. Deutschland vom Faschismus befreien können nur wir.

Marlene fragt: Ihr wolltet also zurück nach Europa? Ihr hattet gar nicht vor, hierher in die USA zu kommen?

Marlene, meine jüngste Nichte, hat viele Fragen. Sie studiert jetzt die Geschichte der Nazi-Zeit; sie sucht nach Antworten, die sie in Büchern nicht gefunden hat. Von mir will sie hören: Wußte man vorher ...? Warst du dabei, wenn sie Hitler zugejubelt haben? Was hat der Widerstand getan, von dem du sprichst? Warum weiß man davon nichts? Wenn der Großvater alles liegen- und stehengelassen hat und gleich am Anfang weg ist, warum sind die meisten anderen geblieben? Wovon habt ihr gelebt in der Emigration? Wie haben sie euch behandelt – die Tschechen, die Schweizer, die Holländer, die Franzosen? Wie war es – die Verfolgung, das Exil, die Lager – *tell me what it felt like.*

Wir sitzen im Wohnzimmer und schauen hinaus über den Michigan-See mit den unsichtbaren Ufern, und ich denke: Wie lange ist das her? Jetzt lebe ich doch schon seit über dreißig Jahren hier in Chicagos Hyde Park. Marlene dreht mir den Kopf zu, und in ihren Augen sind lauter ungeduldige Fragen. Sie hat mein krauses Haar.

Nein, sage ich, während des Krieges fiel es uns gar nicht ein, hierher einzuwandern. Wir waren doch geflüchtet, um die Nazi-Zeit zu überleben und dann zurückzukehren.

Und wie ist es weitergegangen?

Es war schon zwei Jahre nach Kriegsende, und die politischen Emigranten saßen immer noch in Kuba und hofften auf eine Reisemöglichkeit nach Europa. Man wartete und diskutierte über die Atombombe und Hiroshima; über das künftige Deutschland, das nun geteilt war; über die Politik der Alliierten in Europa und die neue Rolle der alten Parteien. Drüben, im Westen, wurde ›entnazifiziert‹. Ein internationales Tribunal saß in Nürnberg zu

Gericht; nach zehn Monaten Verhandlung kam die Urteilsverkündung und man hängte zehn Nazi-Führer, zur Befriedigung des Weltgewissens. Aber über den Faschismus saß man nicht zu Gericht.

Ich verstehe dich nicht, sagt Marlene überrascht. Waren die Nürnberger Prozesse denn nicht eine Lehre für die Deutschen?

Was sollten die Deutschen daraus lernen? Sie lernten, daß der Sieger den Besiegten hängen kann. Wie man das Land vom faschistischen Geist befreit, wie man Frieden und Freiheit und Demokratie im eigenen Land schafft, das konnten sie daraus nicht lernen.

Aber du und Hans, wann habt ihr euch entschlossen, doch hierherzukommen?

Hans fragte sich damals: Gab es drüben, im besetzten Deutschland, noch einen Platz für ihn? Gab es denn noch die Heimat, deren Zukunft den Jahren des Exils einen Sinn gegeben hatte? War die Gelegenheit für Deutschland nicht wieder verpaßt worden?

Durch seine plötzliche Erkrankung kam es nicht zu einer endgültigen Entscheidung. In Kuba konnte nicht einmal eine Diagnose gestellt werden, man erklärte seinen Zustand mit den Jahren der Verfolgung, den Lebensbedingungen, dem Klima.

Wir gingen in die USA, um kompetente Behandlung zu finden. Doch in seinem Fall konnte die medizinische Wissenschaft nicht helfen.

Kann es je wieder geschehen? fragt Marlene.

Das gleiche wie damals? Kaum. Doch Brutstätten des Faschismus haben weder zeitliche noch geographische Grenzen.

Du hältst die Nazi-Episode nicht für typisch deutsch? fragt sie weiter.

Unmenschlichkeit ist typisch für Faschismus, nicht für die Eigenheiten einer Nation, versuche ich zu erklären. Nur die Formen ändern sich. Man möchte so gerne glauben, daß einzig der Charakter des deutschen Volkes verantwortlich ist, denn dann glaubt man auch: Bei uns kann das nicht passieren. Die das glauben, haben nichts gelernt.

Und du, fragt Marlene, wo ist jetzt deine Heimat?

Jetzt – zu Hause bin ich jetzt hier. Auch der Traum von Frieden und Freiheit lebt überall.

Register

Inhalt